Teacher
Learning
and
Professional
Development
International
Perspective
and
Chinese
System

郑 鑫◎著

教师学习与专业发展

国际视野与本土体系

华东师范大学出版社
·上海·

图书在版编目(CIP)数据

教师学习与专业发展:国际视野与本土体系/郑鑫著.—
上海:华东师范大学出版社,2023
ISBN 978 - 7 - 5760 - 4107 - 1

Ⅰ.①教… Ⅱ.①郑… Ⅲ.①中小学-师资培养-研究
Ⅳ.①G635.12

中国国家版本馆 CIP 数据核字(2023)第 157092 号

教师学习与专业发展:国际视野与本土体系

著　者　郑　鑫
策划编辑　彭呈军
特约审读　单敏月
责任校对　秦紫怡　时东明
装帧设计　卢晓红

出版发行　华东师范大学出版社
社　　址　上海市中山北路 3663 号　邮编 200062
网　　址　www.ecnupress.com.cn
电　　话　021 - 60821666　行政传真 021 - 62572105
客服电话　021 - 62865537　门市(邮购)电话 021 - 62869887
地　　址　上海市中山北路 3663 号华东师范大学校内先锋路口
网　　店　http://hdsdcbs.tmall.com

印　刷　者　浙江临安曙光印务有限公司
开　　本　787 毫米×1092 毫米　1/16
印　　张　19.5
字　　数　315 千字
版　　次　2023 年 9 月第 1 版
印　　次　2023 年 9 月第 1 次
书　　号　ISBN 978 - 7 - 5760 - 4107 - 1
定　　价　68.00 元

出 版 人　王　焰

(如发现本版图书有印订质量问题,请寄回本社客服中心调换或电话 021 - 62865537 联系)

目录

第三章　我国课程改革 20 年教师实证研究的文献计量分析　　65

第四章　跨文化视角下的中西教育差异:以专业学习共同体为例　86

第五章　学校如何建设高效的教师专业学习共同体　107

前言：中国教师学习与专业发展体系何以持续高效？

　　新世纪以来，提高教师队伍质量成为全球各国教育发展的核心战略之一。建立高效的教师教育体系，是整体提升教育质量的关键。我国近来关于教育高质量发展的讨论框架中，高质量教师教育体系是一个绕不开的话题。教师教育体系的构建，不是一个单点问题，而是一个涉及教师培养、资格认证、准入标准、入职指导、在职发展、职业晋升等方面的系统问题。如何综合考量本国的历史、文化和经济社会发展情况，建构与本土相适宜且有效的教师教育体系，是各国教育发展中的一个重要议题。

　　2009 年以来，随着中国在国际学生评估项目（Programme for International Student Assessment, PISA）中的表现突出，中国教育成为高效能教育体系的代表，中国特色的教师教育体系逐渐受到世界的关注。这种国际"认可"和声誉自然会让我们感到自豪，也会让很多人以为，这是由于我国经济发展带来的对教育的关注，是一项"副产品"。但如果我们把视野拉回到更大的历史脉络中，我们会发现，即使在 20 世纪 80 年代，我们国家经济发展还处于起步阶段，教师队伍的学历、素质都普遍不高，学校硬件条件普遍不好的情况下，我国的基础教育已经有了较高的教学质量。华裔学者马立平的《小学数学的掌握和教学》（*Knowing and Teaching Elementary Mathematics*）一书对中美数学教育的比较，在国际学术界引起的广泛关注和讨论便是一例。由此我们可以推断，改革开放以来的经济发展让中国站在了国际舞台中央，但就教育而言，经济发展只是让中国教育获得更多国际关注的"助推器"，而不是决定因素。而全球化发展中的 PISA、TIMSS（国际数学与科学研究趋势，Trends in International Mathematics and Science Study）这样的国际测评项目，更是把中国教育和教师队伍推到了聚光灯下。中国的教师队伍体系一直以来如何能够支撑中国基础教育的高效能表现，在学术界是一个亟待回答的议题。

　　作为一个成长于 20 世纪 90 年代的学生，我经历了 20 世纪末的素质教育和 21 世纪初的第八次课程改革；2010 年以来，在我进入教育研究领域之后，就一直把中小学教师作为我的研究对象。无论是当学生，还是当研究者，我始终受益于我所遇到的好老师们。他们大都兢兢业业、勤勤恳恳，有些待我如己出，他们拿着并不高的工资，却操着四五十个学生的心；就算有些老师没那么好，在课堂教学中，他们至少也是敬业的。当我成为一名教师研究者之后，便发现学术界对于中国教师的批评不少，有人给他们贴上了"教师中心""填鸭式教学""教书匠"这样的标签。这种批评与我自己成长经历中遇到的教师形象，是有冲突的，不过那时只是心中有疑惑而已。后来，我到中西交汇的我国香港地区继续求学，在阅读大量中西方文献的同时，又密切关注中国本土的实践现象；我发现越来越多的人在讨论中国的基础教育和教师，我也借着这股"向东看"的风，在国际期刊中发表了一些关于中国教师的研究。我的研究从一开始的略微"迎合"——找到国际学者对中国教师感兴趣的点、套用他们流行的理论，到逐渐挖掘中西文化情境的差异，以及中国教师体系的不同与特色。在持续地参与国际学者的对话过程中，我对本土的教师现象与问题有更多的认识，我越来越觉得自己有必要把中国教师体系的一些基本的问题梳理清楚。同时，我也在反思，作为教师研究者，因为"只缘身在此山中"，对中国的教师体系是否真的清楚。例如，为什么很多国际学者，包括很多华人学者，一提到中国的教育体系或教师体系，就会自然而然地认为这是一个集权化（centralized）、自上而下的（top-down）、等级分明的（hierarchical）体系？我们是否真的理解中国的教师队伍体系何以持续支撑中国的基础教育质量？在强调哲学社会科学的学科体系、学术体系和话语体系的今天，"中国教师"这个特别的现象，已经有了相对成功的实践经验及较为显赫的国际声誉，是值得我们自己深入和系统挖掘的。

　　基于这一背景，本书着眼于全球化背景下中国教师学习的丰富样态及教师专业发展支持体系。若把教师教育体系分成职前和职后阶段，本书关注的是职后阶段，即在职教师的学习与专业发展。通过理论和实证研究，从多层面、多角度阐述我国中小学教师学习与发展的复杂图景。全书共有十一章，第一至第四章为理论基础部分，主题包括：20世纪以来的教师领域发展脉络；学习理论的脉络、类型及其对教师研究的影响；新世纪以来我国教师实证研究的文献计量分析；跨文化比较视角下的中西方教师专业学习共同体的差异。第五至第十章为实证研究部分，共有六项实证研究，以量化研究、个案研究、叙事研究等多样的实证研究方法，来阐释中国教师学习与专业发展的复杂体系,包括影响教师专业学习共同体的因素探究,教师专业学习共同体如何影响教师发展,新手教师的专业学习叙事研究,课程改革中的教师改变研究,优秀教师生涯反思的内容、层次及指向,教师跨界学习的理论与实践等。结语章节以两位教师的学习与专业发展图景为例,结合前文的理论与实证分析,试图阐述中国教师学习与专业发展的体系及其特点。

本书试图回答一些基本但重要的问题:教师这一复杂混沌的领域,在过去百余年经历了哪些阶段,有哪些关键事件和代表人物? 我们对于教师的认识与研究,有哪些典型的视角,这些视角背后是什么不同的观念? 教师专业发展、教师专业学习、教师发展与教师学习之间是否存在区别? 在全球化时代,为何需要借国际这双"他者"之眼? 在过去20余年的课程改革推进中,政策、研究与实践呈现出何种张力? 对于一个中国教师而言,进入学校,他会经历怎样的成长图景,这个图景背后的体系是怎样的? 我们集体教研、合作的悠久历史和制度形成,在当下有哪些优势和需要改进之处? 教师反思如此流行和普遍,如何才能更好地反思? 在复杂结构中,教师如何实现有效的跨学校、跨区域、跨学段、跨学科学习? 在国际比较和对话中,我们如何回应国际社会对中国教育/教师的一些标签和误解,在这种回应中,我们如何逐步建构中国教师学习与专业发展的话语?

对于理论的梳理,本书强调脉络情境的重要性,我们既需要知道某一领域或问题当下的发展现状与趋势,我们也需要从一定的历史发展脉络中,明白为何呈现这种趋势。本书试图以多样的实证证据揭示中国教师学习与专业发展的多样性、复杂性及系统性。实证研究的目的,是基于真实且丰富的数据和证据,以理论基础和严谨的逻辑推理,得出适切、合理的推断。实证研究的类型丰富,量化研究可以借助大规模的数据呈现更大范围教师的整体情况,而质性研究则有机会让我们叙述更多教师的故事,如新手教师入职的困境,优秀教师的生涯阶段反思,在改革政策中教师的行为、态度和信念变化等等。接触的教师越多,我越能深切感受到实践的智慧:他们的故事、"本土语言"都让那些文献里的概念变得鲜活起来。我们希望这些真实且鲜活的故事能够让广大的一线教师产生"共鸣"。我们希望通过丰富的量化研究、个案研究、叙事研究,揭示出中国教师从入职到优秀的生涯发展全景图;从这幅全景图出发,结合本书的理论与实证研究,试图阐释:为什么中国的教师教育体系,能够在不同的发展时期支撑中国基础教育学生的高效能表现？本书也着重分析我国历史和文化因素、学校或区域现有的结构、制度因素对教师学习与专业发展的支持或限制，凸显全球视野下教师学习与发展研究的"中国"特色，以此参与国际教师学习与发展研究的对话，积极为国际教师体系建设提供借鉴与参考。

郑鑫

2023 年 5 月 4 日

第一章
20 世纪以来的教师政策、研究与实践

1966 年,联合国教科文组织(UNESCO)、国际劳工组织联合发表的《关于教师地位的建议》中明确指出:教育工作应被视为专门职业,这种职业要求教师经过严格的、持续的学习,获得并保持专门的知识和特别的技术。① 这一标志性事件成为教师领域发展史上浓墨重彩的一笔。自此,西方主要国家大力推动教师专业化运动,通过一系列举措提升了教师工作的专业性,进而提高了教师的身份、地位和专业水平。在此之前的半个多世纪甚至更长的历史中,教师也广泛存在,只是社会大众上很少把教师当成专业工作者,正如哈格里夫斯所说,"1960 年以前,教师的需求量很大,但人们都不认为从事教学是一件多难的事情"。② "谁都可以当老师",这种观念和现象在一段时间内在我国也普遍存在。③ 在教育史上,教师一直存在,而人们对于教师与教学的观念,却在不断变化。

作为一个复杂的领域,本章试图对 20 世纪以来的教师领域进行脉络梳理。只有厘清了某个领域的发展脉络,我们才能更好地了解这一领域的现状。"脉络"在英语中所对应的是"context"一词,在中文中翻译方式有多种,较为常见的如情境、环境、背景、脉络、现状等。笔者认同"脉络情境"④这种提法,隐含着发展脉络

---

① 教育部师范教育司. 教师专业化的理论与实践[M]. 北京:人民教育出版社,2002:3.
② Hargreaves A. Four ages of professionalism and professional learning [J]. Teachers and Teaching, 2000,6(2):151 - 182.
③ 顾明远先生在 20 世纪 80 年代在各地调研时发现,人们并不把小学教师看作是知识分子,并且有的农村地区,"半文盲也在教书"。虽然那时人们也比较尊重教师,但教师并非是不可替代的职业。参考:顾明远. 中国教育路在何方[M]. 北京:人民教育出版社,2016:111-112.
④ 美国国家科学院·国家工程院·国家医学院联合发布的《人是如何学习的 II:学习者、境脉与文化》(华东师范大学出版社 2021 年中译本)一书是学习科学领域的里程碑著作,在中译本中,研究者将"contexts"翻译成"脉境",笔者以为,该翻译亦有脉络与情境的双重含义。

和现实情境的双重意蕴。① 教师领域的脉络情境，一方面反映了这一领域的现状、教师发展所处的多样情境，另一方面也隐含了形成这种现状的背景和历史发展脉络的过程。

一、20世纪以来的教师领域：发展阶段和主要特点

回顾历史能够帮助我们更好地应对未来的挑战。教师与教学是教育领域的核心问题，也是教育学研究中的重要议题。对于教师领域脉络情境的梳理，本章把时间聚焦在20世纪以后。考虑到国际社会及西方国家在教师专业化问题上起步较早，本书借鉴以下材料对国际教师领域进行脉络梳理：一是哈格里夫斯提出的教师专业化的四大阶段；二是以全世界最具有影响力之一的教育协会——美国教育研究协会（American Educational Research Association，以下简称"AERA"）的百年发展脉络中对教师与教学的关注。希望借此厘清百余年来教师与教学发展的各个阶段和关键事件。

（一）教师"缺位"阶段（20世纪中期以前）②

哈格里夫斯③把教师与教学发展的第一阶段称之为"前专业"时代（pre-professional age），这一时期跨度较大。这一时期的教育体系类似于工厂，学校的作用是培养学徒以满足大工业生产的需求。教师主要是通过讲授、要求背诵、问答等传统的方式进行教学。这一阶段对教师的需求量虽然巨大，但是从教并不太复杂。一个人可以通过做学徒成为教师，也可以在个人的不断试错中成为教师。这一时期，教师几乎都是业余爱好者，他们所需要的，就是服从他们上级领导发出的指令。④

成立于1916年的AERA，在过去一百年中对美国乃至世界教育发展做出了

---

① 出自Bourdieu(1999)，引自：霍秉坤，叶慧虹. 香港课程改革十年回顾：脉络视角的评析[J]. 课程研究，2010，(1)：1—37.

② 以AERA为切入点对教师与教学研究进行百年回顾的内容参考：郑鑫，尹弘飚. 美国教育研究协会教师与教学研究的百年脉络[J]. 外国教育研究，2019，46(01)：38—50.

③ Hargreaves, A. Four ages of professionalism and professional learning [J]. Teachers and Teaching, 2000,6(2):151–182.

④ Murray, C. Teaching as a profession: The Rochester case in historical perspective [J]. Harvard Educational Review, 1992,62(4):494–519.

重要的贡献。经历百余年的发展，AERA 已不只是一家服务美国本土的教育机构，而成为一家致力于为全球教育研究和实践做出贡献的组织。AERA 现拥有超过85 个国家 25000 名会员，涵盖研究者、政策制定者、一线教师及其他教育工作者，也包含社会学、统计学、心理学、经济学等领域的专家学者。可以说，AERA 见证了过去百年美国乃至世界教育的发展。AERA 现有 12 个分部(Division)，其中的 K 分部，就是"教学与教师教育"分部。2016 年，AERA 年会开启了百年庆祝系列活动①，如举行百年专题演讲、开办研讨会、出版专刊等，刊发了百年系列论文(Centennial Publications)中关于教师与教学的文章，亦出版了第五版《教学研究手册》(*Handbook of Research on Teaching*)，这些成果在学术领域都有着较高的影响力。

　　20 世纪 50 年代之前，AERA 中教师与教学几乎是"缺位的"。② 尽管 AERA 前三任主席的演讲题目中都提到了"teaching"或"instruction"，如首任主席弗兰克·波轮(Frank Ballou，1915—1916)的演讲题为"通过教育测量改进教学"。但在科克伦-史密斯看来，早期 AERA 所关注的是测试或测量，研究多借助大规模的量化调查，归纳出教师的哪些特征或行为能够有效地提高学生的成绩，而教学本身并未得到关注。③ 早期测量的主要目的是区分具有不同天赋、能力的个体，其中以智力量表(IQ)最为典型，旨在通过测量区分、筛选合适的人才为工业生产服务，提升生产效率。④

　　这种研究取向与当时特定的历史阶段特征有关。在早期工业化阶段(1920 年代—1940 年代)，美国社会受到两股思潮的影响：一方面，以杜威为代表的进步主义教育运动提倡教师依据学生的需求来设计课程和教学；另一方面，以桑代克为代表的效率驱动运动则主张将科学管理模式引入学校管理中。这场早期的战争，最终以"桑代克胜，杜威败"而收尾。⑤ AERA 成立最初的 25 年里，教育研究深受

---

① AERA 百年系列活动的专门网页：http://www.aera100.net/

② Cochran-Smith, M. Teaching and teacher education: Absence and presence in AERA presidential addresses [J]. Educational Researcher, 2016, 45(2): 92 – 99.

③ Cochran-Smith, M. The new teacher education: For better or for worse? [J]. Educational Researcher, 2005, 34(7): 3 – 17.

④ Shepard, L. A. Testing and assessment for the good of education: Contributions of AERA presidents, 1915 – 2015 [J]. Educational Researcher, 2016, 45(2): 112 – 121.

⑤ Lagemann, E. C. An elusive science: The troubling history of education research [M]. University of Chicago Press, 2000: xi, 60.

效率驱动运动的影响,侧重于通过标准测试和测量来提升学校的效率。在最早的 25 位 AERA 主席中,四分之三的主席都是以测试和测量作为研究专长的心理学家或学区主任。① 1940 年代,由于二战的原因,AERA 一度停摆,此期间并未举行年度会议。从研究取向和方法来看,早期 AERA 的教育研究受到行为主义心理学、科学管理的影响。这一时期的政策制定者,以男性教育管理者、督学、心理学家为主,以考试成绩作为政策制定的依据;教师被视为一种智力工具,以期在学校充分发挥他们的功效,以获取类似于商业利益的目的。② 由是,教育研究多以自然科学实证主义为导向,学校按照商业或工业的模式运行,教学是达成学校目标、课程目标的技术手段,教师沦为提升教学效能的机器。

(二) 专业化"生存"阶段(20 世纪 60 年代至 80 年代)

自 20 世纪 60 年代以来,教师作为专业(profession)的议题被广泛讨论。一个重要的标志是 1966 年《关于教师地位的建议》,它明确提出要把教师工作视为一种专门职业。因此,这一时期的研究者们多致力提升教师作为专业的合法性。世界各国都逐步开始重视教育,教师的身份和地位都有显著的提高,加拿大、英国等地的教师数量都有了大幅的提升,教师教育成为大学里重要的专业,而在一些发达国家,从事教师几乎全部都需要持有本科文凭。③ 教师享受了越来越多的专业自主性,教师也被越来越多的人所信任,获得了更高的专业尊严,哈格里夫斯把这一时期称之为"自主的专业时代"(the age of the autonomous professional)。教师的专业化水平得到了大幅的提升,包括在培训实践、任职资格、职前教师教育等方面。这一时期,我们看到政策制定者和教育研究者努力在为"教师"作为专业工作者正名,可谓是教师与教学专业的"生存"期,学者们通过一系列研究,试图正名教师或教学的合法性。

这种努力体现在 AERA 在这一时期发布的多本有影响力的研究手册。20 世纪 60 年代到 80 年代早期,第二、第三版《教学研究手册》相继出版。第一版《手册》

---

① Cuban, L. Education researchers, AERA presidents, and reforming the practice of schooling, 1916 - 2016 [J]. Educational Researcher, 2016, 45(2):134 - 141.

② Lagemann, E.C. An elusive science: The troubling history of education research [M]. Chicago, IL: University of Chicago Press, 2000:60.

③ Labaree, D. Power, knowledge, and the rationalization of teaching: A genealogy of the movement to professionalize teaching [J]. Harvard Educational Review, 1992, 62(2):123 - 155.

试图回应"教学是否能成为专业"的普遍质疑，从教学的概念、方法论等问题进行回顾。首版《手册》的出版，得益于 1952、1954、1961、1962 的四任主席共同担任了 AERA"教师效能标准委员会"(Committee on Criteria of Teacher Effectiveness)委员。首版的主要贡献在于系统梳理了关于教学有效性的一系列标准，即广为人知的"过程—产出"教学模式，其核心问题是：教师在课堂上的哪些教学行为可以提升课堂的有效性。第一版《手册》提出的一系列行为包括鼓励和批评、提出疑问、给予方向、澄清学生的想法、使用先行组织者等。①

1973 年的第二版《手册》延续了第一版的主要内容，同样关注教学效能、教学测评等问题，"过程—产出"模式被进一步完善，教师在教学过程中的系列行为被进一步规范和程序化。② 此外，这一时期美国国内的贫困问题、学校教育中的不平等、学生的社会经济地位差异的问题日益突出，越来越多的学者关注到贫困及少数民族学生群体，讨论如何通过教育、教学来缩小这种不平等。与没有任何章节关注学生学习的第一版相比，第二版更加关注学生的问题，尤其是如何提升弱势学生的学习兴趣等问题。③ 总体上来看，六七十年代的教学研究，以"过程—产出"研究为代表，在很大程度上是为了建立教学成为专业的科学基础。

这一时期的教学观和学习观仍然受到行为主义理论的影响。从整个 AERA 发展的脉络来看，行为主义心理学几乎统治了前半个世纪。④ 据统计，在 1941—1965 这 25 年间，有 20 位 AERA 主席是心理学家或心理测量学家。⑤ "过程—产出"模式也是典型的行为主义理论产物，把教师的一系列可观测行为或教师特质作为有效教学产物（成绩）的前提条件。从 20 世纪 50 年代开始，学界对行为主义理论的批评越来越多，心理学家逐渐关注到学生先前的学习经验、思维过程等发

---

① Gage, N.L. (Ed.). Handbook of research on teaching [M]. Chicago: Rand McNally, 1963:94.

② Travers, R. Second handbook of research on teaching [M]. Chicago: Rand McNally, 1973:iv.

③ LeCompte, M.D. Trends in research on teaching: An historical and critical overview [M]//Saha, L.J., & Dworkin, A.G. International handbook of research on teachers and teaching. Singapore: Springer, 2009:25 – 60.

④ Lee, C.D. Examining conceptions of how people learn over the decades through AERA presidential addresses: Diversity and equity as persistent conundrums [J]. Educational Researcher, 2016, 45 (2):73 – 82.

⑤ Cuban, L. Education researchers, AERA presidents, and reforming the practice of schooling, 1916 – 2016 [J]. Educational Researcher, 2016, 45(2):134 – 141.

生于大脑之内的学习过程;自此,认知主义观开始兴起。① 加涅(Gagne)于 1972 年的主席演讲首次关注到个体内部的认知过程,对行为主义的统治地位提出挑战;认知主义观点强调个体的先前经验,在学生面临不同的学习任务时,需要教师给予不同的教学支持。② 在研究方法上,二战以后,实证研究开始呈现井喷式发展,这时期的实证研究多为量化研究,即通过大规模的数据得出因果关系、概括推论,而忽视了教师或学生的个体差异性。③

(三) 多样化发展阶段(20 世纪 80 年代至 20 世纪末)

教师与教学发展的第三阶段,大致从 80 年代至 90 年代晚期,可称之为教师与教学研究多样化发展时期。哈格里夫斯将这一时期称之为协作性专业时代(the age of the collegial professional)。20 世纪 60 年代以来教师专业自主性显著提升,教师可以选择所教内容、自定节奏、自选风格,但这也带来了一些问题,即教师之间的教学差异很大。在西方社会,教师逐渐形成了一种"孤立"文化,即老师们几乎不知道他们的同事在教什么。④ 这一时期,政策制定者和学者们努力推动西方国家的教师协作运动,一方面,教师专业发展项目被普遍运用,通过各种形式的集体学习、合作学习来推动教师的专业技能提升;另一方面,在学校层面,教师之间的专业学习共同体被认为是最有效促进教师专业提升的方式,能够推动教师之间相互观摩、讨论。⑤

从 AERA 的视角来看,这种多样性更为突出:20 世纪 80 年代以来关于教师与教学的讨论呈现出多样化发展的趋势,打破了过去行为主义学习观主导的局面,产生了越来越多的关于教学、学习的理论、流派和观点。AERA 在 1984 年成立了教学与教师教育分部,尽管成立时间不长,但这一分部在过去 60 余年中一跃

---

① Murphy, P. K., & Knight, S. L. Exploring a century of advancements in the science of learning [J]. Review of Research in Education, 2016, 40(1):402 - 456.

② Gagné, R. M. Domains of learning [J]. Interchange, 1972, 3(1):1 - 8.

③ Schneider, B. Conserving a legacy: Presidential leaders in education research [J]. Educational Researcher, 2016, 45(2):173 - 179.

④ Hargreaves, A. Presentism, individualism, and conservatism: The legacy of Dan Lortie's Schoolteacher: A sociological study [J]. Curriculum Inquiry, 2010, 40(1):143 - 154.

⑤ Hargreaves, A. Four ages of professionalism and professional learning [J]. Teachers and Teaching, 2000, 6(2):151 - 182.

成为 AERA 中规模最大的分部，①多位教师与教学研究的学者陆续担任 AERA 的主席。《教学研究手册》第三版、第四版、第五版手册的发布，都在学界引起了较大的关注。自 20 世纪 80 年代以来，教师与教学研究受到了许多影响。其中，最重要的事件是提出了教学内容知识（pedagogical content knowledge，PCK）这一概念。在 1985 年的 AERA 主席演讲中，舒尔曼认为，教学与教师研究存在一种"缺位"范式，即以往的研究关注的是教师如何管理课堂、组织活动、分配时间等问题，却没有关注所教的内容、学生提的问题以及教师如何解释这些问题，概言之：教学、课程和学生本身的问题是缺失的。经过十余年的研究，舒尔曼团队提出了七种教师知识：教学内容知识、一般性教学知识（课堂管理组织的原理、策略）、课程知识（教材和教学计划）、一般教学及教学方法知识、有关学习者的知识、教育环境知识和教育目标及价值的知识。② 教师知识的研究，被视为是对广受批评的"过程—产出"模式的回应。教师不仅仅是有效教学行为的实施者；"知道做什么"并不代表着他们知道在具体的情境中"如何做"，这也是 1986 年 AERA 主席伯林纳（Berliner）在教学专长研究中提出的核心问题。他指出，专家教师可以对学生的错误观念、需求进行不断的调整与反馈，而非仅仅是实施规范的教学行为。③ 在舒尔曼、伯林纳等人的影响下，教师与教学的研究进入繁荣时期。在第三版《手册》④和第四版《手册》⑤中，大部分文章围绕认知学习研究及其在教学上的应用。

在此阶段，对教师的关注除了认知和社会情境方面，达琳-哈蒙德于 1996 年的主席演讲则把教师研究的视野转向了民主和社会平等问题。作为 AERA 历史上第一任非裔主席，她指出，我们需要改变优质的公共教育只为少数优势群体服务的现状，教学和学校教育的最终目的是保障"所有学生可以学习"，以促进学生（尤其是少数族裔、低收入、社会经济地位较低的学生）参与民主社会的机会。她认

① Cochran-Smith, M. Teaching and teacher education: Absence and presence in AERA presidential addresses [J]. Educational Researcher, 2016,45(2):92-99.
② Shulman, L. S. Those who understand: Knowledge growth in teaching [J]. Educational Researcher, 1986,15(2):4-14.
③ Berliner, D.C. In pursuit of the expert pedagogue [J]. Educational Researcher, 1986,15(7):5-13.
④ Wittrock, M.C. (Ed.). Handbook of research on teaching [M]. 3rd ed. New York: Macmillan, 1986:3.
⑤ Richardson, V. (Ed.). Handbook of research on teaching [M]. 4th ed. Washington, DC: American Educational Research Association. 2001:ix.

为,21世纪即将是"教学进步"(advancement of teaching)的时代,政府应加大对专业教育的投入,使教师具备相当的关于教学和学习、学校组织和社会变革的知识,这样他们才能有效实施变革,促进社会的民主和进步。[1]

总的来说,这一阶段的研究者们逐渐突破了行为主义观念的束缚,教师与教学研究开始多样化。此外,随着美国移民问题、不平等问题加剧,教师与教学研究如何促进公平的问题持续升温。此后的认知科学、情境学习和文化历史观的发展,极大地丰富了人们对教师与教学的认识。

(四) 全球化阶段(21世纪初至今)

21世纪以来,全球化成为当今的时代特征,它不仅仅是一个经济议题,也是一个政治、技术与文化议题;它影响了我们日常生活的方方面面,教育领域亦是如此。哈格里夫斯提到,受到全球化的影响,各种组织面临的内外部挑战增多,组织不像以前那样封闭和稳定,而是需要更加灵活地应对各种内外部的挑战。此外,网络和数字技术的发展带来了即时的、全球化的信息流通,国与国之间的交流超越地理、时空的限制,文化的差异性在这种互动中凸显了出来。哈格里夫斯把2000年至今这一时期称之为"后现代专业性时期"(the age of post-professional or postmodern)[2],这一时期的教师越来越受到市场化的影响,但与此同时,教师也越来越重视自身的权利,通过成立工会、参与政策制定、审定课程等方式积极争取权利。

从研究的脉络来看,20世纪90年代来以来,社会建构主义、社会性学习、情境学习理论对教学观、学习观产生了重大的影响,在教师领域引起了广泛的讨论。[3] 相比行为主义和认知主义对个体的关注,这些理论关注个体与环境互动建构的过程,强调个体通过参与共同体活动,从而实现知识的转化、身份的建构过程。21世纪以来学习科学的发展,进一步丰富了关于教师与教学研究的科学基础。随着认知科学、发展心理学、神经科学、脑科学等研究的进步,关于教师如何

---

[1] Darling-Hammond, L. (1996). The right to learn and the advancement of teaching: Research, policy, and practice for democratic education. Educational Researcher, 25(6):5 - 17.

[2] Hargreaves, A. Four ages of professionalism and professional learning [J]. Teachers and Teaching, 2000,6(2):151 - 182.

[3] Putnam, R.T., & Borko, H. What do new views of knowledge and thinking have to say about research on teacher learning? [J]. Educational Researcher, 2000,29(1):4 - 15.

学习以适应知识经济社会的研究逐渐丰富。在2016年第五版《教学研究手册》中，吉特默和贝尔(Gitomer & Bell)选定了六大主题的板块作为关键议题：教育和教学的目的、社会认知和社会文化视角、教学和学习作为系统现象、机会不均等、教学作为适应专长、教学的互动属性。从中我们可以看到教学的复杂性和互动性普遍受到认可，也可以看到当代学习科学，尤其是认知学习、社会学习观对教师与教学研究的影响。[1]

在全球化时代，学校教育从未如此相似，这种相似超越了国家和地域的边界。教育也毫无例外地受到这一浪潮的影响，体现于近20年来全球教育改革浪潮(global education reform movement)。在这股改革浪潮中，无论是宏观层面的教育系统变革，还是聚焦于改革的实施与学校的改进；无论是指向学生学习，还是指向教师作为专业工作者的发展，教师的重要性都不言而喻。[2] 从世界范围内看，全球化改革的时代背景使各国教师专业发展政策、教师专业标准的内容、教师专业发展的理论研究等都展现出一种不约而同的国际化趋同。[3] 全球化变革带来的另一个显著变化是：复杂性和不确定性急剧增加，使各领域的专业工作者都处于确定性和不确定性的张力之中。[4] 一方面，为了追求确定性，政策制定者致力于以一种可测量的结果、最小的代价，来寻求组织的确定性。在教育领域，规划的结果之一就是制定专业标准，以保证教师专业胜任力。另一方面，教学工作的实践性、情境性，使得教师的工作环境越来越复杂，充满更多不确定性。

在梳理了教师与教学领域发展的大致脉络之后，我们试图通过一些不同的视角[5]去描绘这一领域的发展：作为一个政策(policy)议题，作为一个研究(research)议题，以及作为一项实践(practice)议题。

---

① Gitomer, D., & Bell, C. (Eds.). Handbook of research on teaching [M]. 5th ed. Washington, DC: AERA, 2016:1 - 6.

② Hargreaves, A., & Fullan M. Professional capital: Transforming teaching in every school [M]. New York: Teachers College Press; 2012.

③ Spring, J. Research on globalization and education [J]. Review of Educational Research, 2008, 78 (2):330 - 363.

④ Helsing, D. Style of knowing regarding uncertainties [J]. Curriculum Inquiry, 2007, 37(1):33 - 70.

⑤ Noffeke, S. E. Revisiting the professional, personal, and political dimensions of action research [M]//Noffke, S. E., & Somekh, B.. The Sage handbook of educational action research. London, UK: Sage, 2009:6 - 23.

二、教师政策的脉络情境：全球趋同

从世界范围内看，美国、欧洲国家、澳大利亚、新西兰等地的教师教育改革反映了一种相似性，都日益走向统一、一致和服从。① 导致这种趋同的一个原因在于，20世纪80年代以来，在新自由主义与新管理主义的影响下，教育中的"去中央化"与"权力下放"现象越来越普遍，学校在享有更高的财政资助与管理权的同时，也承担着相应的风险。学校与教师面临的责任越来越多的境况，他们不仅被期待培养出适应国家发展战略的人才，也被认为应当在发展民族身份、公民资格，促进社会融合及社会主义中发挥重要作用。② 在这种背景下，卢乃桂和王丽佳（2013）指出，教师的专业发展不断被结构化和趋于正规化，它受到政府政策目标的极大影响，成为国家政策加强的、用来控制教学专业的工具。政府的一系列动议正在破坏教师作为专业人员所应享有的信任与工作自主的合法性；各种立法机构的建立使教师丧失了定义其专业性概念的能力，并将它们在政策影响上边缘化。③ "管理主义的专业性""商业式的专业性"正在取代基于专业知识、行业自主、服务伦理至上的传统专业性。④ 全球化背景是这种趋同性的重要背景原因之一，而其中一个重要的政策体现，就是各国教师专业标准的制定，以及各国教师专业标准的相似性。

（一）西方主要国家专业标准及内容

美国于1954年成立全国教师教育认证委员会（National Council for Accreditation of Teacher Education, NCATE），以取代美国师范院校联合会，开始承担起全美教师教育机构的资格认证工作。英国从20世纪80年代开始教师专业标准的研制工作，于1989年确立了合格教师标准。随后几经修订，到2007年，已经形成包

---

① Delandshere, G., & Petrosky, A. Political rationales and ideological stances of the standards-based reform of teacher education in the US [J]. Teaching and Teacher Education, 2004, 20(1):1 - 15.

② Bell, L., & Stevenson, H. Education policy: Process, themes and impact [M]. New York: Routledge; 2006.

③ 卢乃桂, 王丽佳. 教育改革背景下的教师专业性与教师责任[J]. 教师教育研究, 2013, 25(1):1—5.

④ Day, C., & Smethem, L. The effects of reform: Have teachers really lost their sense of professionalism? [J] Journal of Educational Change, 2009, 10(2):141 - 157.

括合格教师专业标准、入职教师专业标准、资深教师专业标准、优秀教师专业标准和高级教师专业标准在内的完备体系。无独有偶,澳大利亚、新西兰、日本都建立了各自较为完备的教师专业标准。[①]

纵然各国的专业标准表述不一,但这些专业标准所规定的内容,却存在很大的相似性。如英国教师专业标准将教师应具备的素质划分为三个范畴:专业品质、专业知识与专业理解,以及专业技能。"专业品质"包括"与儿童和青少年的关系""专业责任与实践""与他人的交流和合作""个人专业发展"四个方面。"知识与专业理解"规定的是对从事的专业领域及相关学科知识的熟练把握、对相关年级学生特点及课程标准的深入理解。"专业技能"包含了教学设计、教学、评价、监督与反馈、教学反思、创设学习环境、团队合作等领域。美国有着不同的专业标准,如新教师评价与支持联合会制定的十条核心标准,美国国家教师专业教学委员会提出的五项核心内容,都可归于上述三个范畴。

各种教师专业标准反映了对教师综合专业素养的理解和要求。各种教师专业标准范畴与领域的大体一致性,反映了国际上对教师职业所应具备的专业素养结构认识具有某种程度一致性:教师的专业素养结构由专业知识、专业技能/实践和专业品质组成。[②]

此外,标准还反映出类似的教师专业发展阶段,如美国教师专业标准体系规定了教师的四阶段标准:职前标准、入职标准、在职标准(一)—成熟教师、在职标准(二)—优秀教师。英国教师也分为:合格教师、入职教师、资深教师、优秀教师、高级教师五个不同层次的标准,反映了教师的知识、专长和经验的发展性。

(二) 我国教师专业标准及内容

在这种国际趋势下,我国教师教育改革中的"标准"应运而生:2012 年,教育部研究制定了《幼儿园教师专业标准(试行)》《小学教师专业标准(试行)》和《中学教师专业标准(试行)》。此标准规定了国家对合格中小学教师的基本专业要求,是中小学教师开展教育教学活动的基本规范,是引领中小学教师专业发展的基本准则,是中小学教师培养、准入、培训、考核等工作的重要依据。以《小学教师专业标

---

① 周文叶,崔允漷. 何为教师之专业:教师专业标准比较的视角[J]. 全球教育展望,2012,41(4):31—37.

② 崔允漷,柯政. 学校本位教师专业发展[M]. 上海:华东师范大学出版社,2013:28—30.

准(试行)》为例,包括三大维度和 13 个领域:(1)专业理念与师德:职业理解与认识、对小学生的态度与行为、教育教学的态度与行为、个人修养与行为;(2)专业知识:小学生发展知识、学科知识、教育教学知识、通识知识;(3)专业能力:教育教学设计、组织与实施、激励与评价、沟通与合作、反思与发展。此外,《教育部关于大力推进教师教育课程改革的意见》提出实施《教师教育课程标准(试行)》,就中小学和幼儿园教师教育课程的基本理念、课程目标与课程设置作出了详细的规定,并提出了相关的实施建议。

王晓莉和卢乃桂(2009)从政策文本的角度分析了我国对教师专业性的期待。[①] 国家无疑处于绝对的支配性地位,它一方面通过教育改革的政策议论不断对教师提出新的要求,对教师的专业性工作加以规范;另一方面则通过国家课程对教师进行培训,以使新入职的教师能够具有符合新政的专业性。从我国的情景和政策脉络来看,教师在教育改革中的作用在各个政策文本中都得到肯定,关于教师是变革的主体的图像逐渐清晰。政策文本中教师专业性包括四个维度:政治思想、教师道德、教学知识、教学技能。从中可以看出,国家主导着教师的专业性,具体表现为教师资格的办法、教师培训的内容设定、教师评价和职务晋升等都由国家集中控制,而教师的专业自主性几乎不被提及。其次,对教师"道德责任"的强调,也是我国历史与传统中极为重要的内容。

三、教师研究的脉络情境:逐渐分野?

与政策领域所体现的教师发展的国际趋同性相对,研究领域中的教师及教学研究则不同。有学者提出,教师发展的研究呈现出"岔道口(crossroad)"[②]的状态,这反映了教师发展研究中的分流。其中一类看似主流的教育研究展现出与政策的一致性,"最好的实践(best practice)""证据为本(evidence-based)"的教师专业发展的项目特征、设计、评价等,促成了诸多相似的有效教师专业发展项目清

---

① 王晓莉,卢乃桂. 期望中的教师专业性:政策文本分析的视角[J]. 教育发展研究,2009,29(2):55—58.

② Hill, H. C., Beisiegel, M., & Jacob, R. Professional development research: Consensus, crossroads, and challenges [J]. Educational Researcher, 2013,42(9):476-487.

单的形成;①然而,即使再完善的专业发展项目在实际中的效果也是千差万别。近年来,诸多研究者提出教师专业发展概念的重构,②教师专业发展研究出现了另一个转向,这一转向的路径多样。这一类研究的主要特点是强调教师专业发展的情境性和复杂性,为我们理解教师成长提供了更多样的视角。③

我们尝试从教育政策制定的角度来理解这两类研究与政策的关系。教育研究在回应政策行动中,至少有两类研究,一类是典型的因果解释,以形成和发展教育政策的研究。④ 这一类研究的特征多以量化为主,以科学实证主义为导向,因此在一定程度上与教育政策相互支撑。这一类研究有三大典型特征:一是运用更为客观的测量来保证教师专业发展的效果(effects),二是从有效的教师专业发展项目中归纳出特征(features),三是研究设计基于这些效果和特征,将特征分配于学校或教师,作为有效教师专业发展的条件。⑤ 这些研究围绕"有效性"进行特征概括,以特征作为项目设计的原则,其目的是使尽可能多的教师获得最大的"发展"。另一类研究则旨在从特定的现象出发,关注现象的过程及参与过程的本体。在教师发展研究中,这一类研究从教师所处的实际情境出发,关注具体的专业发展实践问题,关注教师的学习过程,把发展的过程作为研究的重心。

(一) 关注结果的教师发展研究

过去20年的教师专业发展,学者们努力地去找出那些可以使教师学习效果最大化的元素来设计专业发展项目,研究结果常常是一张支持教师专业发展"一致性"(consensus)的清单。如德斯摩(Desimone)综述大量的研究之后,归纳出五大有效教师专业发展项目的特征:⑥(1)关注内容,尤其是关注学科内容,学生如何

---

① Desimone, L. M. Improving impact studies of teachers' professional development: Toward better conceptualizations and measures. [J]. Educational Researcher, 2009,38(3):181 - 199.

② Opfer, V. D., & Pedder, D. Conceptualizing teacher professional learning. [J]. Review of Educational Research, 2011,81(3):376 - 407.

③ Cochran-Smith, M. The new teacher education: For better or for worse? [J]. Educational Researcher, 2005,34(7):3 - 17.

④ 曾荣光.教育政策行动:解释与分析框架[J].北京大学教育评论,2014(1):68—89.

⑤ Hill, H. C., Beisiegel, M., & Jacob, R. Professional development research: Consensus, crossroads, and challenges [J]. Educational Researcher, 2013,42(9):476 - 487.

⑥ Desimone, L. M. Improving impact studies of teachers' professional development: Toward better conceptualizations and measures [J]. Educational Researcher, 2009,38(3):181 - 199.

学习的内容能够提高教师的知识与技能,是许多高效教师专业发展项目的特征。(2)主动学习(active learning),与被动学习相对,主动学习是指项目采取一系列的形式让教师主动参与到讲座中,参与到观察专家教师、反馈等活动中去。(3)一致性,学习与教师的知识和信念一致。学校、学区和国家层面的改革政策与教师专业发展的理念是否一致?(4)持续时间,有效的专业发展项目需要持续一定的时间,一般来说,需要达到 20 小时及以上。(5)集体的参与,如教师参与学校的集体活动,年级组或学科组活动,这些集体活动为教师提供了交流和互动的可能,是促进教师学习的有力途径。在他们看来,这些特征清单回答了教师专业发展最为迫切的问题,即什么才算有效的教师发展。

这些特征即使在表述上有些差异,但基本上都类似。达琳-哈蒙德等人的教师专业发展报告对过去 20 年近 1300 项研究的元分析,指出有效促进教师实践和学生学习的专业学习中,有如下特征:[①](1)教师专业发展应该是有一定强度(intensive)、持续的(ongoing)和与实践联系的。在培训的时间问题上,研究中所呈现的培训时间从 30 小时到 100 小时(一年之内)不等,亦研究指出,49 小时的持续时间可以提高学生成绩 21 个百分点。(2)教师专业发展应该关注学生学习,强调特定学科内容的教学。(3)专业发展应该与学校改进的目标和进程一致。教师专业发展是学校改革中的组成部分。(4)教师专业发展应该建立强力教师工作关系,教师合作、建立专业学习共同体、同僚观课和反馈这些措施,对美国教学文化中的个人主义、教学孤立有着至关重要的作用。[②](5)其他的有效措施,如教学辅导(coaching),对新教师的引导(mentoring)和入职培训(induction)等项目。

我国学者对国外 14 份"有效的教师专业发展的特征列表"的分析指出,有效的教师专业发展特征体现在:(1)提高教师学科内容和教学法知识,几乎所有的标准都有所提及;(2)促进合作与共同参与是有效教师专业发展的必不可少的内容;(3)以学校工作为基础是有效的教师专业发展一贯显著的特征;(4)大部分标准强调有效的教师专业发展包含项目跟进和支持,是持续的和不间断的;(5)多数标准认

---

① Darling-Hammond, L., Wei, R. C., Andree, A., et al. Professional learning in the learning profession [R]. Washington, DC: National Staff Development Council, 2009:3 - 17.

② Hargreaves, A. Presentism, individualism, and conservatism: The legacy of Dan Lortie's Schoolteacher: A sociological study [J]. Curriculum Inquiry, 2010,40(1):143 - 154.

为有效的教师专业发展要基于教师的要求;(6)有效的教师专业发展包含评价环节。这六条特征是 14 份国外有效教师专业标准中,半数以上都提及的特征。[①] 经过对比我们可以发现,与德斯摩和达琳-哈蒙德等人所列及的特征大同小异。

虽然有些专业发展项目经过严密设计,完全符合研究所展现的有效特征,但事实证明,它们的结果并不令人满意。其中原因之一在于,从方法上看,这些随机化实验采用大规模样本的量化研究方法,其平均特征在某些专业发展项目中并不适用。例如,达琳-哈蒙德等人(2009)综述的 1300 项研究大部分是量化研究。特征(features)的使用被曲解:特征不是具体化的,而是在具体情境中有具体表现的,不能以特定的特征去设计或限制专业发展项目。

这一类主流的研究成为教师教育改革和政策制定的重要信息(information)和证据(evidence)。曾荣光(2014)对教育政策的研究可以帮助我们理解这些研究与政策的一致性及其"主流"的原因。自 20 世纪以来,公共政策研究移植自然科学的因果关系解释模式与逻辑实证主义的方法学,应用到公共政策研究,结果就偏重经验主义与量化分析所收集到的信息与证据,而这些信息与证据的来源,其方法主要是因果解释(casual explanation)研究。当这种解释模型应用到社会、历史现象中时,则是一种较为折中的"统计—概率(statistical-probabilistic model)"量化研究,据之而构建起一种"证据为本(evidence-based)"认知,并作为政策行动的依据。总言之,因果解释是一种"事后回顾"的解释模型,它是为研究对象追溯已发生的前置条件(antecedent conditions),故一般称为"because-of"解释;而意图解释则是一种前瞻未来(prospective)的解释模型,它试图寻找促使或诱发人类行为发生的意愿、目标或意图,故一般被称为"in-order-to"解释。[②]

因此,笔者认为,这一类与政策体现出一致性的教师专业发展的研究,大多数以科学—实证取向,验证因果假设,而忽视了教师群体中许多的"未知(unknown)"部分。它以一种"平均(average)"的姿态审视教师这一差异性巨大的群体。它多以一种比较的(comparative)或者"事后的"的研究概括出特征项目,它是一种朝向"最好"的证据的(best evidence-based),为政策行动而服务的研究类型。科克伦·史密斯

---

① 周坤亮. 何为有效的教师专业发展——基于十四份"有效的教师专业发展的特征列表"的分析[J]. 教师教育研究,2014(1):39—46.
② 曾荣光. 教育政策行动:解释与分析框架[J]. 北京大学教育评论,2014,1,68—89.

(Cochran-Smith)用"旧"教师教育来形容这种政策导向下的证据为本的研究。[①] 这种教师教育是一种"结果驱动的,研究为证据的政策问题"研究取向,它同时带来了"更好"与"更坏"的结果。政策制定者当然是以一种"更好"的目的,集结了更多合理的研究证据来改善教师教育,设计教师专业发展项目,采用标准来提高教师质量。然而,这一取向下教师教育作为一个狭隘的政策议题,坚持的是一种线性思维和以市场为导向的教育观念。线性的观念是指,政策制定者们假设政策和教育结果之间是一种线性的因果关系,而忽视了学校文化、资源及具体的情境,[②]这种简单的教师质量观导致了,教师质量表现为成绩的进步或落后,教师被分化成高表现和低表现两极作为对比。而所谓的研究证据为本也是一种狭隘的证据,[③]研究者多通过一种随机临床试验来归纳出一系列有效的知识库,作为促进教师成长的策略。

尽管研究者对这一类研究不断提出批评,但是我们必须承认,教学具有技术性的层面,通过训练能使更多教师获得专业技能和表现的合理性及合法性,[④]卢乃桂与钟亚妮(2007)所指的技术旨趣下的政策控制和管理的价值,制定专业标准和问责的必要性,在大规模的教师发展与培训项目中,以效能、产出的结果为评估标准的项目中,这种静态性的教师专业发展研究有其价值。但我们也需要意识到这类研究的局限与缺陷。[⑤] 教育作为一种社会现象,与自然现象及自然科学研究有着本质的区别。而当代社会所体现出的变化性、不确定性,使得教师教育呈现出了更多的不可控制性。

(二) 关注过程的教师发展研究

近年来,学者常提及教师发展中的"转向"问题,如从教师专业发展转向教师专业学习。[⑥] 这些观点区别于上述主流研究视角,关注教师可持续的专业成长过

① Cochran-Smith, M. The new teacher education: For better or for worse? [J]. Educational Researcher, 2005,34(7):3 – 17.

② Elmore, R. F. The testing trap [J]. Harvard Magazine, 2002,105(1):35 – 37.

③ Cochran-Smith, M. The new teacher education in the United States: Directions forward [J]. Teachers and Teaching: Theory and Practice, 2008,14(4):271 – 282.

④ Cochran-Smith, M. The problem of teacher education [J]. Journal of Teacher Education, 2004,55 (4):295 – 299.

⑤ 卢乃桂,钟亚妮. 教师专业发展理论基础的探讨[J]. 教育研究,2007(3):17—22.

⑥ Opfer, V. D., & Pedder, D. Conceptualizing teacher professional learning [J]. Review of Educational Research, 2011,81(3):376 – 407.

程。我们并非说,这一类研究比第一类研究要好、更有效,而是这种理解能够帮助我们更加全面而深入地认识、理解教师。其中,两种观点值得注意,一是针对传统教师专业发展阶段的批评;二是在术语上,对教师专业发展与教师专业学习的区分。

1. 教师发展阶段模式的批评

在知识经济时代,人被视作是人力资本(human capital),对个人的学习的投入是为了更好地达成绩效或其他组织目标。而在教育领域,一种流行的规划方式就是秉承一种"新手—专家"的发展阶段观。其中最为著名的如德芙莱斯兄弟(Dreyfus & Dreyfus)的专业发展阶段模型,他们通过对不同职业,如飞行员、象棋手、汽车司机等的考察,提出了专业技能发展的五个阶段:新手水平、进阶新手水平、胜任水平、专业水平、专家水平。[1] 许多专业发展项目对专业学习所预设的目标,通过专业培训,新手可以获得知识的发展,达到胜任的专业水准。[2]

这种观点遭到了许多学者的批判,一方面,来自对知识观的传统理解。从古希腊时代开始,西方认识论中把知识视作客体或商品,它们是可以被生产、管理和传输的,即知识作为商品。传统观点认为,知识和信念是灌输到思维中,而情境是为这种灌输提供环境条件。反映在教师发展的实施和培训中,教师被默认为知识或技能上有缺陷的人,必须通过项目的培训,来增长他们的能力以适应课堂教学的需要。[3] 另一种批评来自学习的情境观,即专业性不能与教师的活动以及这些活动发生的实践情境相互分离。吉登斯(Giddens)指出,实践既不是一种限制专业性行动的客观结构,也不是专业性的主体性。实践是主体间性的,包含着对特定制度化秩序的相互理解,这意味着实践不是固定的或静态的容器,而是专业者的动态生产和再生产的过程。[4] 因此,对实践的理解,包含其主体间性、动态性和多元特征。达尔·阿尔巴和桑德伯格(Dall' Alba & Sandberg)基于对德芙莱斯兄弟"新手—专家"发展阶段模型的反思,认为这种传统的专业技能模型只是一种水平

① Dreyfus, H. L., & Dreyfus, S. E. Mind over machine: The power of human intuition and expertise in the era of the computer [M]. New York, NY: Free Press, 1986.

② Dall'Alba, G., & Sandberg, J. Unveiling professional development: A critical review of stage models [J]. Review of Educational Research, 2006,76(3):383–412.

③ 陈向明. 从教师"专业发展"到教师"专业学习"[J]. 教育发展研究,2013,8(1):1–7.

④ Giddens, A. New rules of sociological method: A positive critique of interpretative sociologies [M]. Cambridge, UK: Polity Press, 1993.

的(horizontal)发展模式;基于"理解实践和在实践中理解"的多样性,他们提出了专业技能发展的垂直(vertical)维度,这一维度关注的是对实践的具体理解的多样性,包括对社会、历史和文化情境的关注。

2. 教师专业发展与教师专业学习

教师专业发展与教师专业学习,不仅只是术语上的概念,更是对教师观的一种本质改变。教师专业发展,在政策与相关研究的驱动下成为一种"为了发展"的教师专业发展研究,它的话语常常伴随着政策、评价、大数据、效果等而产生。通常,教师专业发展假设:学习包含具体的步骤,有开始也有结束,因此,专业发展也可以采用特定的方式去评估和测量。而教师专业学习关注教师持续发展的过程,它把教师视为持续变化情境中的学习者,关注一种开放的、全面的学习过程。

韦伯斯特-怀特(Webster-Wright)的教师专业发展再概念化的观点颇具启发性。她指出,不仅是教师职业,在医学、工程、建筑等职业领域,一种追求"有效的、高效率的、证据为本的实践"的专业发展项目,旨在为他们的顾客(client)——学生、病患、顾客带来更好的成果的趋势不断升温。在实证性研究中,大部分研究关注的是学习结果评价、问题的解决方法,即关注如何干涉以达到"发展"的目的,而非关注学习过程及其持续性。此外,大多数研究关注特定的影响专业发展的因素(项目、学习者或者情境)而非研究学习的整体性和情境经验。总的来说,实证研究或基于实践的研究,多关注教师专业发展的"项目"或内容,而非学习经验。她批评这种能力取向的学习观把学习视为可填充的知识,可以灌输给专业发展中的教师。但我们也需要承认,这种学习观为教师专业发展的评价、内容制定和效能都作出了很大的贡献。[1]

此外,韦伯斯特-怀特进一步指出,各个领域的专业发展研究都反映出通过各种项目来实现专业发展,而非关注真正的有效的专业学习。她认为,这类专业发展研究一方面假设专业人员存在能力上的不足,需要发展和引导。另一方面,许多专业发展的研究与实践是原子论的(atomistic),将专业发展和学习环境分离开来。因此,大部分的专业发展关注的因素,如专业发展活动及其结果、学习情境因

---

① Webster-Wright, A. Reframing professional development through understanding authentic professional learning [J]. Review of Educational Research, 2009,79(2):712.

素、学习者的个人特质等均被视为一个个的变量。而作为整体的学习经验却鲜少被研究。因此，研究需要超越"专业的发展（developments of the professionals）"，深入探究并且建构真正专业实践的"专业学习的经验"。

因此她提出，教师专业发展需要再概念化：首先，关注学习而非发展。从术语上看，"发展"隐喻着专业人员需要通过培训，以获得输送过来的知识。而专业学习取向的教师专业发展则不仅仅关注培训，这意味着教师的学习不仅仅发生在参加专业发展的项目时，教师专业学习发生的形式很多。第二，学习观是整体论而非原子论。把教师专业发展理解为一种整体经验的专业学习，而不是一系列相关因素的结合。整体论的专业学习取向把学习与情境的二元对立性打破，更多以一种社会文化的观点，把情境视为专业学习的特征或组成部分。

陈向明基于韦伯斯特-怀特的观点，总结了教师专业发展与教师专业学习的区别，如下表1.1所示。结合我国的现实问题进行分析，她认为，我国当前的"专业发展"存在两个问题：一方面，社会普遍认为中小学教师缺乏自己的知识，必须依

表1.1　教师专业发展与教师专业学习的比较[①]

	教师专业发展	教师专业学习
对教师的理解	被动的	主动的
对教师的质量标准	先定的	共建的
有关教师的知识论	客观的	主体间的
教师学习的目的	获得知识	建构知识
教师学习的方式	原子的、传递的	合作的、转化的
教师学习的内容	外部制定的	自己参与决定的
教师学习的类型	二分的	相互交融的
教师的知识形态	分类的	整合的
对教师的研究	拆分的	整体的
对教师的管理	外部强压的	各方协商的

① 陈向明. 从教师"专业发展"到教师"专业学习"[J]. 教育发展研究,2013,8(1):1—7.

靠外部专业指导,因此出现了许多外部灌输类的知识来实现专业发展;另一方面,大部分培训者坚持为教师灌输教育教学理论,认为教师的专业发展需要理论支撑,因此培训学习的是"理论",而平时的工作则是"实践",这导致教师的"学习"与"工作"被人为地割裂开来。因此,"专业发展"往往导致的现象是:各级行政部门对教育、学校乃至课堂教学事务干涉过多,导致很多教师失去了自主发展的动力和空间。从知识论的角度看,教师是独立存在的、固定的、先定的、可以被搬运到不同情境中的客体,教师专业发展反映的是一种客观的知识论,即教师在学习过程中,知识是一种商品,教师通过接受培训的手段而获得知识。

关于教师专业发展与教师专业学习,研究发展中已经呈现出"分流"的状态,在第二章笔者将对这些观念背后的"学习"观进行分析,最后对于当前教师领域的多个术语进行概念的区分。

四、教师实践的脉络情境:多样与复杂

一些学者试图对过去半个世纪的教师教育领域[①]进行全面的概括,唯一能达成共识的结论或许是:这是一个处于变革环境中存在持续争论的领域,没有一种普适于所有教师发展的模式,也没有一种适用于所有情境的研究方法[②]。造成这一持续争论的重要原因之一,是教学是一项实践议题,其复杂性(complexity)难以一言以概之。

(一) 认识教师实践的复杂性和多样性

作为一个政策议题,在全球化背景下,世界各国的教师教育改革呈现出趋同性,其中一个重要体现则是各国教师教育标准在内容上的相似性。作为一个研究

---

① 教师教育(teacher education)一般来说是比教师发展研究更为广泛的研究领域,涉及教师所处的社会和制度结构,职前教师教育,如教师教育课程、准教师(student teacher)田野实习,教师入职过程、教师资格,在职教师的专业发展等(Cochran-Smith et al., 2008)。我国近年来也开始用"教师教育"取代"师范教育"一词(袁贵仁,2004;袁振国,2004)。本研究关注的教师,主要是指中小学教师的在职专业发展,即职后阶段。

② Cochran-Smith, M., Feiman-Nemser, S., & McIntyre, D. J. Handbook of research on teacher education: Enduring questions in changing contexts [M]. 3rd ed. New York, NY: Routledge, 2008.

议题,教师教育研究呈现出岔道口的状态:一类主流的研究呈现出相似的有效教师专业发展的特征清单,以作为支持政策的证据,并且以此作为设计各类教师专业发展项目的原则,以达到教师专业发展效果的最大化。另一类则关注教师专业发展的过程,这一类研究本质上与第一类研究不同之处在于,重新理解了教师作为发展的本体及过程:教师作为整体的人,是主动发展的个体,是与社会世界相互改造的能动者,而不是一台教书机器;其过程具有特殊性,他们不是专业知识和技能的容器,没有任何一种固定的阶段模式可以适用于所有教师。教师学习是发生于不同情境中的持续学习的过程。作为一个实施议题,当前各国教师专业发展项目遵循了政策指导下的专业标准,依据有效教师专业发展项目特征清单去设计各类项目,在形式和内容上呈现出相似性。就我国和西方(英美为主)国家的对比中,尽管双方教师专业发展政策、专业标准、项目形式与内容都相似,但在实际中,就教师对项目的态度而言,却大相径庭。其根本原因在于,教学本质上是一项与情境密切相关的实践议题。

在过去的几十年里,教师教育研究者总是试图将复杂的教学实践进行解构(decomposition of practices),[①]试图将教学呈现为不同的方面,如知识、技能、情感等;然而,教师作为人,及教学本身的实践特性,决定了其复杂性。如舒尔曼对其30余年的教学研究生涯回顾时所言:"课堂教学……或许是我们所面临的最复杂、最具挑战性、最精妙和最令人害怕的活动"。[②] 波尔和科亨(Ball & Cohen)把教学复杂性称之为"在特定的环境中与特定的学生进行特定的观点互动"。简言之,好教师需要意识到每种情境本质上的不同,他们需要看见不同的观点和不同的可能,需要适当地运用不同的知识。[③] 通过前文"政策-研究-实施"的关系,我们需要看到,一方面,当把"教师专业发展"视为一种大规模教师发展项目,为了整体提升

---

① Lampert, M, Franke, M. L., Kazemi, E., Ghousseini, H., Turrou, A. C., Beasley, H., & Crowe, K. Keeping it complex using rehearsals to support novice teacher learning of ambitious teaching [J]. Journal of Teacher Education. 2013, 64(3):226-243.

② Shulman, L. S. Professional Development: Learning from Experience [M]//Wilson, S. M. The Wisdom of Practice: Essays on Teaching, Learning, and Learning to Teach. San Francisco: Jossey-Bass; 2004:503-522.

③ Ball, D., & Cohen, D. Toward a practice-based theory of professional education [M]//Darling-Hammond L, Sykers G. Teaching as the Learning Profession: Handbook of Policy and Practice. San Francisco, CA: Jossey-Bass; 1999:3-32.

教师质量时,就有了着眼于技术旨趣,保障教师发展有效性的最大化,以"最好的实践"或"证据为本"归纳出来的有效教师专业发展项目特征去设计(design)有关的项目的必要性。① 另一方面,教师作为个人及其教学工作的复杂性、情境性和实践性,证明不存在一种"完美的"教师专业发展项目适用于所有情境,能够满足每一个教师成长的需求。任何一类教师和教学研究,反映着不同的学术传统,运用不同的分析工具和不同的证据,关注不同层面的问题。正如博尔科(Borko)等人所言,"研究本身如若完善,都有利于知识生产,从而利好政策与实践。研究的差异,也恰好反映了教师教育研究领域的不断更新,反映了教师教育领域的复杂性"。② 鉴于此,波尔和弗泽尼(Ball & Forzani)建议以一种"核心"实践取代"最好的实践",指的是以一定的研究为基础,指出教师实现持续学习需要遵循的一些核心原则,它所对应的是以实践为本的研究取向。③

近十余年来,受到国际测评试测(如 PISA)的影响,全球关于教师研究的一个关注点是各国教育系统或教师教育体系的比较,以分析那些在 PISA 测试中高效能表现的国家的教师教育体系有何特点。达琳-哈蒙德④在比较了全球多个国家或地区的教师教育体系,包括加拿大、芬兰、新加坡等地后,她指出,在观念上我们要把教师发展看作是一个系统的问题,而不是某一个环节问题。大多数教育高效能国家或地区的教师教育体系,都有一套完整的从教师培养、入职培训、在职培养、持续专业发展和职业晋升的系统规划。就在职教师而言,教师的入职指导、持续的专业发展学习、集体性地提高教师教学质量、基于教师的日常工作的学习,都是有效的策略。另一份颇具影响力的《有效教师专业发展》的报告指出,有效的教师专业发展项目的特征包括:内容聚焦、主动学习、促进教师合作、高效操作或实

---

① Ball, D.L., & Forzani, F.M. The work of teaching and the challenge for teacher education [J]. Journal of Teacher Education, 2009, 60(5):497 - 511.

② Borko, H., Liston, D., & Whitcomb, J.A. Genres of empirical research in teacher education [J]. Journal of Teacher Education, 2007, 58(1):3 - 11.

③ Forzani, F.M. Understanding "core practices" and "practice-based" teacher education: Learning from the past [J]. Journal of Teacher Education, 2014, 65(4):357 - 368.

④ Darling-Hammond, L. Teacher education around the world: What can we learn from international practice? [J]. European Journal of Teacher Education, 2017, 40(3):291 - 309.

践的模式、提供指导和专家支持、提供反馈和促进反思、持续一段相对较长的时间。① 在美国全国教育与经济研究中心对全球高效能表现的教育系统的考察中，亦提出我们当下需要把教师的专业学习问题放在一个复杂体系中去考察，从学校层面，到学区/区域层面，再到国家层面，都会影响教育的整体质量。体系设计需要考虑到教师及教学的重要性，在不同层次为教师的专业学习与发展提供支持，在不同的层级需要有不同的领导者来带动，设计并促进教师的专业合作等等。②

在这种实践复杂取向以及全球化的影响下，尤其是 2009 年以来，中国的教师教育体系越来越得到世界的关注，中国教育或中国教师越来越多地出现在国际媒体、专业组织、国际学术讨论和智库报告之中。当我们把目光投向中国教师学习与专业发展的复杂系统时，则需要对这一复杂多样的系统有基本的了解。

（二）复杂多样的中国教师发展体系

前文简述了 20 世纪以来西方国家的教师政策、研究与实践概况。我国的教师领域在发展阶段则略有不同。我国在普及九年义务教育以后，直到经济社会发展需要提高教育质量的时候才提出教师专业化问题，比国际劳工组织和联合国教科文组织提出的建议晚了 30 多年。③ 有学者将我国教师教育的历史分成四个阶段：(1)1897—1911 年是创设阶段，以中国第一所师范学校——南洋工学师范馆的创立为起点。(2)制度化阶段始于 1912 年至 1949 年，以《师范学校条例》的颁布为标志，设立了师范学校的学区系统以适应不同的情况。(3)1949 年至 1993 年是制度化阶段。新中国成立后，首先借鉴苏联模式，建立起师范教育体系，到 1953 年，全国共有 31 所独立的高等师范院校。改革开放后，我国陆续颁布了多个与教师相关的文件。第一个全国教师节于 1985 年 9 月 10 日设立。(4)1993 年至今是专业化阶段，其中标志性事件是 1993 年通过的《中华人民共和国教师法》。随后，1995 年颁布了《教师资格条例》，规定所有教师必须获得教师资格证。另有学者指

① Darling-Hammond, L., Hyler, M.E., & Gardner, M. Effective teacher professional development [J]. Palo Alto, CA: Learning Policy Institute, 2017: v - vii.

② Jensen, B., Sonnemann, J., Roberts-Hull, K., et al. Beyond PD: Teacher professional learning in high-performing systems. Teacher quality systems in top performing countries [J]. Washington, DC: National Center on Education and the Economy, 2016.

③ 顾明远. 中国教育路在何方[M]. 北京：人民教育出版社，2016：111.

出,自 20 世纪 90 年代以来,我国的教师教育改革发展还可以细分为三个阶段:(1)20 世纪 90 年代中期到 2005 年前后为体系重构期。这一时期以教师专业化为理念,以重构教师教育体系为重点,在教师培养和教师终身学习体系两个方面推进了结构改革。2002 年教育部《关于"十五"期间教师教育改革与发展意见》首次使用了"教师教育"这一概念,明确了教师教育是在终身教育思想指导下,按照教师专业发展的不同阶段,对教师的职前培养、入职教育和在职培训的统称。(2)2005 年前后至 2016 年为内涵建设期。这一时期遵循促进公平为基础,积极探索通过教师教育加强农村教师队伍建设。(3)2017 年至今为振兴发展期,这一阶段将教师教育提到了更高的地位,着力提升教师的地位,在此基础上提高教师教育的地位和专业化水平。2018 年,中共中央、国务院《关于全面深化新时代教师队伍建设改革的意见》及同年教育部等五部门联合颁布的《教师教育振兴行动计划(2018—2022)》是两个标志性文件。这些发展阶段的划分,大致可以看出我国教师政策发展的脉络。

作为发展中国家的中国,在全球化时代,教师专业发展领域在政策和理论研究上都受到西方发达国家的影响。我国相继制定的教师专业标准,参考了英美等国家,体现出相似性;教师专业发展的理论也借鉴了西方国家。[1] 在全球化与本土的对话中,任何国家的教育现象都有其独特的文化、历史和制度底色,这是理解教育现象的基础。在这场对话中,中国及中国教育,成为全球的焦点。一方面,得益于中国改革开放以来的高速经济增长,在国际上地位的提升;另一方面,在教育领域,由于在 PISA 和 TIMSS 中的强势表现,中国被称为高效能教育系统(high performing system)中的典型代表。[2] 在与西方教育系统的比较中,"中国特色"[3]或中国式的"混合"[4]发展模式,夺人眼球。"特色"并非特意为之,"混合"也并非简单的中和。"特色",作为文化与制度的长期发展产物,并在实践中经历了长

---

① 陈向明. 优秀教师在教学中的思维和行动特征探究[J]. 教育研究,2014,(5):128—138.

② Tucker, M. S. Surpassing Shanghai: An agenda for American education built on the world's leading systems [M]. Cambridge, MA: Harvard Education Press, 2011.

③ Liu, Y., & Fang, Y. Basic education reform in China: Globalization with Chinese characteristics [J]. Asia Pacific Journal of Education, 2009, 29(4):407 – 412.

④ Paine, L. W., & Fang, Y. Reform as hybrid model of teaching and teacher development in China [J]. International Journal of Educational Research, 2006, 45(4):279 – 289.

期检验得以形成;"混合",则是基于教学本身所具有的特定文化情境,在当前复杂变革情境中展现出的教师实践智慧。

在这种特色实践中,我国多级教研系统、以学校为本的教师发展系统,及校内外结合的教师学习系统是我国教师专业学习质量的重要保障。

1. 多级教研体系

我国上海(2009、2012年)及四省市(北京、上海、广东、江苏于2015年参加;北京、上海、江苏、浙江于2018年参与)参加PISA,取得优异成绩。虽然这种"高分"遭遇了不少冷眼,许多学者呼吁对PISA优异成绩冷思考。[①] 但这一骄人的成绩有许多值得中国基础教育自信之处。上海PISA项目负责人张民选在总结上海基础教育的发展经验时指出,教师是保障上海基础教育质量的重要因素。[②] 程介明(2014)指出,除了学生自身的因素(学习强度、密度,学习实践)外,中国教师经常有组织地进行专业的研讨与提高,例如学校有教研组、政府教育部门有教研室,是其他国家难以比拟的。[③] 中国教研体系,为中国基础教育的发展奠定了扎实的基础。以学校为本的教学与研究,在政策上、制度上、理论研究与实践中,都有着丰厚的积淀。

从历史上看,教学研究组织(以下简称"教研组")可以追溯至上世纪50年代,在我国建国初期,受苏联模式的影响,我国在1952年开始建立"教学法小组"的"学科教学研究组"。[④] 经过70多年的发展,教研体系在中国本土化过程中形成了中国基础教育中的"一枝独秀",三级教研组织也成为我国中小学教师成长的制度基础。[⑤] 三级教研组织伴随着中小学教师职业生涯的始终。三级教研组织是:省(自治区、直辖市)教研室为第一级,县(区)级教研室为第二级,学校教研组为第三级。三级教研组织的制度化(institutionalization),也成为我国中小学教师"得天独厚"的专业成长基础。教研制度为教研活动提供了制度的保障,所有的教师都身处集体组织中:横向上,中小学校的教师按照年级编成年级组,主要

① 高原.冷静对待"PISA二连冠"——基于新自由主义视角的思考[J].外国中小学教育,2014,(4):9—14.
② 张民选.自信与自省:从PISA看上海基础教育发展[J].上海教育,2013,(35):1.
③ 程介明.上海的PISA测试全球第一到底说明了什么[J].探索与争鸣,2014(1):74—77.
④ 胡艳.新中国17年中小学教研组的职能与性质初探[J].教师教育研究,2011(6):50—55.
⑤ 丛立新.教研组织的"一枝独秀"及其"职能变革"[J].教育学报,2011(3):47—55.

负责学生的日常管理;纵向上,教师分别按自己任教学科组成学科教研组织,简称某学科教研组,如语文、数学教研组。① 在制度化的教研体系中,新教师进入一所新的学校,接受师傅的指导、参加集体备课、进行同辈的听课和评课、参加不同水平的公开课,所有这些行为,都是一个中国教师习以为常的"典型化"教学工作。

2019 年 11 月,教育部印发《关于加强和改进新时代基础教育教研工作的意见》,第一次在国家层面,正式确立了国家、省、市、县、校(乡镇)五级教研工作体系,完成了从"三级"到"五级"的转型。该意见对新时代基础教育教研工作进行了全面规划和整体部署,也解决了教研体系长期以来的问题,如教研组织"没有娘家"的问题,在国家层面上明确以教育部下属事业单位——教育部基础教育课程教材发展中心作为全国教研工作的宏观管理和指导机构。② 该意见是 2018 年《中共中央国务院关于深化教育教学改革全面提高义务教育质量的意见》的配套文件,充分说明教研工作对于提高基础教育教学质量具有重要支撑作用。

2. 以校为本的教师学习与专业发展实践

20 世纪 80 年代以来,为了强化行政管理思想,年级组作为学校一级行政组织,逐渐取代了教研组在学校中的地位,成为更具有管理实权的教师组织。而随着课程改革中对研究的重视,2002 年教育部发布《教育部关于积极推进中小学评价与考试制度改革的通知》,正式提出"学校应建立以校为本、自上而下的教学研究制度,鼓励师生参与教学改革,从改革实践中提出教研课题",校本教研制度得以确立并推广。③ 我国学校基本上形成了校长负责制下,年级组、教研组和课题组组成的学校教研系统,其中最为频繁的教研形式为备课组活动。有学者用图 1.1 来表示我国中小学教学组织结构。

教研系统是伴随我国中小学教师职业生涯终身的结构,许多研究也表明,多样的教研活动是中小学教师专业成长中最为常见的活动方式。"全国中小学教师

---

① 丛立新. 中国基础教育三级教研组织研究[J]. 教育科学研究,2011(9):5—27.
② 王艳玲,胡惠闵. 从三级到五级:我国基础教育教研制度建设的进展与问题[J]. 全球教育展望,2020,49(12):66—77.
③ 刘良华,谢雅婷. 校本教研在中国的演进[J]. 全球教育展望,2021,50(11):3—14.

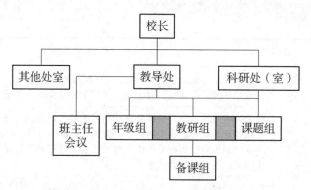

图 1.1 我国中小学教学组织结构简图①

专业发展状况"项目组(2011)基于全国 9 省市 11190 名中小学教师的调查指出,我国中小学大多数已经形成了有规律的、制度化的教研活动安排,频率也较高。在培训与专业发展的构成比例中,本校的听评课课时也是占比最高的。② 陈向明和王志明(2013)的调查及访谈发现,我国中小学教师过去两年中参加各类培训的人均频次是 6.9 次,而参加校级培训的次数为 7.05 次,高于其他级别的培训。校本研究是教师专业发展的重要环节,校本研究的内容有教学观摩及研讨(72.6%),集体备课(70.6%),专题研讨(37.1%),自主课题研究(33.4%),专家讲座(25.9%),与研究机构合作开展课题(10.3%)。在培训类型的认可度上,排名前三位的是学区教研活动、寒暑假脱产集中培训和校本研修活动。③ 胡艳(2012)对北京市城区中学 1472 名教师与 604 位教研组长的调查也表明,近一年教师和组长开展的三种最频繁的教研活动是,集体备课、组织听评课和组内常规事务。④ 以学校为分析单位,表 1.2 列举了当前中国学校教研组织中主要的教研活动:

① 胡惠闵,刘群英. 我国中小学教学研究组织的发展及其困境[J]. 教育发展研究,2012,2:1—8.
② "全国中小学教师专业发展状况调查"项目组. 中国中小学教师专业发展状况调查与政策分析报告[J]. 教育研究,2011,3:3—12.
③ 陈向明,王志明. 义务教育阶段教师培训调查:现状、问题与建议[J]. 开放教育研究,2013,4:11—19.
④ 胡艳. 我国中学教研组性质的实证研究——以北京市城区中学为例[J]. 教育学报,2012,6:78—89.

表 1.2 我国中小学教研活动类型及特点

学习活动	主 要 特 点
集体备课	学校教研组开展最频繁的专业活动,教师个人先行准备的基础上与其他教师相互参照、改进,同时保证一所学校同年级教学进度一致。
听课、评课、公开课	教师间有目的地互相听课并在课后对教师上的课进行分析评论。由于听课评课活动与教学实践同步,为教师全面地、有针对性地、理论联系实际地反思自己的教学提供平台和机会。这样的听评课活动还涉及各个级别范围内的公开课等。
编制、评改试卷	学校中学科常规考试由学校自己出题,该学科的教研组承担考卷编制、考试、评价等任务。
师徒带教	称"师徒结对"或"师徒制""老带青"等。通常指为刚入职的新教师安排一个有经验的、优秀的老教师,以帮助其尽快适应学校教育教学工作,保证其能够胜任基本的教育教学工作。

资料来源:胡惠闵(2006)[1];Tsui & Wong(2010)。[2]

从一些大规模的、主要针对一线教师和教研组长的调查结果中,我们可以看到,尽管存在地域差异(东、中、西部)和学校差异,但校本教研已经深深扎根于中小学的专业生活中。在各层面(国家层面、学区层面、学校层面等),学校层面的校本教研是开展最为频繁的专业发展现实情境。学校层面的教研活动形式多样,是促进教师专业发展的有效途径,尽管存在一些争议和不满,但大多数(>50%)的教师都认可校本教研活动对教师专业发展的促进作用。[3]

3. 校内外结合的教师学习与发展系统

校本研究是我国教师学习的主要方式,却不是唯一的方式。朱旭东、裴森等人(2017)在归纳中国教师的学习经验时,总结了11种教师学习的模式,分别是:基于赛课的教师学习模式、基于学历提升的教师学习模式、基于师徒制的教师学习模式、基于访问的教师学习模式、基于名师工作室的教师学习模式、基于教研组教

---

[1] 胡惠闵. 教师专业发展背景下的学校教研活动. 全球教育展望,2006,3:52—56.

[2] Tsui, B.M., & Wong, J.L.N. In search of a third space: Teacher development in China [M]// Chan CKK, Rao N. Revisiting the Chinese learner: Changing contexts, changing education. Dordrecht, Netherlands: Springer Science & Business Media, 2010:281-311.

[3] 全国中小学教师专业发展状况调查项目组. 中国中小学教师专业发展状况调查与政策分析报告[J]. 教育研究,2011,3:3—12.

研的教师学习模式、基于课例研究的教师学习模式、基于课题研究的教师学习模式,基于教师培训的教师学习模式、基于大学初中小学合作的教师学习模式、基于农村教师研修工作站的教师学习模式。这些学习模式既可以发生在校内,也可以发生于校外。① 此外,我国教师培训的多层次(国家级、省市级、地区级、校级)、多形式(校本教研、校外培训)、内容丰富的教师专业发展活动体系,如图1.2所示。

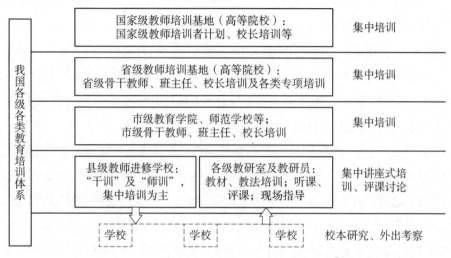

图1.2　我国各级各类教师培训体系图②

陈向明和王志明(2013)对全国11个省市9197位中小学教师展开调研,以了解我国当前各级各类教师培训的现状。③ 研究指出,从层次上看,过去两年教师参与培训次数最多的是校级培训(平均7.05次),其次是中心学区或乡镇培训(3.03次)和地区或县级培训(2.57次),而省级、国家级培训平均大约1次。培训类型主要是寒暑假脱产培训、学区教研活动、中小学校本研修、周末或节假日短期集中培训,而教师对培训类型认可度最高的三位依次为:学区教研活动、寒暑假脱产集中培训、中小学校本研究。在培训内容上,研究者比较了教师实际接受最多的培训

① 朱旭东,裴淼. 教师学习模式研究:中国的经验[M]. 北京:北京师范大学出版社,2017.

② 陈向明,王志明. 义务教育阶段教师培训调查:现状、问题与建议[J]. 开放教育研究,2013,(4):11—19.

③ 陈向明,王志明. 义务教育阶段教师培训调查:现状、问题与建议[J]. 开放教育研究,2013,(4):11—19.

内容和希望接受最多的培训内容,实际接受最多的依次是教育教学理论、学科教学和教学方法及策略,而教师希望接受最多的培训内容是:教学方法及策略、学生发展及心理健康、学科教学。培训内容中教育教学理论的落差最大,55.5%的教师反映这是接受培训最多的内容,而只有12.0%的教师希望接受教育教学理论培训。

相较于美国,我国教师专业发展的实施似乎要乐观得多。"全国中小学教师专业发展状况调查"项目组(2011)对全国11190名中小学教师的调查发现,完全没有参与过教育培训的比例是:小学(1.1%)、初中(0.6%)、高中(0.8%),这说明我国中小学教师几乎都有参与有关的教师专业培训。一线教师对各类培训的认可也较高,对于各类培训,认为"较有帮助"和"非常有帮助"的比例达到65%以上,而选择"没什么帮助"的比例只有2.4%—6.2%。[①]

从这些调查中,我们可以发现,以学校为本的教师专业发展活动是目前我国中小学教师接触最为频繁的学习机会;令人欣慰的是,以学校为本的教学研究活动被教师认可。近年来,校本以外的教师专业发展活动也逐渐得到教师的认可,如调查显示,学区教研活动是教师满意度最高的活动。[②] 而中小学校与大学、教育行政部门合作也不断升温,比如中国香港的"优质学校改进计划(Quality School Improvement Project)",中国内地的"大学中小学 U(niversity)- S(chools)"合作项目等[③],成为我国教育领域的一大热点。

概括来说,我国教师学习的总体特征是:在内容上是形式多样、自由组合的,在情境上是校内外结合、动态嵌套的。微观层面上的教研组、中观层面的学校整体情境以及宏观层面的学校与其他学校、社区、高校的合作,都为教师学习提供了一个复杂多样的学习情境。教师对这些学习方式的满意度、认可其对专业成长作用的程度都明显要高于西方国家。这与一个国家的历史、制度及文化情境因素都密切相关。以教师合作为例,英美个人主义文化下的教师合作项目推进过程倍加艰难,虽然至今已经取得一定成效,但教师对于合作的态度和合作的效果

---

① "全国中小学教师专业发展状况调查"项目组. 中国中小学教师专业发展状况调查与政策分析报告[J]. 教育研究,2011(3):3—12.

② 陈向明,王志明. 义务教育阶段教师培训调查:现状、问题与建议[J]. 开放教育研究,2013,4:11—19.

③ 卢乃桂,张佳伟. 院校协作下学校改进原因与功能探析[J]. 中国教育学刊,2009,1:34—37.

都不尽满意。而我国的集体主义文化与教研合作制度,让教师在合作项目中呈现出令人较为满意的状态。这意味着,任何形式的教师发展都有必要考虑教师所处的历史文化情境。

从 21 世纪以来,我国的教师实践体现出复杂多样的特点,各层各类的教师专业发展活动相互关联、相互影响,形成了一个体系。从政策层面来看,教师教育体系成为政策和理论研究的重点问题,而近来关于高质量教师教育体系的讨论也越来越多。教育部《关于"十五"期间教师教育改革与发展的意见》将"教师教育"一词确定为"在终身教育思想指导下,按照教师专业发展的不同阶段,对教师的职前培养、入职教育和在职培训的统称"①。近年来党和国家将高质量教师教育体系建设摆在教育事业发展中的突出位置,作出了一系列重大部署,2018 年颁布的《教师教育振兴行动计划(2018)》强调"以加强教师教育体系建设为支撑,以教师教育供给侧结构性改革为动力,推进教师教育创新、协调、绿色、开放、共享发展,从源头上加强教师队伍建设"。② 2019 年印发的《中国教育现代化 2035》提出健全中国特色教师教育体系,培养高素质教师队伍。③ 建立高水平现代教师教育体系是高质量教育体系建设的关键发力点。教师教育体系内涵丰富、结构复杂,与中国式教师教育现代化有关的布局结构调整、组织架构完善、管理制度优化、培养质量提升等方面的理论研究和实践探索,几乎都能够整合到教师教育体系建设范畴内。④ 中共中央、国务院《关于全面深化新时代教师队伍建设改革的意见》指出,当前中国特色社会主义进入了新时期,肯定了教师教育体系在支撑我国教育改革发展中做出的卓越贡献。高质量教师教育体系建设是当前以及未来很长一段时间我国教育事业的重点工作。

---

① 教育部关于"十五"期间教师教育改革与发展的意见[EB/OL]. (2002 - 03 - 01)[2023 - 04 - 01]. http://www. moe. gov. cn/srcsite/A10/s7058/200203/t20020301_162696. html.

② 教育部等五部门关于印发《教师教育振兴行动计划(2018—2022 年)》的通知[EB/OL]. (2018 - 03 - 22)[2023 - 04 - 01]. http://www. moe. gov. cn/srcsite/A10/s7034/201803/t20180323_331063. html.

③ 中共中央、国务院印发《中国教育现代化 2035》[EB/OL]. (2019 - 02 - 13)[2023 - 04 - 01]. http://www. moe. gov. cn/jyb_xwfb/s6052/moe_838/201902/t20190223_370857. html.

④ 王红,罗小丹. 整体性建设高质量教师教育体系支撑中国式教育现代化——中国式教师教育现代化的系统谋划[J]. 苏州大学学报(教育科学版),2023(2):1—10.

五、政策、研究如何影响实践[①]

(一) 研究与政策之间的关系如何

研究机构的愿景是通过科学研究影响政策制定，进而在更大范围内影响实践。但实际中，教育政策、教学实践与教育研究之间一直存在落差。如美国 2002 年《不让一个孩子掉队法案》中提到"基于科学的"(scientifically based)有 119 处，"基于科学研究的"有 69 处。[②] 研究影响较大的两种普遍的政策工具，一是教师专业标准和测试(测量和考试)，另一则是教师专业发展项目。

关于教师教学知识基础的积累，已经衍生出一系列基于研究的政策，例如设定专业标准，加强教师教育和资格认证，以及加大对入职引导和专业发展的投入。如美国 20 世纪 80 年代中期出现的全国专业教学标准委员会(National Board for Professional Teaching Standards)，洲际教师评价和支持联合会(Interstate New Teacher Assessment and Support Consortium, INTASC)。INTASC 标准如今被应用于全美 40 多个州，作为对教师候选人资格筛查的标准。这些标准在很大程度上都参考了关于教学和学习的研究成果，例如舒尔曼的教师评价项目(Stanford Teacher Assessment Project)就被 NBPTS 所采用。研究表明，这些专业标准和评价指标投入应用以来，达到相应标准的教师比没有达到标准的教师在提升学生成绩上取得更为显著的效果，评价指标尤其是对新手教师的专业学习作用明显。[③] 这些研究基础和指标同时影响了其他国家的专业标准。从世界范围内看，各国教师专业发展政策、教师专业标准的内容、教师专业发展的理论研究等都展现出一种不约而同的国际性趋同，各种教师专业标准范畴与领域的大体上一致，

---

① 关于政策、研究与实践的部分观点参考:郑鑫,尹弘飚. 美国教育研究协会教师与教学研究的百年脉络[J]. 外国教育研究,2019,46(01):38—50.

② 袁振国. 实证研究是教育学走向科学的必要途径[J]. 华东师范大学学报(教育科学版),2017,3:4—17.

③ Darling-Hammond, L., Newton, S.P., & Wei, R.C. Developing and assessing beginning teacher effectiveness: The potential of performance assessments [J]. Educational Assessment, Evaluation and Accountability, 2013,25(3):179-204.

反映了国际上对教师职业所应具备的专业素养结构认识具有某种程度一致性认可。①

教师专业发展项目（professional development program）是另一个较为常见的政策实施工具。政府或地方部门通过资助教师参加各类型的教师专业发展项目，是政策促进教师质量的重要策略。20世纪90年代以来，研究者试图找出那些可以最大化教师学习效果的元素来设计专业发展项目，如"最好的实践（best practice）""证据为本（evidence-based）"的教师专业发展的项目特征、设计原则等，最终形成了一份有效教师专业发展项目清单。② 如前文所提的德西蒙（Desimone）归纳出的五大有效教师专业发展项目的特征。

在专业标准和教师评价项目中，研究常常变成了政策制定者在推动宏观政策的工具，即政策是基于研究的（research-based），政策实施的效果也会得到一系列研究的支持，以说明政策所产生的积极效果。这种研究作为支持政策的推动工具，是政策制定者采取一种可测量的结果，以最小的代价来寻求最大化的效能，作为追求改革中的确定性的主要手段。③

（二）研究如何影响实践

当基于研究的政策落实到实践中，一类研究展现出与政策的一致性，作为支持政策推进的有力证据，另一类研究则"唱反调"。许多按照政策要求精心设计的项目、学校改革项目最终取得的效果不尽如人意，这些项目受到的批评是对实践具体问题、实践情境缺乏关注。④

研究对实践的作用体现在两个方面。一方面，研究者不断在完善教师教学研究的知识基础（knowledge base）并将其融入到教师发展项目之中。⑤ 例如，关

---

① 周文叶, 崔允漷. 何为教师之专业：教师专业标准比较的视角[J]. 全球教育展望, 2012, 4:31—37.

② Garet, M. S., Porter, A. C., & Desimone, L. What makes professional development effective? Results from a national sample of teachers [J]. American Educational Research Journal, 2001, 38 (4):915 – 945.

③ Hill, H. C., Beisiegel, M., & Jacob, R. Professional development research: Consensus, crossroads, and challenges [J]. Educational Researcher, 2013, 42(9):476 – 487.

④ Kennedy, M. M. How does professional development improve teaching? [J]. Review of Educational Research, 2016, 86(4):945 – 980.

⑤ Hiebert, J., Gallimore, R., & Stigler, J. W. A knowledge base for the teaching profession: What would it look like and how can we get one? [J]. Educational Researcher, 2002, 31(5):3 – 15.

注教师知识(尤其是内容知识)、强调教师的集体参与基本上出现在了大多数专业发展项目设计之中。前者起源于舒尔曼的教师知识研究,后者则通过情境学习理论、社会学习理论在教师研究领域的应用,强调教师通过参与共同体而实现知识的增长。尽管严格按照这些项目去设计,许多专业发展项目的效果仍不尽如人意。另一方面,研究具有自进化特征,关于教师研究的新方法、新取向不断涌现。

针对证据为本研究的不足,近来一些学者提出实践为本(practice based)的教师研究。[①] 首先,这一概念质疑政策的线性模型,即"决策者制定建议,进行实验,产生效果,在实践中大力推行这个建议",认为这导致许多研究或政策推进在实践中产生水土不服。实践为本所倡导的是某一项政策或想法的产生应该是基于实践改进的需要而产生,进而进行相关的理论和实验验证。换言之,以往的政策、研究都单向地把教室作为试验地,把教师作为学术想法的实验对象,实践在三个环节中处于最无力的地位,而新的范式强调的是一种网络共同体,研究、实践、政策应该是平等的、相互关联的作用。[②]

(三) 研究、政策、实践三者之间的张力

20 世纪 80 年代以前的教师研究政策制定,多以提升效率为目的,以"过程—产出"模式作为理论基础,是一种线性的、单向的,甚至是粗鲁的政策制定过程,这在 20 世纪 90 年代受到广泛批评。达琳-哈蒙德提到,她记得在 20 世纪 80 年代的亚利桑那州某学区一位最受欢迎的老师,因为没有遵守学校董事会规定的七步教学计划而遭到解雇。[③] 科克伦-史密斯认为,这种教师教育是"结果驱动的,研究为证据的政策问题"研究取向,它同时带来了"更好"与"更坏"的结果。更好的结果是,这些研究集合了更多合理的研究证据来改善教师教育,设计教师专业发展项目,采用标准来提高教师质量。更坏的结果是,这种政策制定以一种线性观和市场为本的价值导向,假设政策和教育结果之间存在一种线性的因果关系,把教师视为流水线

---

① Forzani, F. M. Understanding "core practices" and "practice-based" teacher education: Learning from the past [J]. Journal of Teacher Education, 2014, 65(4), 357 – 368.

② Bryk, A. S. 2014 AERA distinguished lecture: Accelerating how we learn to improve [J]. Educational Researcher, 2015, 44(9): 467 – 477.

③ Darling-Hammond, L. Research on teaching and teacher education and its influences on policy and practice [J]. Educational Researcher, 2016, 45(2): 83 – 91.

上的工人，而忽视了学校文化、资源及具体的情境。① 拉巴里（Labaree）总结了政策制定者眼中的教师和实际的教学工作的区别："教师关注他们自己教室中的学生特性，改革者关注所有教室的共性；教师依赖于临床试验，改革者基于社会科学理论；教师面临着课程过程的模糊性，而改革者追求图表和数据的精确性；教师因教学的适应性受到表扬，而改革者会因为实践和改革结果的统一性受到奖励。"②

我们可以看到，在大规模提升教师质量的过程中，效率取向的、简单量化研究和线性思维在提升教师教育效率方面发挥了积极的作用。然而，我们也需要承认这种"旧"教师教育政策模式对创造性教学的削弱作用，尤其是在强调创造性的知识经济时代，在促进教育机会均衡、实现资源分配公平、改善弱势群体的教育现状等问题上，工业化、效率至上的路径在这些问题面前受到越来越多的限制。③

研究如何改善政策和实践之间这种模糊不定的关系？这或许是一个长期都将存在的问题，但教育研究的重要作用在于，研究需要不断挑战、重构并且改变政策制定者和实践者看待特定问题的方式。④ 从历史脉络的梳理我们可以看到：首先，政策与国家的历史、文化脉络紧密相关，政策的出发点不仅仅有"利"的考虑，也需要有价值观的考量。不可否认，政策的制定在一定程度上是少数人的价值观和利益的体现，并不是研究者或科学研究能够完全左右的。⑤ 但是研究者的使命之一，就是不断地提醒政策制定者，何种取向的价值观或政策才是合乎普适的价值。就教师教学政策而言，如何持续促进教育质量，改进教育公平，致力于让所有学生都有学习的权利，进而参与民主社会的建设，是教育政策制定应该具有的正确的价值观，而不是为了少数人的利益。⑥ 其次，政策制定是一个循环改进的过

① Cochran-Smith, M. The new teacher education: For better or for worse? [J]. Educational Researcher, 2005, 34(7):3 - 17.
② Labaree, D. F. Someone has to fail [M]. Harvard University Press, 2010:158.
③ McDonnell, L. M. Evolving research perspectives on education politics and policy. Educational Researcher [J]. 2016, 45(2):142 - 148.
④ Shavelson, R. J. Contributions of educational research to policy and practice: Constructing, challenging, changing cognition. educational researcher [J], 1988, 17(7):4.
⑤ Oakes, J. Public scholarship: Education research for a diverse democracy [J]. Educational Researcher [J], 2018, 47(2):91 - 104.
⑥ Darling-Hammond, L. the right to learn and the advancement of teaching: research, policy, and practice for democratic education [J]. Educational Researcher, 1996, 25(6):5 - 17.

程,其制定要合乎基本的政策逻辑。斯科尔斯和威尔森(Skyes & Wilson)认为,一个合理的教学政策实施过程应该包含以下要素:动员相关主体并提供一致性的支持;确立并制定政策工具,设立相应机构引导政策实施;管理实施过程和策略;为教师学习提供机会,让教师有适应的过程;教师所处的文化和社区提供相应的支持;产生具有示范效应的效果。① 这六个要素是相互影响,循环改进的。政策需要参考前期研究所积累下来的知识基础作为工具设计的出发点。教师的标准、测评和专业发展项目的实施,是一个动态改进的过程,需要吸收各种实践反馈以改进政策。第三,教师教学研究需要的并不是整齐划一的语言,多方的(研究者和实践者)声音,包括褒扬的和批评的声音,都是改进政策的重要资源。② 第四,我们要警惕研究证据窄化为只为政策服务的工具,或者只有量化研究归纳总结出的因果关系清单。大型的量化研究、追踪因果关系的研究是必要的,同时也要兼顾项目在推进实施中与本地实际情境的融合与适应。③

① Sykes, G., & Wilson, S. Can Policy (re)form instruction [M]//Gitomer, D. H. & Bell, C. A. Handbook of Research on Teaching (5th ed.). Washington DC: Ameirican Education Research Association, 2016:851 - 916.

② Cuban, L. Why so many structural changes in schools and so little reform in teaching practice? [J]. Journal of Educational Administration, 2013,51(2):109 - 125.

③ Grossman, P., & McDonald, M. back to the future: directions for research in teaching and teacher education [J]. American Educational Research Journal, 2008,45(1):184 - 205.

学习理论如何影响教师研究

在第一章中，我们对百余年教师领域的发展变化进行了梳理，可以看到，学习观始终影响着教师，并对政策制定者及研究者如何看待教师、研究教师都产生了重要的影响。从行为主义、认知主义，到如今的社会文化学习观，它们都在教师研究中有着不同程度的应用，例如脚手架、合作学习、交互性教学等，都源自于不同的学习理论。[①] 作为教师学习与专业发展的理论基础，本章着重讨论学习理论的变迁及其对教师观的影响。

一、学习理论主要的类型、观点及发展脉络

学习（learning），是看似最简单的词，却又是最复杂的概念。传统上来看，学习是心理学范畴的概念。从苏联心理学家巴普洛夫（Ivan Pavlov, 1894—1936）在20世纪初的"狗与铃声"的实验，到行为主义实际创始人、美国学者华生（John B. Watson, 1878—1958），再到教育心理学创始人桑代克（Edward Lee Thorndike, 1874—1949）提出学习是不断地试误（trial and error），到斯金纳（Burrhus F. Skinner, 1904—1990）的"斯金纳箱"实验，行为主义理论及学习观统治了学习领域近半个世纪。行为主义"刺激反应（Stimulus-Response, S-R）"的公式也得到了广泛的应用。

对传统行为主义心理学的冲击，主要来自认知主义（cognitivism）和建构主义

---

① Murphy, P.K., & Knight, S.L. Exploring a century of advancements in the science of learning [J]. Review of Research in Education, 2016,40(1):402 – 456.

（constructivism）。其中，最重要的两派观点当属瑞士心理学家皮亚杰（Jean Piaget）的认知发展阶段理论及以维果斯基为代表的维列鲁学派（Lev Vygotsky, Aleskei Leont' ev, Aleksander Luria）的文化历史观（cultural historical）或活动理论（activity theory）。这两种理论被认为带来了对传统学习心理学的两次革命。学习的第一次认知革命，发生在20世纪中叶。作为对行为主义和刺激反应学习理论的挑战，布鲁纳（Jerome Bruner）在1960年出版的《教育的过程》（*The Process of Education*），被视为代表皮亚杰认知发展理论的经典之作。此后，认知、思维和心智的心理学研究逐渐形成认知科学研究。第二次认知革命，突出社会文化在人的发展过程中的作用，以维果斯基（Lev Vygotsky）的社会历史心理学（socio-historical psychology）观点为代表。在20世纪的心理学发展史上，皮亚杰和维果斯基是双峰对峙的大师，前者突出学习研究的个体维度，后者侧重于学习研究的社会维度。简言之，"第一次认知革命把认知研究带进来，而第二次认知革命却正是要把认知带出去"。①

学习理论的发展脉络难以简言概之。我们试图以下面两种分类，对这一领域的轮廓进行描绘：一是传统的学科分类，如行为主义、认知主义、建构主义。第二种分类则是基于学习理论的内容关注，借鉴了克努兹·伊列雷斯（Illeris, 2007）的学习谱系观点。

（一）学习理论的传统学派分类

心理学范畴可以分为以下四类：行为主义、认知主义、建构主义和社会学习理论。②

（1）行为主义强调行为的调节是通过"刺激—反应（Stimulus-Response, S－R）"及选择性强化来实现的。它们关注的是控制和适应性反应，而非对意义（meaning）的关注，以及对社会意义自动性的忽视（例如斯金纳的学习理论）。

（2）认知主义理论关注个体内在的认知过程，认为学习是认知结构的转化，关注通过交流、解释、重新组合、对比、推论及问题解决来处理和传输信息。这些观

---

① ［美］布鲁纳. 教育的文化：文化心理学的观点［M］. 台北：台北远流出版公司，2001：6.

② 参考：Wenger, E. Communities of practice: Learning, meaning, and identity ［M］. Cambridge, UK: Cambridge University Press, 1998. Illeris, K. How we learn: Learning and non-learning in school and beyond ［M］. New York: Routledge, 2007.

点强调对于概念材料的顺序设计,帮助建立信息结构(例如布鲁纳早期的研究)。①

(3) 建构主义理论关注学习者通过与环境的互动而建立他们自己的心理结构。它们对教学的关注在于完成定向的任务,通过动手、自主指导活动进行设计和发现(例如皮亚杰的观点)。②

(4) 社会学习理论将通过社会互动,个体间通过模仿和示范,通过观察而学习的认知过程视为学习的资源,强调社会互动如何影响个体行为(例如班杜拉的观点)。

需要强调的是,虽然皮亚杰认知发展理论或班杜拉的社会学习理论都开始关注社会环境对个人学习的作用,但是它们的核心关注仍在于这些社会环境如何影响个人的内在思维过程,认为外在环境只是个人学习的一种刺激而已。

在心理学之外,学习作为一种自然现象,受到神经功能的影响。神经生理学理论关注学习的生物性机能,关注生理的限制和成长节奏,以及与刺激和记忆过程最大化有关的部分。③ 在后行为主义或后认知主义学习理论中,受到人类学、社会学、组织学、文化历史理论等的影响,当代学习研究发展出了几类颇具影响的学习理论:

(1) 情境学习与实践共同体理论。学习与情境不能分离,所有的学习都发生于特定的情境之中。强调学习者在不同的社会情境中逐渐建立自身之于情境的身份认同,例如学徒通过合法的边缘性参与,学习是参与社会实践,从边缘到中心获得共同体成员身份的过程。④ 温格(E. Wenger)在情境学习的基础之上,进一步提出了学习的社会学理论(social theory of learning)。

(2) 活动理论,以维果斯基的研究作为基础,逐渐发展了三代活动理论。将学习者与客体(object)以及历史性和文化性形成的中介物(mediation)归置于活动系统之中,作为分析单位。⑤

---

① Bruner, J.S. The process of education. Cambridge [M]. MA: Harvard University Press, 1960.
② Piaget, J. How children form mathematical concepts [J]. Scientific American, 1953, 189, 74 - 79.
③ Edelman G. M. Bright Air, Brilliant Fire: On the Matter of the Mind [M]. New York: Basic Books, 1993.
④ Lave, J., & Wenger, E. Situated learning: Legitimate peripheral participation [M]. Cambridge, MA: Cambridge university press, 1991:171.
⑤ Engeström, Y., & Sannino, A. Studies of expensive learning: Foundations, findings and future challenges [J]. Educational Research Review, 2010, 5(1), 1 - 24.

（3）社会化理论：关注成员身份的获得，新手进入功能框架中，通过内化该团体的规范而获得身份（例如帕森斯[①]的理论）。

（4）组织学习理论关注个体在组织情境中的学习，强调组织系统、结构、政治和记忆的制度化形式。[②]

（二）学习理论的三维谱系

第二种分类借鉴伊列雷斯（2007）的学习理论谱系研究。伊列雷斯在梳理了大量的学习理论的基础上，提出了一个综合的理解学习理论的模型，并把学习研究者置于他的学习谱系之中。他提出现代学习理论的三大维度，即学习处于认知、情感和社会三者之中。首先，如图2.1所示，学习包含两个不同的过程：水平过程是习得（acquisition）过程，是个体受到刺激（impulses）及获得结果的过程。垂直水平上是互动（interaction）过程，是指个体和他所处的环境的互动过程。

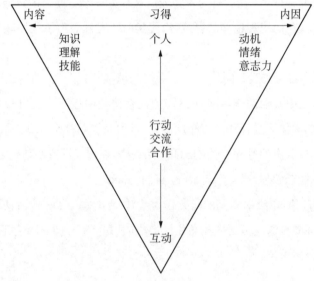

图2.1　学习的三维谱系[③]

① Parsons, T. The Structure of Social Action [M]. New York: Free Press Collier-Macmillan, 1962.
② Argyris, C., & Schön, D. A. Organizational learning ii: Theory, method, and practice [M]. New York, NY: Addison-Wesley, 1996.
③ Illeris, K. How we learn: Learning and non-learning in school and beyond [M]. New York: Routledge, 2007:28.

这两个过程形成了横向与纵向的三大维度:内容维度、动机维度①和互动维度。内容维度是指学到了什么,包含三个主要的内容元素:知识、理解、技能。动机维度,学习者的学习发生时所需要的心理能量,主要包含:动力、情绪和意志力(volition)。在个体与环境的互动维度,即个体与有关的社会情境和共同体的整合(integration),三个主要的学习元素:行动、交流与合作。下面简要对三维谱系的学习观进行介绍。

1. 关注个体的认知发展

在内容维度上,伊列雷斯把皮亚杰置于学习作为内容习得的一端。皮亚杰关于学习的基本分类:同化(assimilation)与顺应(accommodation)是学习过程的本质。皮亚杰区分了学习的动态性和结构性:动态方面关注的是什么驱动了学习,动机来自哪里,学习为何发生;而结构性方面关注的是学习的内容和本质以及如何"学习"的问题。皮亚杰的核心观点是其发展阶段理论:生命前两年左右的感觉运动期、学龄期的前运算期、青春期的具体运算期和形式运算期。基于皮亚杰对学习类型的分类,伊列雷斯自己提出了学习的四个阶段:(1)积累性学习(cumulative learning)。(2)同化学习。(3)顺应学习(accommodative learning)。借鉴皮亚杰的概念,伊列雷斯指出,顺应的结果是具有差异性的,每个人在这个阶段都不一样。因此这是一个开放的学习的结果。(4)转化学习(transformative learning)。②

2. 关注个体发展的动机

在动机维度上,精神分析学派创始人弗洛伊德(Sigmund Freud, 1856—1939)的研究可谓是最为经典的关于动机的研究。弗洛伊德提出了性心理阶段:口腔期(the oral)、肛门期(the anal)、性器期(the genital phase)及思维水平的特质理论:本我(the ego)、自我(the id)与超我(the superego)。弗洛伊德关于学习的假设都建立在内驱力上,将人的内驱力观点发挥到了极致。虽然其激进观点受到强烈的批判,但其思想也激发了心理学的发展。在弗洛伊德的理论中,生的驱力与死的驱

---

① 在 Illeris 在 2004 年将这一维度视为情绪(emotion)维度,后改为 incentive,为加以区分,我们译为"内因",强调个体内在动机、情绪和意志等。

② [丹]克努兹·伊列雷斯. 我们如何学习:全视角学习理论[M]. 孙玫璐 译. 北京:教育科学出版社,2010:40.

力是所有心理能量的源泉。

到 90 年代，随着现代脑科学的研究，在动因维度上两大研究联系起情绪生活作为学习和教学的整体。美国学者丹尼尔·戈尔曼（Daniel Goleman）在 1995 年提出了情绪智力（emotional intelligence）的概念。戈尔曼（1995）认为，人有两种思维，一种是理性思维，一种是情绪思维，两者相互作用。情绪思维更为原生（original），甚至能起到比智力（IQ）更大的作用。他指出，一般来说，情绪思维和理性思维之间有一种平衡，情感影响着理性思维的运作，而理性思维可以重新审视，有时也会否定情绪思维的决定。两者是半依赖的关系，反映不同的运作，但是在大脑的回路中相互连接。尽管戈尔曼不断强调情绪智力或者情商的重要性，但缺乏足够科学合理的理论支撑。

这一理论在现代脑科学研究中得到了论证。由于科技的进步，脑科学的研究帮助人们精确地看到个体的脑细胞中的神经递质（neurotransmitters）是如何接受并传递的。但是，由于脑细胞数量庞大，关于大脑学习至今仍有很多秘密没有被解开。近年来，脑科学研究对学习心理学最关键的发现在于：在正常人脑中，我们通常说的"理性或推理（reason）"不是独立作用的，而是受"情绪"的影响。在大脑进行决策制定或社会互动时，情绪的正确性在理性决断中扮演着重要的角色。[①]

内容、动机（或情绪）成为个人学习维度上两大重要的区分，作为两端的代表人物，皮亚杰和弗洛伊德的贡献并驾齐驱。现代脑科学的研究将理性与感性的研究进行整合，这一水平维度构成了发展心理学的主要观点。

3. 从个人到互动

从个人转向互动，不仅仅是心理学领域的研究转向，也是因为传统心理学受到现代多元理论，如社会学、人类学等学科的冲击，传统的学习理论都有一定的扩充；此外，学习的环境历来也是心理学家们不可忽视的问题之一。学习者与其所处的社会环境在互动维度上，也有两种取向：

一种是以社会化理论为基础，强调个体获得当前社会规范与结构，由此成为

---

① Damasio, A. Descartes' error: Emotion, reason and the human brain [M]. New York: Random House, 1994.

这个社会的一部分的过程。其中，最为典型的是以法兰克福学派著称的批判理论，对个人学习观的批评与改进。第一代法兰克福学派的代表人物，马克思·霍克海默(Max Horkheimer, 1895—1973)、西奥多阿德诺(Theodor Adorno, 1903—1969)、赫伯特·马尔库塞(Herbet Marcuse, 1898—1979)，从哲学、社会学和精神分析学等视角分析人与社会的关系。法兰克福学派第二代最知名的代表人物当属尤尔根·哈贝马斯，他试图用交往理性、话语、理想化的言语情境和生活世界，来反对日益成为现代社会特征的现代性的技术或工具理性，他认为这些方法能够维持一种人类的解放实践和知识建构旨趣。①

另一种则是个人内容习得与社会情境互动。其代表理论是以维果斯基学派为基础派生出来的情境学习理论及实践共同体理论、三代活动理论。文化历史取向带来了一种重要的学习理论转向。这种学习观的二次革命反映在布鲁纳一生的思想变革之中。作为皮亚杰主义的忠实拥护者，布鲁纳在认知学习上有着重要的贡献，并以"任何题材的知识都可以以某种方式教给任何一名儿童"的认知主义观主导了美国20世纪60年代的教育改革。这场改革失败后，他在《教育的文化》一书中的核心论点便是突出文化情境在学习中的重要作用："文化形塑了心灵，而文化也提供了一套工具箱，让我们得以借此来建构我们的世界。"②

值得一提的是，伊列雷斯(2007,2009)把20世纪90年代以来最为重要的学习理论进行分析和概括，并且纳入他提出的学习三维度中，厘清了多种学习理论的研究中心，凸显了各种学习理论的独特价值。但我们需要警惕一种"折衷主义"，正如温格提醒我们，在分析具体的问题的时候要有所侧重，帮助我们更好地认识学习的环境和分析学习问题。从学习理论发展脉络来看，在回应本研究所面临的具体问题时，笔者有以下启示：

（1）多元视角的学习观，是当代学习理论最重要的特征之一。这种观点超越传统心理学，尤其是行为主义学习观，从不同的学科视角理解学习。丰富的理论视角能够让我们更为全面地认识人的学习与发展。

（2）学习者的学习过程是认知、情感、社会环境三者共同影响的过程，这也是

---

① ［丹］克努兹·伊列雷斯. 我们如何学习：全视角学习理论［M］. 孙玫璐 译. 北京：教育科学出版社，2010：111.

② ［美］布鲁纳. 教育的文化：文化心理学的观点［M］. 台北：台北远流出版公司，2001：18.

学习具有复杂性的原因之一。

（3）认识到这种复杂性的基础之上，研究者应该意识到：不同的学习理论各有侧重，各有其价值。布鲁纳称皮亚杰与维果斯基为双峰对峙的大师，他们对人类发展关注的不同侧重导致的分歧值得赞颂①，由于这种分歧导致其继承者对理论的拓展，用以解决不同情境中的问题。换言之，任何理论都有其理论侧重点和其发展的时空局限性，在运用不同的学习理论回应现实问题时，既要厘清理论与实际问题之间的契合（如为何要选择某一种理论来研究一个特定的问题），也要意识到任意一种理论视角可能带来的偏颇，尤其是当研究对象是教师和教学这样复杂的主题时。

二、教师学习的两种理论视角：情境学习与实践共同体

本书对教师的关注，更强调教师作为学习者及其学习过程，这意味着我们至少以一种"后行为主义"的过程学习观②来审视学习。需要指出的是，我们强调的"超越"行为主义学习观，并非摒弃。事实上，我们在实践中仍然会发现行为主义观念的普遍存在，如强调教师（尤其是新手教师）技能的训练。其次，作为学习者的教师处于复杂的社会情境中，学习不仅是与个人有关的过程，同时也受到社会情境（历史的、文化的）的影响。基于这些基本的出发点，我们偏向于关注伊列雷斯（2007）三维度的内容与互动维度。

学习的互动维度关注的是学习者与环境之间的关系，学习不再是个体水平的习得的过程，而是将个体与社会性（social）和社会的（societal）水平相连接。在此维度上，勒夫和温格（Lave & Wenger）的《情境学习》引起了广泛的关注，随后温格（1998）提出的实践共同体及学习的社会理论，被伊列雷斯（2007）认为是文化历史传统中最为重要的突破。③ 这两类理论的基础都来源于维果斯基的文化历史学习

---

① 方明生，李筱雨. 百年回望：布鲁纳对皮亚杰与维果茨基的评价——《赞颂分歧：皮亚杰与维果茨基》解读[J]. 全球教育展望，2014，43（10）：11—20＋37.

② Illeris, K. How we learn: Learning and non-learning in school and beyond [M]. New York: Routledge, 2007:110.

③ Daniels, H. Vygotsky and research [M]. New York: Routledge, 2008.

观。维果斯基的理论在学习观上的运用发展出了许多分支,丹尼尔斯(Daniels)把维果斯基的理论继承与发展分为四大类:[①]一是社会文化(sociocultural)观点,二是认知分布研究,三是情境学习与实践共同体理论,四是活动理论。维果斯基的四种遗产被广泛运用到教育学、社会学、认知科学、医学等领域,而对教师研究产生了深远的影响,当属情境学习与实践共同体理论,这两种理论也是本章的重点关注。若我们把这两个理论还原到学习理论百余年的发展脉络中,我们会发现,如今耳熟能详的"教师学习共同体""教学具有情境性"的观点,并非顺风顺水地得到广泛的认可。对于教学是否是情境性的,学界一度争论不休。因此,下文将通过回顾情境学习和实践共同体理论的发展脉络,并分析该理论对教师研究领域的影响。

(一) 情境学习

1. 情境学习的理论基础是维果斯基的观点和人类学的观点。情境学习理论认为,所有关于学习的理论都是基于人、世界以及他们之间的关系。传统观点常常采取二分法,学习被视为对外部世界所给予的知识的吸收、传递和同化。受到维果斯基最近发展区观点的影响,勒夫和温格(1991)认为:[②]第一,最近发展区指出个体在问题解决过程中,个体的解决能力与他人(更有经验)合作时解决问题能力之间存在差距。第二,个体日常的经验与社会文化情境提供的知识之间存在差距。这些观点都扩展了学习概念,把学习从个体或者其日常所处结构中抽离出来,把社会实践的冲突性本质作为核心的关注点。

在20世纪80年代,勒夫和温格通过对学徒制(apprenticeship)的考察发现,学习与特定的情境有关,学习过程不能与学习者的历史和文化环境脱离开来。因此,他们把情境性(situatedness)作为理论视角,学习是社会实践的组成以及不可分离的一方面。从人类学的观点出发,勒夫和温格提出了情境学习理论。巴拉巴和杜福(Barab & Duffy)对比了心理学与人类学视角下的情境理论:

---

① Daniels, H. Vygotsky and research [M]. New York: Routledge, 2008.

② Lave, J., & Wenger, E. Situated learning: Legitimate peripheral participation [M]. Cambridge, MA: Cambridge university press, 1991:47 - 48.

表2.1　心理学与人类学的学习观比较①

	心理学观点	人类学观点
关注	认知	个人与共同体的关系
学习者	学生	实践共同体的成员
分析单位	情境活动	共同体中的个人
互动的产物	意义（meaning）	意义、身份和共同体
学习地点	学校	日常世界
学习目标	未来生活做准备	与及时的共同体目标一致/社会需要
教学隐喻	实践领域	实践共同体

2. 学习与情境的关系。情境既是学习的影响因素，也是学习过程的结果，是学习不可分割的一部分。这一理论观点认为，没有脱离情境的学习活动存在。勒夫和温格进一步指出，所谓的普遍知识只有在特定情境中才有功效（power）。普遍性通常与抽象展示（abstract presentation）、去情景化联系起来。抽象概括只有当他们能够在特定的情境中发挥作用才是有意义的。知道普遍的原则并不能保证这种普遍性就可以在特定的情境中实施。②

3. 情境学习发生的方式与过程。勒夫和温格把学习的过程称之为"合法的边缘参与"。学习者总是不可避免地参与到实践者的社群中，新手知识和技能的获得是通过参与社会文化实践共同体而实现的。合法的边缘参与帮助新人变成"旧人"（old-timer），个体在共同体中的身份的转化过程便是学习的过程。

启发于现代人类学和社会学理论，社会实践理论强调能动者（agent）和世界、活动、意义、认识、学习、知道之间的相互依赖的联系。世界是社会性的建构，人是

---

① Barab, S. A., & Duffy, T. From practice fields to communities of practice [M]//D. Jonassen & S. Land. Theoretical foundations of learning environments. New Jersey: Lawrence Erlbaum Association Inc, 2000:25 - 56.

② Lave, J., & Wenger, E. Situated learning: Legitimate peripheral participation [M]. Cambridge, MA: Cambridge university press, 1991:33 - 34.

组成社会的一部分。① "合法的边缘参与"是一种参与的方式,勒夫和温格关注的是学徒对整体的贡献。合法的边缘参与不是简单地参与到某个共同体结构中,占据某个特定的位置,而是在多种角色和身份的互动过程中进行学习,例如他们是学习的实践者、独立的能动者等等。

概言之,在情境学习理论的几个要素中:(1)人(person)是转化的实践者。个体通过参与从新手变成旧人,他们的知识、技能及话语(discourse)的变化是身份发展的一部分。(2)情境学习活动主要是人参与到实践共同体中。合法的边缘参与是一种指向中心,由中心成熟的实践所驱动的。实践共同体有历史和发展循环,在新旧转化中进行自我再生产的过程。(3)人在与其他人的关系、实践和社会组织等一系列实践共同体关系互动中实现自我身份的成长与转化。对新人而言,他们通过一系列复杂的实践逐渐向中心靠近。②

(二) 实践共同体理论

温格意识到,"合法的边缘参与"的概念的出发点是扩展传统学徒制——"师傅/学生"或"导师/学徒"关系的学习过程,它带来了一种重要的理论转向,但对于情境、实践共同体的概念分析还存在很多模糊之处。③ 因此,他进一步分析了实践共同体的概念,进而提出了一种社会理论的学习观(social theory of learning),这一学习观融合了人类学、社会学、认知心理学和社会心理学、哲学、组织学和教育学理论与实践。

1. 基本假设

温格的社会理论学习观的基本假设是:(1)人是社会性的存在(social beings),这是学习的核心方面;(2)知识是追求某种利益或价值中所需要的能力,如唱歌、发现科学事实、修理机器等;(3)知道(knowing)是一种追求这种利益的参与过程,即积极投入(engagement)于求知过程中;(4)意义,我们在体验世界的过程中,参与带来的意义,也是学习的产物。

---

① Lave, J., & Wenger, E. Situated learning: Legitimate peripheral participation [M]. Cambridge, MA: Cambridge university press, 1991:53.

② Lave, J., & Wenger, E. Situated learning: Legitimate peripheral participation [M]. Cambridge, MA: Cambridge university press, 1991:123.

③ Wenger, E. Communities of practice: Learning, meaning, and identity [M]. Cambridge, UK: Cambridge University Press, 1998:12.

2. 社会理论学习观的要素

温格认为:学习的社会理论必须……整合必要的构成要素,从而把社会参与作为一个学习和认识过程来加以描述。这些构成要素包括:(1)意义:通过这种方式,探讨我们——个体和集体的——从而有意地体验我们的生活和世界的能力。(2)实践:通过这种方式,探讨共同拥有的历史和社会资源、框架以及能够支持行动的相互承诺的视角。(3)共同体:通过这种方式,探讨社会结构,在其中我们的事业被定义为值得追求,我们的参与作为一种能力被承认。(4)身份:通过这种方式,探讨在我们共同体的情境下,学习如何改变了我们、如何创造了个人成长的历史。①

3. 实践共同体的三大基本特征

(1) 相互的参与(mutual engagement)。实践不是抽象的存在,当人参与到行动,并在行动中与他人进行意义协商才有实践价值。温格提醒我们,实践共同体需要参与、赋予成员身份(membership)才可以发生;其次,共同体并非意味着所有人需要有同质性,共同体允许异质性和多样性存在,这不仅意味着成员可以有着不同的文化历史背景、兴趣,还意味着共同体成员之间的合作的目标既可以是一致性的,也可以是有差异性的。每个成员在共同体中都有其独特的位置和身份,共同体的发展正是这种身份和意义不断协商的过程:同质性并非共同体的前提假设,更不是共同体的目标。差异与同质性共同存在,而差异存在时,不同的角色可以通过共同参与,进行功能互补,同时也要意识到功能发挥的重叠性。相互参与更注重的是人际关系的塑造与形成。共同体一词通常被视为褒义的,因此人们通常假设共同体是和谐共存、相互支持。然而,温格强调,共同体中的冲突、异议、紧张局面是普遍存在的。有时,这些差异或冲突也是社会关系的一种必要性存在。

(2) 共同的事业或追求(joint enterprise),是指共同体参与者在协作的过程中自行定夺的、集体协商的目标或追求,所有的参与者一起朝着共同的目标迈进,努力工作、分享自己的经验和故事,承担不同的分工与责任。

(3) 共享的剧本或知识库(shared repertoire)。实践共同体的"剧本"包含管

---

① [丹]克努兹·伊列雷斯. 我们如何学习:全视角学习理论[M]. 孙玫璐 译. 北京:教育科学出版社,2010:119—120.

理、语言、工具、做事的方式、故事、手势、象征、行动或概念，这些都是在共同体中产生或者在其共存过程中所需要的，因此也成为实践的一部分。

温格对实践共同体三大特征的讨论旨在创造一种清晰和显现的创造意义协商的情境。勒夫和温格在界定共同体（community）一词时指出，"采用共同体这个术语，我们并非预先假定它是一种文化共享的实体。我们假定，不同的成员有着不同的兴趣，对活动有着不同的贡献，持不同的观点。在我们看来，不同水平的参与取决于实践共同体中成员的身份（membership）。共同体的概念既非指共同呈现（co-presence），也不是一种定义好的、制定好的群体或者具有社交透明度的群体。我们强调的是，参与到活动中，参与者分享关于他们所作所为以及对这些行动意义的理解"。①

（三）两种理论的贡献及评价

情境学习理论作为对传统心理学学习观的挑战，直接引起了关于认知学习观与情境学习观的激烈讨论，这是学习理论发展史上的一个关键事件。教师研究受到这两种观点的极大影响。这两种观点有以下理论贡献：

1. 挑战传统心理学

在结合人类学理论对传统心理学认知发展的基础上，情境学习理论取得一定的超越。在评述情境学习理论之时，威廉·汉克斯在前言中提到，勒夫和温格的研究关注学习作为共同参与的过程，而非仅仅是发生于个人的脑中。情境学习理论关注的是学习以及学习发生的社会情境。这至少体现了两个重要的关于学习研究的转向：一是技能的习得过程，是一个高度互动性的过程；二是改变了学习关注的焦点。在传统学习理论中，学习是一个内部习得或建构的过程。而情境学习理论把学习置于参与的框架中，而非人的心智（mind）里。②

这种对传统心理学的挑战，也导致了一系列关于认知学习与情境学习观点的对立和讨论，学界一度把认知学习取向和情境学习取向摆在对立的位置。从两种学习取向的不同中也可以看出情境学习理论对传统学习理论（心理学个人取向）

---

① Lave, J., & Wenger, E. Situated learning: Legitimate peripheral participation [M]. Cambridge, MA: Cambridge university press, 1991:171.

② Lave, J., & Wenger, E. Situated learning: Legitimate peripheral participation [M]. Cambridge, MA: Cambridge university press, 1991:i.

的冲击;此外,我们也注意到情境学习观在一定程度上改造了学习者(学生、教师)、学习内容(主要指知识)和学习情境之间的关系。

情境学习理论重新界定了学习与情境的关系。学习,并非仅仅是发生于个人的脑中(in the head),如传统学习理论所关注的个体技能习得,知识内化和认知结构的变革,均把学习视为一个内部习得或建构的过程。情境学习理论把学习置于参与的框架中,而非人的心智中。情境不再是影响或塑造学习者的外在的、独立于学习者之外的变量,而是构成学习者学习的核心要素。这种对传统心理学的学习观挑战,引出了一系列关于认知学习与情境学习观的争论。在教育领域中,标志性的讨论见诸《Educational Researcher》杂志于 1996—2000 年之间刊发的一系列文章中。这场讨论围绕两种学习取向而展开,即认知学习取向和情境学习取向。斯法德(1998)就这场关于学习究竟是个体性获得还是社会性互动的问题,巧妙地用两种知识隐喻,即"获得隐喻(acquisition metaphor)"和"参与隐喻(participation metaphor)"来加以解读。[①] 她把两种不同取向的区别归纳如下:

表 2.2 知识获得的两种隐喻

	获得隐喻	参与隐喻
学习目标	个人的充实(enrichment)	共同体的建立
学习	习得某事物	成为参与者
学生	接受者、建构者	边缘参与、学徒
教师	提供者、促进者、中介者	专家参与者、实践和话语的维持者(preserver)
知识/概念	知识像财产或商品,是被占有的	实践/对话/活动
识知(knowing)	占有、拥有	归属、参与、沟通

斯法德归纳了认知学习观与情境学习观两种隐喻的特点:其一,获得隐喻强调知识的获得与概念的发展,参与隐喻关注个体与实践共同体的互动和交流。第

---

① Sfard, A. On two metaphors for learning and the dangers of choosing just one [J]. Educational Researcher, 1998, 27(2), 4 - 13.

二,获得隐喻强调以知识不断充实个体的头脑,参与隐喻关注个体与实践共同体其他成员之间日渐展开的联系。第三,获得隐喻强调把知识作为客体(object)使之内化进入头脑,参与隐喻关注学习者个体与实践共同体之间的交互特性。第四,获得隐喻强调所获得的知识决定了知识拥有者的身份,参与隐喻认为个体的身份是由其在参与实践共同体的过程中形成的。[①]

这场讨论以一种辩证统一的观点作为结语。当两种取向应用于复杂的教学领域时,把学习视为任意极端的认知活动或情境活动都是危险的;在学习活动中,学生是知识的建构者,经验的体验者,但同时也需要通过教师的指导,作为知识接受者和拥有者。但参与隐喻让传统教学观——讲授式教学(teaching by telling)的统治性地位动摇,强调情境、参与的合作学习受到重视。作为这场争论的两位主要学者,安德森等人于2000年共同撰文(Anderson, Greeno, Reder, & Simon, 2000)指出:在教育问题上,认知学习观和情境学习观的讨论达成以下一致的观点:(1)个人活动和社会活动是教育中基本的重要视角;(2)学习可以是普遍的,抽象学习有时候是有效的,有时候并不是;(3)情境取向和认知取向对教育过程的不同方面有不同的阐述和侧重点,两者都有着极强的活力;(4)教育创新应该采纳有效的科学知识基础,应该采用科学的研究方法进行评估和分析。[②]

2. 理论的不足及发展

伊列雷斯(2007)认为,学习者所处的情境分为两种:社交的情境(social situation)和社会性的(societal)情境。前者是指学习者参与的即时情境,意识到他们自己参与的情境,如在学校中的学习;后者指的是学习者所处的学习情境的社会规范和结构等,这些往往是无形的。勒夫和温格没有意识到情境性有两个不同的维度,他们所指的情境是一种当下的即时情境(immediate situation),如学习者在特定的学习场所(如学校或工作场所),而忽视了学习也具有社会性(societal situation)。伊列雷斯(2004)把这两种情境视为对立的,在工作场所中,它常常表现为"技术—组织情境(technical-organizational)"和"社会文化(social-

---

① 曾文婕,柳熙. 获得・参与・知识创造——论人类学习的三大隐喻[J]. 教育研究,2013,34(7):88—97.

② Anderson, J. R., Greeno, J. G., Reder, L. M., & Simon, H. A. Perspectives on learning, thinking, and activity [J]. Educational Researcher, 2000,29(4):11-13.

cultural)"情境。①

换言之,学习所发生的情境,既有时间上的多维性,也有空间上的多维性。在时间上,学习不仅仅只发生在当下,学习者所能够感知的学习环境,那些基于历史形成的社会规范和准则也会影响学习,这些观点集中反映在文化历史活动理论中,后文将有进一步论述。此外,学习情境的空间是多维的,学习者处于多维的学习空间中,如在学校他们是正式的学生,在家庭中也受到父母的影响。

关于实践共同体的批评,主要有两个方面。② 一方面,实践共同体理论把教师学习视为从新手到老手的过程,认为这个过程受到学习情境的影响。然而,实践共同体对新手有着重要的改造作用,但对于共同体中那些有经验的老手而言,能否进一步促进他们的学习,实践共同体似乎无法回答这个问题。另外,一个结构良好的共同体,由于其规则和制度的完善,其中的主体有可能只能按部就班,可能会限制主体的创造性学习。范恩和包科尔(Vann & Bowker)认为,这一概念逐渐被演变成一种追求经济创造价值的工具,如在商业和管理学中的应用。③ 实践共同体概念被广泛应用于各个领域,如组织学、商业和教育领域。学者在教育领域对实践共同体的概念也进行了一定的改造,当前主要以"专业学习共同体"的研究为主。

在获得与参与两种隐喻的基础上,近来的学习理论发展产生了第三种学习隐喻,即学习的创造隐喻。当人类社会迈入知识经济社会,这两种知识隐喻的整合,并不能解释人类学习的真谛、价值和诉求。学习的知识创造隐喻应运而生。曾文婕(2013)对学习的三种隐喻有过详细的论述,她指出,在网络化知识社会迅猛发展的情况下,为了富有成效地从事知识密集型工作,个体专业人员、共同体以及组织都必须不断自我超越、发展新的能力、改进自己的知识与理解并进行创新,进而创造出新的知识。④ 这种挑战,对于学生和教师作为学习者,都是并存的。在知识

---

① Illeris, K. A Model of Learning in Working Life [J]. Journal of Workplace Learning, 2004,16(8): 431 – 441.

② Levine, T. H. Tools for the Study and Design of Collaborative Teacher Learning: The Affordances of Different Conceptions of Teacher Community and Activity Theory [J]. Teacher Education Quarterly, 2010,37(1),109 – 130.

③ Vann, K., & Bowker, G. C. Instrumentalizing the truth of practice [J]. Social Epistemology, 2001,15(3):247 – 262.

④ 曾文婕,柳熙. 获得·参与·知识创造——论人类学习的三大隐喻[J]. 教育研究,2013,34(7):88—97.

创造的多种学习理论中,野中郁次郎(Nonaka, I.)与竹内弘高(Takeuchi, H.)提出的组织化的知识创造(organizational knowledge-creation)模式、恩格斯托姆(Engeström, Y.)提出的拓展性学习(expansive learning)模式影响较大,前者主要产生于日本企业中的知识创造,而后者的运用包括多个领域,尤其是职场学习、教育和医学领域。简言之,教师、儿童都不仅是知识的消费者,也是知识的创造者和建设者。① 学习者作为知识的创造者,在近来人工智能的快速发展中显得尤为重要。随着学习科学、深度学习理论的发展,学习理论对学习观的拓展,体现在以下四大方面:从单向度关注认知拓展到关注情感和意志等多维度,强调更关注"完整的人"的学习而不仅仅是"单向度的人"的学习;从"学习方式"拓展到"学习活动",重视人的"整体的"学习而不仅仅是学习活动中的某一层面或某个要素;从关注知识的继承拓展到聚焦知识的创造,将学以致知、学以致用升华为学以致创,学生或教师,既是已有知识的继承者,也是新知识的创造者;从个体视角到文化视角的拓展,将深度学习视为师生与教学、评估环境的相互协调,将个体学习置于更大的情境脉络中。②

3. 对教师研究的影响

情境学习成为理解和研究教师教学的重要视角;情境学习观及实践共同体理论在教师教育领域引起了广泛的关注并在实践中产生了深远的影响,尤其是"共同体"在教师研究领域的应用,如教师专业共同体(professional community)、探究共同体(inquiry community)③、学习共同体(learning community)④、专业学习共同体(professional learning community)⑤等。"共同体"似乎成为教师研究,甚至是教育改革领域不可或缺的理念。

---

① Paavola, S., & Hakkarainen, K. The knowledge creation metaphor-An emergent epistemological approach to learning [J]. Science & education, 2005(14):535 – 557.

② 曾文婕.深度学习究竟是什么——来自历史、共时和未来维度的探问[J].教育研究,2023,44(3):52—62.

③ Cochran-Smith, M. & Lytle, S. L. Inquiry as stance: Practitioner research for the next generation [M]. New York, NY: Teachers College Press, 2009.

④ McLaughlin, M. W., & Talbert, J. E. Building school-based teacher learning communities: Professional strategies to improve student achievement [M]. New York: Teachers College Press, 2006.

⑤ DuFour, R., & DuFour, R. Learning by doing: A handbook for professional learning communities at work [M]. Bloomington, IN: Solution Tree Press, 2010.

作为一种学习理论，情境学习观的发展影响了教师发展研究的重要变革。从情境学习理论来看，博尔科（2004）对教师专业发展领域的分析颇具代表性。[①] 她指出，情境在教师学习中具有重要作用，情境是教师学习发生之场所，影响着教师与专业发展项目和其他促进因素之间的关系；而传统教师专业发展项目只注重"教师—项目"之间的二维关系，把教师视为项目知识或技能的接受者，忽视了教师学习的复杂性。她意识到教师学习情境的多维性，体现在时间和空间上：在时间上，教师并非参与正式的专业发展活动，其学习才产生，非正式的学习也值得关注，如办公室里的学习，同僚之间的交流也是学习发生的情景等；在空间上，教师的学习发生在专业发展项目中，也发生在学校或其他实践共同体中。

当教师作为学习者越来越多地被研究时，学者们逐渐认识到教师及教学工作的复杂性、实践性和情境性。当前教师所处情境非常复杂，情境不仅包含物理环境或结构，如教师在学校中的工作环境（物质环境、文化环境、人际关系环境等），教师教学所处的政策环境（如考试、问责制环境），也包含着人与社会的互动结构。这些对情境的关注，由于后行为主义与新认知心理学在学习观上的本质变化而产生，再构了作为教师的学习者与其所处的社会和社交情境的关系变化。在现实变革情境和学习理论的启发下，许多研究开始采取一种实践为基础的取向，包括实践共同体和情境学习理论，活动理论，社会文化理论[②]，这些理论都强调实践的本质，摆脱"思维—实践"的二分局面。

此外，情境学习观和实践共同体观点把教师的学习过程引向了教师学习的日常情境及学校情境。以学校为本的教师专业发展，之所以成为主流的观点，是因为教师学习具有一些独有的特征：教师学习形态具有整体性、学习方式具有缄默性、学习内容具有情境性。[③] 首先，学校作为教师的工作场所，为教师提供了整体的工作体验，教师对教学的理解是整体性的。尤其是资深教师，他们所体现的是

① Borko, H. Professional development and teacher learning: Mapping the terrain [J]. Educational Researcher, 2004,33(8):3-15.
② Cole, M. Cultural psychology: A once and future discipline [M]. Cambridge, MA: Harvard University Press, 1996.
③ 陈向明，张玉荣. 教师专业发展和学习为何要走向"校本"[J]. 清华大学教育研究，2014,35(1):36—43.

整体的教学观,他们理想的教学是通过意象、隐喻和叙事等整体的方式表达出来的。教师整体性还反映在他们的"知行合一"的工作姿态中,他们的"知"通常隐含在他们的"行"之中,他们是作为一个整体的人在思维和行动着的。其次,学习方式的缄默性,学校的制度安排、工作常规和评价标准是通过默会的方式被教师意会的,很难通过培训等名言的方式被"教"会,这些"隐性教育"有着显著的社会规约性。它来自教师自己平时参与教育实践,日积月累地对学校的时间节奏、空间安排、同事关系、学生反应产生的了解和体悟。第三,学习内容的情境化和再情境化,这意味着教师必须学会在教学现场以多样的方式即兴作出反应。

　　从情境学习的理论来看,教师学习发生的主要场所在学校,学校的历史、文化、物质环境都是影响教师学习的重要因素。学校提供了教师情境学习的重要条件,表现在:(1)学校可以提供教师默会知识衍生和运用的生态情境;(2)学校可以成为实践共同体生成的地方;(3)学校可以成为教师边缘性参与实践共同体的自然场域;(4)学校可以成为教师认知生长与发展的实践基地。[①] 什么样的情境有利于学习?崔允漷和王中男(2012)从情境学习理论中概括出四点:[②]首先是真实的情境,是与教师日常息息相关的真实的情境;其次是社会情境,学习者参与了社会群体中,知识的获得就在这个参与中获得;第三是实践情境,教师在与其他社会成员的实际互动中,意义的协商过程;第四是文化情境。所有这些情境都构成了教师学习的环境,当前对教师学习的关注,研究者都知道情境对于教师学习的重要性,但对于具体情境的分析有时却无从下手。

　　学校本身就是一个实践共同体,从整体上来看,学校的教师团队有着相互联结的追求,致力于教学的改进与学生的发展,通过相互的活动参与,如共同备课、听评课的方式,教师慢慢形成某一学校的"烙印",一个学校的教师开始有着共享的历史和传统。一个新手教师到某一学校,获得该校成员的资格时,他就成为了实践共同体的一员。许多学者对校本教研系统的分析也着力于从实践共同体或专业学习社群的特征入手。

---

① 崔允漷,柯政.学校本位教师专业发展[M].上海:华东师范大学出版社,2013:124—127.
② 崔允漷,王中男.学习如何发生:情境学习理论的诠释[J].教育科学研究,2012(7):28—32.

三、小结与反思：如何研究教师及复杂的教学实践

第一章从政策和研究的视角审视了全球化背景下的教师及教师研究，本章梳理了"学习"观念的变迁及其对教师与教学观念的影响。这种观念的变迁提醒我们，在研究复杂的教师及教学实践时，需要厘清教师的两个基本问题，即教师是谁（本体论）和教师学习什么（知识论）的问题。

（一）本体论：教师作为学习者

关于教师本体论这一问题，在过去百余年的教师研究中发生了变化，教师从过去课程教学的客体，变成了学习的主体。教师学习这一术语被越来越多的学者所认识和采纳，体现出教师在本体论上作为学习者的变革。

教师作为学习者，至少有两层意蕴：首先，教师不只是政策的被动实施者，抑或是知识传授的容器，不仅只是传统意义上的"教书匠"，作为提高学生成绩的技术机器；他们是主动的学习者，如戴杰斯所言，"教师不能（被动地）发展，他们会（主动的）发展"。[①] 在传统行为主义看来，教师是实施一系列教学行为的个体，为了让教师能够实施这些行为，他们需要通过一系列的训练（刺激）从而做出合理的行为反应。传统的专业发展概念表达的是一种"缺陷模式"，即教师是有缺陷、需要被发展的对象。[②] 而认知主义逐渐关注到个体已有经验在其知识建构过程中的作用，社会文化学习观则非常强调个体的能动性（agency）在学习过程中的作用。在知识经济时代和信息时代，教师只有成为主动、持续的学习者，才有可能适应急速的变革时代的要求。

第二，教师研究越来越重视将教师作为整体的人（person）。教师不是由一个个独立的变量（行为变量、特质变量等）组成的，专业发展活动及其结果、学习情境因素、学习者的个人特质等均被视为一个个与其学习环境独立区分的变量。然而，教师是行为、认知、情绪的统一体。近年来的教师研究不仅关注教师的行为、知识和技能，教师的身份、效能感、幸福感这些情感性维度同样是影响教师成长的

---

① Day, C. Developing teachers: The challenges of lifelong learning [M]. London: Falmer Press, 1999:2.

② 陈向明. 从教师"专业发展"到教师"专业学习"[J]. 教育发展研究, 2013, 33(8):1—7.

核心要素。① 教师学习的概念强调教师整体的学习经验的变化。整体论的专业学习取向把学习与情境的二元对立性打破，更多以一种社会文化的观点，把情境视为专业学习的特征或组成部分。②

(二) 知识论：教师学习什么的变迁

教师作为学习者同时隐喻着教师作为主体，所需要获得的知识观的变化。早期教师教学观受到传统知识观的影响，在很大程度上，也受到学习理论发展脉络的影响。从古希腊时代开始，西方认识论中把知识视作客体或商品，它们是可以被生产、管理和传输的，即知识作为商品。知识和信念是灌输到思维中，而情境是为这种灌输提供环境条件。这种传统观点反映在教师发展的实施和培训中，教师被默认为知识或技能上有缺陷的人，通过项目的培训，来增长他们的能力以适应课堂教学的需要。

从行为主义到认知主义，再到社会情境观的变化，所反映出是关于教师获得知识隐喻的变化，即教师获得的知识形态及方式的变化。③ 行为主义把知识获得视为个体可观测行为的变化，知识是客观的，独立于教师学习情境之外，而教师是被动地、通过训练获得知识。在社会文化理论看来，社会文化学习观强调教师学习的整体性，教师个体有丰富的经验，教学工作依赖于社会情境。这种视角下的知识形态是整合的知识，而非碎片化的知识。教师知识的获得是通过社会参与，通过在与其他社会主体、情境过程中的转化和创造，尤其是实践共同体中，通过与其他主体和环境互动建构的。如实践共同体理论突出个体在参与共同体活动中身份的变化，作为知识建构的整体结果。新近学习科学的发展，非常强调学习的创新；知识的创造不仅关注个体和共同体的维度，而且强调人们协作开发出能够共享的客体或人造物。在持续的协作中，人们不断开发出新客体并持续改进和完善这些客体，而不是局限于与静止不变的客体打交道，不是徘徊于重复已有的知

① Day, C., & Lee, J. New understandings of teacher's work: Emotions and educational change [M]. Dordrecht: Springer, 2011.

② Webster-Wright, A. Reframing professional development through understanding authentic professional learning [J]. Review of Educational Research, 2009, 79(2): 702 - 739.

③ Russ R S, Sherin B L, Sherin M G. What constitutes teacher learning [J]. Handbook of research on teaching, 2016: 391 - 438.

识水平。[1]

关于教师知识的属性及获得方式在教师教学实践中被广泛应用。例如,对于新手教师而言,适当的培训、训练和模仿对于个人的教学成长是有益的。但当教师的经验积累到一定程度,教师知识的实践性、情境性体现出来,体现出一种转化式的学习方式,对经验背后的信念、情境的反思是促进知识转化的关键。例如舒尔曼的教师内容知识(pedagogical content knowledge, PCK)提出以后受到两个方面的主要批判,一是其强调知识的静态特征,二是这一概念只关注到教师的显性知识而忽视了教师的隐性知识。继而学界发展出了如实践性知识、PCKg 等概念。[2] 教师知识的发展是一个动态的、流动的、持续完善的过程。在知识创造的隐喻中,教师亦可能通过合作、实践探索,成为知识的创造者。

另一个值得注意的问题是,在国际与本土的对话中,我们需要意识到,教师研究不能脱离教师及教学所处的多元情境。教师专业发展项目必须考虑的三大脉络情境(three contexts),国家政策脉境、制度脉境、本土情境与劳动力市场。[3] 这些不仅仅构成了教师的工作环境,情境同样动态地影响着教师当下实践。情境也是知识产生的来源,例如,把一种理论情境化运用在一个新的场景中,就有可能更新这个理论本身。[4] 全球范围内的教师专业发展研究固然为我们提供了丰富而扎实的知识基础,但同时我们需要扎根本土的文化、制度情境去理解和分析本土实践的丰富内涵,揭示其独特价值。历史文化情境对教师教学的成长有着重要的作用,尤其在我国进一步加大对外开放过程的国际化背景下,如何立足于本土的实际情境,尤其是文化情境,对于教师研究的国际表达有着重要的意义,也是我国教师教学研究与国际同行对话的宝贵资源。在我国教师教学研究与世界对话的过程中,充分研究本土情境及文化在影响教师学习过程中的作用,是中国教师学习

---

① 曾文婕,柳熙. 获得·参与·知识创造——论人类学习的三大隐喻[J]. 教育研究,2013,34(7):88—97.

② Murphy, P. K., & Knight, S. L. Exploring a Century of Advancements in the Science of Learning [J]. Review of Research in Education, 2016,40(1):402-456.

③ Grossman, P., & McDonald, M. Back to the future: Directions for research in teaching and teacher education [J]. American Educational Research Journal, 2008:184-205.

④ Tsui, A. S. Contextualization in Chinese management research [J]. Management and Organization Review, 2006,2(1):1-13.

经验的世界表达的关键。①

（三）概念区分：教师、专业、发展与学习

在梳理了教师与教学、学习理论的发展脉络基础上，我们试图对教师研究中的多个概念进行辨析。在教师研究领域，当前充斥着多个概念，如专业化、专业主义、专业性，教师专业发展、教师专业学习、教师发展和教师学习等。从这一领域的发展脉络及其背后的学习观念的变迁，我们可以看到这些概念背后的联系与区别。

1. 专业主义、专业化、专业性

从 20 世纪 80 年代开始，教师成为全球教育改革的焦点问题之一，在教师专业化的探讨之中，霍耶（Hoyle，1974）区分了专业主义（professionalism）和专业性（professionality）的划分，前者是指"职业成员提升其地位，工资与工作条件时运用的策略与辞令"，实现此目标的过程称为专业化；而后者是指"教师在教学过程中运用的知识，技能和程序等"。② 哈格里夫斯（2000）指出，专业主义主要指提升教师的专业身份和地位，而教师专业化主要聚焦提升教师质量的教学实践的标准，二者是相辅相成的。卢乃桂和叶菊艳（2010）认为，西方文献中为了区分这两个方面，前者主要指教师专业化，实际上是一个制度化的过程；后者则被称为"教师专业发展"。这演化为教师专业化和教师专业发展两个目标。一是教师群体努力去满足成熟的专业所拥有的各项特征，特别是制度上的特征，如一个自治的专业共同体、一套专业知识及相应的培训机构、一套专业资格准入和授予的机制；二是教师专业群体努力提升专业知识和技能，提升教师的"专业性"。③ 教师专业化是达成教师专业标准、致力于专业主义的过程，而教师专业发展是教师个体提升能力的过程。④ 教育部师范教育司组织编写的《教师专业化的理论与实践》提出，教师专业化是指教师职业具有自己独特的职业要求和职业条件，有专门的培养制度和管理制度。教师专业化是职业专业化的一种类型，是指教师个人成为教学专业的

① 郑鑫，刘源，尹弘飚. 文化与情境是如何影响教师学习的？ ——以中国教师学习共同体研究为例[J].
华东师范大学学报（教育科学版），2022，40（10）：29—41.

② Hoyle, E. Professionality, professionalism and control in teaching [J]. London Educational
Review, 1974(3):13-19.

③ 卢乃桂，叶菊艳. 英、法教师专业化历程的解读及其启示[J]. 比较教育研究，2007(2)：64—68.

④ 郑东辉. 学校本位教师专业发展的内涵解读[J]. 教育发展研究，2011，(18)：57—62.

成员并在教学中具有越来越成熟的作用的转变过程。[①] 从广义的角度说,教师专业化与教师专业发展两个概念均指增强教师专业性的过程,但狭义上说,教师专业化更多是从社会学的角度,主要强调教师群体的、外在的专业性提升;而教师专业发展更多从教育学的角度加以界定,是"教师个体专业不断发展的过程,是教师不断接受新知识,增长专业能力的过程。教师要成为一个成熟的专业人员,需要通过不断地学习与探究历程来拓展其专业内涵,提高专业水平,从而达到专业成熟的境界"。[②] 表 2.3 可以简要地概括这几个概念之间的关系:

表 2.3　教师有关概念的关系

概念	主要内容	方式	具体方式
专业主义	教师专业地位提升	专业化	专业标准制定、制度化过程
专业性	教师专业能力(知识和技能)提升,教学标准的提升	教师专业发展	形式多样:教师职前职后培训、教师专业发展项目

2. 教师专业发展与教师专业学习

在研究中,我们常常能够看到,教师专业发展、教师专业学习、教师发展与教师学习四个教师相关的概念经常交叉使用。我们认为,这四个概念具有不同的内涵及侧重,反映的是对教师的本体和认识论上的差别。如表 2.4 所示:

在这些概念中,教师专业发展是最为人所熟知的,它是在教师专业化的框架内诞生并发展的。在前文中,我们简要分析过教师专业发展与教师专业学习的差别,并且,在教师研究领域,呈现出一种用教师专业学习取代教师专业发展的看法。相比早期争取地位的合法性,如今的教师专业发展也不仅仅局限于教师教学能力与技能的改善,还包括关注教师作为个人的内在情绪、动机,关注教师作为整体的人生态型的发展,注重教师团队能量的发展,并把这种发展与实践紧密联系起来。[③] 陈向明和张玉荣(2014)提醒我们,教师专业发展与教师学习这两个概念

---

① 教育部师范教育司. 教师专业化的理论与实践[M]. 北京:人民教育出版社,2002:45.
② 教育部师范教育司. 教师专业化的理论与实践[M]. 北京:人民教育出版社,2002:50.
③ 崔允漷,王少非. 教师专业发展即专业实践的改善[J]. 教育研究,2014,(9):77—82.

表 2.4 教师学习与专业发展概念辨析

概念	主要内涵	教师本体观	教师知识观
教师专业发展	教师专业知识、能力与技能不断增长的过程，教师逐渐成为成熟的专业人员，以达成提升教学质量的要求	教师是专门职业的工作者，需要"被发展"以符合专业的要求	为了完成专业所需的要求，教师是知识、技能的接受者和有效教学行为的实施者
教师专业学习	教师作为专业工作者，其成长受到个人专业背景、经验和环境的综合影响，学习的结果可能是积极的，也可能是消极的	教师是教育中的学习者；强调教师在专业工作中的经验性、主体性和能动性	教师是知识、技能的获得者，在学习过程中会伴随情感、意志和身份的变化
教师发展	教师作为完整的人，在行为、认知和情感方面的发展变化，以达成教师的自我完善及提升教学的目的	教师是整体的人，但是需要"被发展"的人，发展的结果是既定的或向好的	教师的发展是多维度的，包括知识、技能、情感、动力因素等
教师学习	教师是完整的人，包含行为、认知、情感、动力等方面，教师具有自身的经验，是主动或被动的学习者，其学习过程受到多维度的复杂系统的影响	教师是整体的人，强调教师作为完整人的主体性和能动性	教师的学习过程既包括知识、能力、技能、情感、动力因素，教师也可能是知识的创造者

在现实情境中并不是完全对立的，其出现有时间先后，其功能也有空间区分。教师专业发展具有更加宏观的结构性内涵，包括教育政策的制定、教师队伍建设、教师社会地位和经济地位提高等要素；教师专业学习概念更加关注教师的日常教学活动，特别是他们真实的、个人化的学习经验。[①] 需要注意的是，教师专业发展出现的时间较早，是提升教师专业身份和地位、增强教师专业性的重要手段，在特定的历史时期，扮演着重要的作用。即便是在当下，教师的身份、地位、待遇获得了极大的改善，通过教师专业发展，以"效率"为结果导向，整体提升教师队伍质量，仍然是一种主流的做法。

3. 教师专业发展与教师发展

关于教师专业发展与教师发展，叶澜教授对二者的区分十分具有启发性。她

---

① 陈向明，张玉荣. 教师专业发展和学习为何要走向"校本"[J]. 清华大学教育研究，2014，35(1)：36—43.

认为,不应该简单地提"教师专业发展"。"教师专业发展"一词最早是美国学界提出来的,有两个不同的目的:一是为了提高教师职业的社会地位,保障教师职业受到社会的尊重;二是为了提高教师素养,促进教师个体的专业发展。这无疑是必要的,也是有意义的。但是,仅强调教师的专业发展是不全面的,仅从外部提升教师的社会地位也是不够的。

叶澜①教授更主张提"教师发展"。"教师专业发展"强调专业人员要有专业理论、专业技术与专业资格作保证,并具备行使专业自主权的能力和拥有与之相应的职业道德等。这一主张本身便带有鲜明的"工具价值"取向,即是从更好地服务社会这一角度出发,主张教师为了适应时代变化、为了胜任"教书育人"的使命,而去促进"专业发展"。这种单纯强调教师职业"工具价值"的认识是片面的。当我们论及"教师发展"时,关注的是作为具体而丰富的人(而非工具)的整体性发展的问题。专业发展只是人的整体性发展的重要且与其他方面的发展相关联的组成部分,但不是全部。"教师发展"的提法更关注和重视自身的"整体性发展"。所谓"整体性发展",就是包括了教师的品德、行为、才华、智慧等在内的多方面素质的发展,是教师作为一个完整的人健康、健全、健美地发展。

叶澜教授认为,"教师发展"一词强调了教师自我发展,强化关于发展的自我意识。教师只有自己活得像个"人",才能对学生产生"成人"意义上的影响。再者,教师要进行创造性的工作。如果教师把人的培养当作教育的终极目标,那么教师在工作中就会不断挑战自己的智慧、修养和能力,这将成为推动教师学习、思考、探索、创造的不息动力,从而给教师生命增添发现和成功的欢乐。对教师而言,"育己"应先于"育人"。以往人们比较关注教师如何"育人",却很忽视教师如何"育己"。其实,教师的"育己"不是单指或者说主要不是指脱离了职业实践的自我修养,而是指教师在职业实践中对完美职业角色的探究、思考与实践。这不仅是为了重新认识教师职业、重建教师职业的角色形象,也是为了丰富教师职业的生命内涵。

4. 教师发展与教师学习

教师发展与教师学习,严格地说,也存在一些差异。首先是学习与发展存在

---

① 叶澜,王枬. 教师发展:在成己成人中创造教育新世界——专访华东师范大学叶澜教授[J]. 教师教育学报,2021,8(3):1—11.

区别。首先,"发展"隐喻着专业人员需要通过培训,以获得输送过来的知识。而学习强调的是教师的主体性和能动性,也突出了教师过往的实践经验在学习中的重要作用。学习取向专业发展则不仅仅关注培训,也关注教师日常的学习、非正式的学习等,教师学习发生的形式很多。第二,"发展"一词隐喻着"缺陷模式"——教师的不足,需要"被"发展;发展是有一定的标准的,内容是事先制定好的,"发展"的结果也是有评判标准的。从这两个角度来看,我们常说促进"学生发展"或"学生学习",两者区别不大,其合理性在于学校教育教学是希望学生不断成长向好。而"教师学习",强调教师在实践工作中,学习的结果不是既定的,简言之,教师在一个好学校可以不断地发展,但在另一些学校,也可能习得一些错误的价值观念,其结果不一定是向好的。我们需要承认的是,在实践中,学习并不一定都带来积极的结果。教师学习的结果不是既定的获得某种知识或技能,也可能获得一些新的身份。第三,从知识的隐喻来说,教师发展是一种获得或参与的知识隐喻,即教师通过培训或参与共同体来获得知识、技能或者一种身份,而教师学习,不仅包括这两种隐喻,还隐喻着教师是主动的学习者,包含着知识创造的可能。例如,教师在日常实践中,通过对实践的反思,在新情境中的运用与拓展,有可能创造出新的知识。

本书取名为《教师学习与专业发展》,有以下几层意蕴:

1. 我们使用"教师学习"的概念,体现我们的教师观:教师是完整的人,是具有主体性、能动性以及自身经验的人,而不仅仅是既定行为的实施者、知识的容器。教师是学习者,学习和发展蕴含着丰富的内容,包括行为、知识、技能、信念、态度、情绪、身份等等,是多维多样的整体发展。

2. 教师学习体现我们对过程的重视,超越了仅仅对结果和效率的关注。这意味着本书用一种超越行为主义的观念来审视教师的学习与发展。相对于行为主义对可观测行为以及结果的重视,我们关注教师在专业场域及日常生活场域中的整体的变化过程,在这个过程中伴随着教师的多样的变化,包括教师的知识、技能和能力等认知维度的变化,也包括教师的身份、情感、信念等非认知维度的变化。

3. 教师学习发生于一个复杂的网络系统之中。这一复杂网络包括微观的学校日常情境、家庭生活,也包括中观的学校、区域政策、制度等,还包括宏观的国家政策甚至是国际形势。教师的学习过程,也受到教师自我、人际间、制度等维度的影响。学习可以是正式的,也可以是非正式的,学习的结果可以是积极的变化,也可以是消极的变化。

4. 尽管我们倾向于教师工作的实践性与人本性,但我们也必须认识到教师是一项国家事业及政策议题。对于国家和各级政府来说,提升教师的整体质量是一种政府责任。从这个角度来说,不管是主动还是被动,教师专业发展不仅是需要的,而且是重要的。从历史发展脉络中我们看到,通过培训、专业发展项目来促进教师整体的发展,是提升教师专业性,进而提升教师的身份和地位的关键步骤。即使在当前教师的身份、地位显著提升,教师的专业标准较大提高,一个高效的教育系统往往有着比较系统的教师专业发展系统,如入职学习、新手培训、在职研修、职业晋升等等。① 教师专业发展仍然是系统提升教师整体质量的关键手段和工具。教师学习与教师专业发展,这两者在复杂实践中,是交织存在的;将它们二者并列,意味着我们既关注教师个体的主动学习与发展,尊重个体的经验和个性,也着眼于教师整体的专业发展,通过多层多样的设计和实施,提升教师队伍的整体质量。

---

① Darling-Hammond, L., Hyler, M. E., Gardner, M. Effective teacher professional development [R]. Palo Alto, CA: Learning Policy Institute, 2017:v - vi.

第三章

我国课程改革 20 年教师实证研究的文献计量分析

前两章我们梳理了教师与教学的研究、政策和实践发展脉络，厘清了教师、专业、发展与学习的一系列概念。我们看到，教师的实践工作综合受到一个国家或区域的政策和研究的影响，而教师作为完整的人，在政策与研究的影响下，并不是被动的实施者，而是有复杂的认知和情感，这足以显见政策、研究、实践三者之间的张力。本章聚焦新世纪课程改革实施以来，我国本土的教师研究，试图描绘出这三者之间的张力在过去 20 年课程改革中的体现，以便我们更好地理解教师所处的政策、研究和社会情境。

一、世纪之交的中国基础教育课程改革及教师研究

20 世纪 90 年代中期以来，世界各国不约而同地启动了大规模的教育改革，形成了一股大规模教育改革的全球浪潮（Global Education Reform Movement）。这股浪潮表现出三个全球相似性：一是全球教育改革在时间上的同步；二是实施策略或方式上，政府在改革中的角色被强化，多采取自上而下的策略；三是改革理念或措施上，提倡终身学习，注重全人发展，培养共通能力。[1]

这一波浪潮也影响了我国的基础教育课程改革。在世纪之交，我国发布了两份重磅的教育文件，一是 1999 年 6 月的《中共中央国务院关于深化教育改革全面推进素质教育的决定》，二是 2001 年 9 月颁布的《基础教育课程改革纲要（试行）》，正式启动了第八次课程改革（下简称"课改"）。这一轮课程改革对我国基础教育

---

[1] 尹弘飚. 全球化时代的中国课程改革[J]. 高等教育研究，2011，32(03)：69—75.

的影响深远,可谓是百年来最重要的两次课程改革之一。[①] 这一轮基础教育课程改革不仅是对世界教育改革潮流的回应,亦是我国在进入新世纪时,对"培养什么样的人"这个核心问题的回应,从价值取向、理论基础、课程管理、课程设置、课程内容、课程实施、课程评价等方面进行了大幅度的革新。[②]

完善的课程改革计划并不能保证改革达到预期的结果,变革充满着复杂性和不确定性。在这股全球教育改革浪潮中,无论是宏观层面的教育系统变革,还是聚焦于微观层面的改革实施与学校改进,教师的重要性都不言而喻。[③] 教师研究亦成为近 60 年国际教育政策、理论和实践中的热门议题。[④] 2001 年以来,我国关于教师的讨论、研究不断增多,这些丰富的议题反映了从理想的课程到实际的课程中可能出现的问题与最真实的挑战。通过对课改 20 年来的教师研究进行回顾与反思,能够丰富我们对于课程改革的理解。

实证研究是社会科学知识增长、学科发展的主要途径,它是以客观的事实和证据为基础,通过对研究对象进行观察、调查、实验等方式收集数据或信息,并对数据进行分析和解释,以探讨事物本质属性或发展规律的研究方法。[⑤] 本研究聚焦 2001 年基础教育课程改革以来的教师实证研究,试图描绘近 20 年来我国教师研究的图景。教师实证研究是关于教师群体的一系列事实和证据,能够全面地看到教师在新课改以来"实然"的状况。从实证研究的视角出发,借助文献可视化分析工具对我国教师研究的主题文献进行知识图谱分析,从而探寻新课改实施 20 年以来我国教师研究的热点领域和知识脉络,以期对教师研究的知识增长有所启发。

① 张华. 核心素养与我国基础教育课程改革"再出发"[J]. 华东师范大学学报(教育科学版),2016,34(01):7—9.

② 龙安邦,余文森. 我国基础教育课程改革与发展 70 年[J]. 课程·教材·教法,2019,39(02):11—18.

③ Datnow, A. The role of teachers in educational reform: A 20-year perspective [J]. Journal of Educational Change, 2020,21:431－441.

④ Cochran-Smith, M. Teaching and teacher education: Absence and presence in AERA presidential addresses [J]. Educational Researcher, 2016,45(2):92－99.

⑤ 袁振国. 实证研究是教育学走向科学的必要途径[J]. 华东师范大学学报(教育科学版),2017,35(03):4—17＋168.

二、研究设计：CiteSpace 的文献计量分析

为准确揭示新课改以来我国教师的真实发展现状与问题，综合考虑文献的权威性与可靠性，研究选取了 CSSCI 期刊目录中的 37 本教育学来源期刊为样本期刊，研究时间跨度设置为 2001—2021 年。检索按照"内容和方法"的顺序，先后共进行了三轮文献筛选。第一轮，以"教师"作为篇名在 CNKI 数据库中进行检索，通过对基础教育的界定，在文献分类中限定"初等教育""中等教育"等分类词，初步筛选得到样本期刊在 2001—2021 年期间刊发的基础教育学段的教师论文。第二轮筛选，根据实证研究的研究方法特点与摘要撰写的基本要求，采取朱军文等的实证研究方法筛选方式[①]，通过对摘要进行"调查、数据、文本"等实证类型、实证方法、实证数据、实证分析四个类型的关键词包检索，得到基础教育阶段教师的实证研究文献。第三轮再通过人工核验，对文献进行通览、核验、剔除与增补，最终确定基础教育阶段教师实证研究文献 1890 篇。

CiteSpace 是由陈超美教授开发的一款信息可视化软件，其通过对文献的计量分析可直观展现科学知识领域的信息全景，具有识别学科领域中的研究前沿、研究热点、关键词网络分析、作者合作网络分析等功能。[②] 本研究主要运用了 CiteSpace 软件对所选期刊文献的发文机构、研究主题、关键词聚类以及时空分布等进行分析；利用 Excel 对实证研究论文占比、实证研究方法频次、实证论文占比等进行描述统计。

三、文献计量分析结果

(一) 发文量及发文特征

年度发文数量是反映研究热度的一个重要指标。从图 3.1 直观看出：在 2001—2021 年间，基础教育学段的教师文章总体呈上升趋势，并在 2014 年达到顶

---

① 朱军文，马银琦. 教育实证研究这五年：特征、趋势及展望[J]. 华东师范大学学报（教育科学版），2020,38(09):16—35.
② 侯剑华，胡志刚. CiteSpace 软件应用研究的回顾与展望[J]. 现代情报，2013,33(04):99—103.

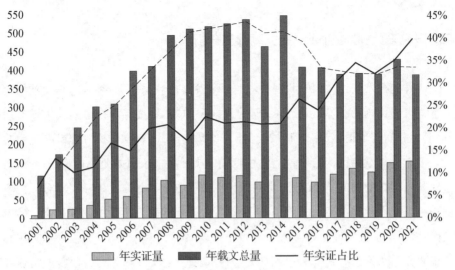

图 3.1　教育学 CSSCI 期刊实证研究论文年度载文量及其教师实证研究占比趋势

峰,其中 2002 年的增长速率最高达到 50.4%,这说明课程改革以来,学界对教师的关注度持续增加。从发文期刊看,2001 年—2021 年,刊发于基础教育阶段的教师论文较多的 5 本期刊是《中国教育学刊》(1041 篇)、《教师教育研究》(952 篇)、《教育发展研究》(812 篇)、《教育研究》(677 篇)、《中国电化教育》(535 篇),它们合计占比高达 48.23%。

实证载文量占比是实证研究方法在教师研究领域应用的衡量依据。据统计 2001—2021 年与基础教育阶段教师论文实证载文量占比 22.77%,截至 2021 年实证研究占比 39.48%,说明基础教育阶段的教师研究以非实证研究为主。年实证占比量总体呈上升趋势,并有持续上升的趋势,这表明实证研究被更多地应用于教师相关领域研究。

根据发表期刊的实证载文量统计结果,2001—2021 年刊发基础教育阶段教师实证论文较多的 5 本期刊是《教师教育研究》(314 篇)、《中国电化教育》(216 篇)、《电化教育研究》(168 篇)、《教育发展研究》(131 篇)、《中国教育学刊》(124 篇)。

(二) 发文作者与研究机构分析

1. 研究机构分析

如表 3.1 所示,从研究机构的分布来看,2001—2021 年我国教师实证研究的前五位文献来源是北京师范大学教育学部、华东师范大学教育学部、北京大学教育学院、西南大学教育学部和华南师范大学教育信息技术学院。①

表3.1 2001—2021年我国教育期刊实证研究发文量前五的研究机构

序号	机构	发文总数	占比
1	北京师范大学教育学部	150	7.94%
2	华东师范大学教育学部	105	5.56%
3	北京大学教育学院	34	1.80%
4	西南大学教育学部	33	1.75%
5	华南师范大学教育信息技术学院	32	1.69%

2. 发文作者研究情况分析

通过 CiteSpace 对核心作者的合作和研究分析发现,核心作者之间存在比较紧密的合作联系,也存在部分比较独立的学术团队。具体来说,北京师范大学的李琼、申继亮主要关注教师的专业发展、教师知识、专长、韧性、反思等主题;蔡永红关注教师的薪酬、教学专长、组织支持等。华中师范大学的刘清堂、张思,首都师范大学的王陆,西北师范大学的郭绍青及东北师范大学的王以宁的研究方向为是教育技术学,主题比较广泛,如信息技术辅助教学与学习、在线学习、学习分析、混合式学习、整合技术的学科教学知识(TPACK)、网络培训等。东北师范大学的马云鹏则主要关注课程实施与教师知识。

(三)研究内容分析

1. 关键词共现分析

关键词是文章主题与核心内容的高度概括,高频关键词反映了研究领域的热点问题。利用 CiteSpace 对 1890 条文献进行关键词共现分析,得到关键词共现图谱(图3.2),图谱中网络节点(N)有 912 个、连接线有 1264 条,网络密度(Density)为 0.003。在图 3.2 中,关键词字体大小表示其中心性的强度,即关键词越大,那

---

① 注:近 20 年来,许多高校的教育学院(部)进行了重组或更名,本文采用的是各单位的最新名称。

么其与其他关键词共现的概率越大。结合图 3.2，通过 CiteSpace 软件的"Export-Network summary table"功能，导出 2001—2021 年我国教育期刊中国教师实证研究的高频关键词，制作成表 3.2。

图 3.2　2001—2021 年我国教育期刊教师实证研究关键词共现网络图谱

通过上图显示，我们可以看到，除了"教师""中小学""实证研究""影响因素"这些共用词之外，词频排名前十的词分别是：教师培训、农村教师、教师教育、专业发展、信息技术、特岗教师、教育公平、义务教育、调查研究、教师发展。

表 3.2　2001—2021 年我国教育期刊教师实证研究高频关键术语频次和中介中心度统计

序号	关键词	中心性	频次	序号	关键词	中心性	频次
1	教师培训	0.18	75	6	小学教师	0.07	39
2	影响因素	0.13	53	7	乡村教师	0.12	38
3	农村教师	0.10	48	8	信息技术	0.10	37
4	教师教育	0.11	41	9	特岗教师	0.02	34
5	专业发展	0.10	39	10	教育公平	0.02	29

2. 关键词聚类分析

通过对高频关键词的分析,可以发现学术研究的热点。使用 CiteSpace 以关键词共现为基础,设置 top N‰ per sliced 值为 30%,采用浅语义索引算法(Latent Semantic Idexing, LSI)对关键词进行聚类分析,选取模块值 Q=0.74(Q>0.3)和平均轮廓值 S=0.87(S>0.7)[①],比较理想的网络结构和聚类的清晰度,分析文献被引网络的聚类结构,分析中国教师实证研究的热点主题。根据聚类的节点大小、中心性和核心标示词,呈现表 3.3 所示的 10 个聚类标签。聚类研究结果大部分可以概括为这几类词语,也比较充分地体现了 20 年来教师实证研究关注的重点。限于篇幅所限,本文对前五个研究主题进行详细评述。

表 3.3 2001—2021 年我国教育期刊教师实证研究关键词聚类与研究主题

聚类	聚类标签	节点	标示词(LSI)
0	专业发展	130	专业发展;教师发展;专业学习;教师成长;韧性品质;建构主义;专家教师;自我认同;教学技能;教师效能;教师能力;自主成长
1	义务教育	115	义务教育;绩效工资;基本工资;工资制度;奖金绩效、教师工资;工资指数;课外补习;绩效工资;制度分析
2	教师知识	100	教师知识;课程改革;实践性知识;实践智慧;生成机制;职前教师;核心素养;教师专业素养
3	信息技术	94	信息技术;弗兰德互动分析系统;深度问题;技术准备;信息化课堂教学;电子书包;学习交互;在线学习;未来课堂;学习空间
4	实证研究	88	实证研究;调查;个案研究;课堂教学;叙事研究;扎根理论;影响因素;教师角色;师生关系;范式;课堂评价
5	教师培训	86	教师培训;生成性课程设计;校本培训;网络培训;学习成效;差异化教学;培训模式;培训成效;网络环境;混合式教师研修
6	乡村教师	84	乡村教师;教育情怀;特岗教师;特岗计划;情感劳动;身份建构;多重角色;职业作用;农村教育;青年教师;文化出路
7	态度	62	心理准备;职业认同;教师信念;组织承诺;职业承诺;职业倦怠;离职倾向;自我概念;行为意愿

① 陈悦,陈超美,刘则渊,胡志刚,王贤文.CiteSpace 知识图谱的方法论功能[J].科学学研究,2015,33
  (02):242—253.

聚类	聚类标签	节点	标示词(LSI)
8	远程培训	60	远程培训;中小学教师远程培训;课程设计;培训体系;网络研修;互动生成;学习活动设计;在线课程论坛课程设计
9	大数据	56	学习分析;社会网络分析;网络学习共同体;学习增强;社交学习;学习预测;数据包网络分析法;系统性行动研究;数据素养
10	教学行为	43	教学行为;教学变革;教师转变;变革创新;教师参与;学生活动;教师行为;联合教研;协作学习;Kolb学习风格量表

（1）教师专业发展

从聚类主题来看,教师专业发展是新课改以来教师实证研究的重点内容。研究既关注教师行为、技能和知识,亦关注教师的情绪、态度、身份等主题。在教师行为方面,我国教师实证研究经历了从对教师课堂教学行为[①]、学校师生行为冲突[②]的关注,到对卓越教师行为[③]的研究,以及对信息化课堂教学行为[④]的分析。在教师知识上,学者主要关注教师的实践性知识,早期研究如申继亮和李琼[⑤]对小学数学教师的知识进行调查,发现不同教龄的教师在条件性知识和实践性知识上差异显著。陈向明[⑥]对我国教师实践性知识的构成要素进行探索,提出了主体、问题情境、行动中反思和信念等四个重要的构成要素,教师实践性知识通常在具体的问题解决过程中体现出来,具有价值导向性、情境依赖性、背景丰富性等特点。教师实践性知识生成的过程亦结合了在线学习、合作学习等背景,丰富了对教师实践知识的探索[⑦]。在教师情感方面,从教师倦怠、情绪耗竭研究[⑧]逐渐转变为对

---

① 裴新宁. 谁是教学设计者？——一位专家型化学教师的个案分析[J]. 全球教育展望,2003,32(05):69—74.

② 丁静. 关于师生冲突中教师行为的案例研究[J]. 教育研究,2004(05):91—94.

③ 游森,秦建平,王逸尘. 卓越教师教学行为评价指标研究[J]. 中国教育学刊,2021(12):72—78.

④ 王冬青,刘欢,邱美玲. 智慧课堂教师行为数据的分析方法与应用验证[J]. 中国电化教育,2020(05):120—127.

⑤ 钟志贤,王佑镁,黄琰,施虹冰. 关于中小学教师信息素养状况的调查研究[J]. 电化教育研究,2003(01):65—69.

⑥ 陈向明. 对教师实践性知识构成要素的探讨[J]. 教育研究,2009,30(10):66—73.

⑦ 张敏霞,王陆. 远程校本研修中教师实践性知识的特征研究[J]. 电化教育研究,2014,35(08):108—113.

⑧ 宋中英. 城市初中教师工作倦怠状况及其社会支持的关系研究[J]. 教师教育研究,2007(03):65—71.

教师的情绪管理①、情绪劳动②等问题的研究。在教师身份方面,课程改革为教师的身份认同提供了新的社会情境与制度期望,例如于翠翠、车丽娜通过历史研究探讨了教师身份从改革开放初期的认同,到社会转型期的边缘化,再到互联网时代的道德污名。③ 乡村教师的身份认同以及职业文化的继承与传递也是教师身份研究的重点,研究者通过质性研究揭示乡村教师个体的理想、自我意识在与宏大的社会历史背景和现实生活环境的互动中被动且无力的现实,从而呼吁给予农村教师的身份认同更多的外在支持。④

(2)信息技术

在教育信息化的浪潮影响下,信息技术对教师的影响亦成了教师领域关注的重点。从表3.3可以看到,数据聚类出信息技术、大数据和远程培训三个主题,突出教师信息化能力与素养、信息技术支持下的教师培训、信息技术辅助教学、大数据应用与学习分析等具体研究问题。这些研究问题的讨论比较广泛,例如教师的信息素养研究包含对教师信息素养内涵的讨论、教师信息素养的现状调查、教师信息素养培训等内容。教师信息素养除一般信息素养内涵外还具有教师的职业特性,包括:具有信息的观念和传播信息的意识、应用信息及信息技术的能力、教学媒体和功能的选择能力和媒体的整合能力四方面。⑤ 如何提升教师的信息素养亦引起了学界持续的关注。从2001年起,全国许多地区都展开了大规模的教师信息素养的现状调查研究。例如,钟志贤等人从信息意识、信息技能、信息化教学设计能力三个层面,对江西南昌市的部分中小学教师的信息素养状况进行调查,发现教师能意识到信息技术的重要作用,但教师的信息化教学能力还需提高。⑥

2018年教育部正式印发的《教育信息化2.0行动计划》标志着我国已从"起

---

① 李海燕. 教师情绪工作策略适用性的实验研究[J]. 教师教育研究,2020,32(01):41—49.

② 尹弘飚. 教师专业实践中的情绪劳动[J]. 教育发展研究,2009,28(10):18—22.

③ 于翠翠,车丽娜. 改革开放以来中小学教师身份体验的历史演变[J]. 教师教育研究,2019,31(03):110—114+121.

④ 胡艳. 中国当代乡村教师身份认同中的困境研究——基于一位乡村教师的口述历史[J]. 教师教育研究,2015,27(06):72—78.

⑤ 王玉明. 试论教师信息素养及其培养[J]. 电化教育研究,2004(02):21—24.

⑥ 钟志贤,王佑镁,黄琰,施虹冰. 关于中小学教师信息素养状况的调查研究[J]. 电化教育研究,2003(01):65—69.

步"与"应用"的教育信息化 1.0 阶段进入"融合"与"创新"的教育信息化 2.0 阶段。① 关于信息时代背景对教师影响的讨论也愈发热烈,反映出信息技术对教师而言,既是机遇,也是挑战。有学者指出,教师从教学者转向助学者,但教师的责任不降反增,教师的任务也不轻反重。② 研究发现传统教师实现技术融入课堂需要经过保守、适应、突变与熟练四个阶段,在课堂教学实践中容易出现角色转换、技术使用程度、合作活动设计、教学行为影响学生学习等典型问题。③ 在教育信息化 2.0 时代,教师的教学方式从传统型向依托信息技术型转变仍是一个难题。

(3) 教师培训

自课改实施以来,教师培训成为国家教师教育的一项重点工程,涌现了大量关于教师培训成效的实证研究。新课改之初,研究多关注教师的观念、教师信息化能力的培训④,重点介绍了教师培训的组织措施、培训的效果。随着新课改的推进,关于农村教师的培训、农村远程培训的研究逐渐增多。⑤ 随着信息技术的不断发展,网络研修⑥、在线培训⑦相继成为教师培训中的热点问题。这些研究利用现代技术促进教师专业发展,对教师有效教学能力的培养模式、培养过程、培养内容设计以及学习支持策略的系统化进行探讨。在中小学教师远程培训中,要围绕培训课程主线和重点设计作业,重视案例设计与研修,优化课程组织与安排;要加强师生之间深层次的交互,提高学员培训的内驱力;同时强化过程性和表现性评价,重视需求分析;跟踪培训后学员的绩效,促使基层共享优质教学资源,组织校本研

① 杨宗凯,吴砥,郑旭东. 教育信息化 2.0:新时代信息技术变革教育的关键历史跃迁[J]. 教育研究,2018,39(04):16—22.
② 闫华. 信息技术时代教师从教学者向助学者的转变[J]. 首都师范大学学报(社会科学版),2018(04):184—188.
③ 姚佳佳,李艳,金松涛,潘金晶. 信息技术融入课堂的教师教学转型发展研究[J]. 中国电化教育,2019(03):37—47 + 80.
④ 顾通达. 现代教育技术与更新教师教育观念关系初探[J]. 现代教育技术,2003(01):28—31.
⑤ 何敏,张屹. 农远工程教师培训的内容和策略研究——基于湖北省模式三教师培训项目[J]. 中国电化教育,2008(03):50—53
⑥ 吴林静,张少帅,刘清堂,李晶,杨炜钦,贺黎鸣. 网络研修中教师研修需求的差异性研究——基于研修计划的认知网络分析[J]. 电化教育研究,2020,41(12):43—49.
⑦ 荆永君,韩志勇,李昕. 教师培训迁移支持服务评价模型的构建[J]. 现代教育技术,2016,26(03):33—39.

修,建立长期的后续支持系统,以保证中小学教师远程培训的质量和效果。[①]

自我国 2008 年加大了对义务教育阶段教师的培训力度之后,教师培训制度和实践中的各种现象和问题也不断显现。陈向明和王志明在对全国范围内义务教育阶段各级各类教师培训进行调查后发现:义务教育阶段教师培训层级的中心在逐渐下沉到校本研修阶段;在培训内容上理论太多,大班讲授的方式很难满足教师对教学实际操作的需求;相比之下,中西部农村贫困地区教师的培训机会明显少于城市教师,且用于培训的经济支出负担过重,出现了"中部低洼"现象。[②] 这一系列的研究揭示了在当前课程改革背景下,教育部门不断通过资源配置、财政支持,提供多级多类的教师培训(如国家级、省市级、区县级),不断创新培训方式(如名师工程、网络研修等),逐步建立规范、开放、有序的教师培训体系,以切实解决基础教育改革推进过程中的问题。

(4)乡村教师

长期以来,乡村教育是中国教育发展的重点与难点,推动乡村教师的发展是破解乡村教育发展难题的关键。[③] 从数据结果来看,乡村教师主要包含了农村教师、特岗教师与免费师范生三种研究主题。这三类研究对象在一定程度上都是国家稳定农村教师数量、提高农村教师质量的政策催生的。这三类教师的研究视角多样,如孙冉等基于新人力资本理论的视角,考查特岗教师对学生成绩和非认知能力的影响,发现特岗教师有助于提升农村学生的学业成绩。[④] 免费师范生制度是国家为普及教育和平衡基础教育质量而采取的措施,实施免费师范生制度是调节教师资源的重要手段。[⑤] 王文君以"六年制"农村小学音乐教师为研究对象,对免费师范教育存在的问题与对策进行分析,发现免费师范生教育在招生就业制度上有待进一步改善,课程教学改革有待继续深化,教材建设有待加强,教育实习有

① 孔维宏.中小学教师远程培训的问题分析与对策研究[J].中国电化教育,2011(05):65—68.

② 陈向明,王志明.义务教育阶段教师培训调查:现状、问题与建议[J].开放教育研究,2013,19(04):11—19.

③ 赵垣可,刘善槐.新中国 70 年农村教师政策的演变与审思——基于 1949—2019 年农村教师政策文本的分析[J].西南大学学报(社会科学版),2019,45(05):14—23.

④ 孙冉,杜屏,杨靖.特岗教师会促进农村学生发展吗——基于新人力资本理论的视角[J].湖南师范大学教育科学学报,2022,21(01):105—115.

⑤ 胡艳.关于实施免费师范生制度的思考[J].陕西师范大学学报(哲学社会科学版),2007(06):100—104.

待改进。①

乡村教师研究主题的内容,关键词包括教师编制、教师工资等。教师待遇是教师队伍发展的保障性问题,也是解决我国当前教育资源不均衡、城乡教育差异等一系列教育公平问题的重要延伸议题。2015年以来关于乡村教师的研究,多围绕"下得去、留得住、教得好、有发展"等主题展开。当前乡村教师队伍尤其是中西部地区仍面临职业吸引力不强、补充渠道不畅、优质资源配置不足、结构不尽合理、整体素质不高等突出问题,制约了乡村教育持续健康发展。② 研究发现乡村学校高级职称比例总体较低,评聘困难,这会制约乡村教师专业发展和职业吸引力的提升,将职称向乡村学校倾斜,是解决乡村教师待遇问题的重要策略。③

(5) 研究方法

因为本章数据来源是实证研究,所以研究方法和研究设计是实证研究中至关重要的部分。因此,调查、个案研究、质性研究等一系列涉及研究方法的词语也在聚类分析中得到重要的体现,关于研究方法的具体分析将在下一部分具体呈现。

3. 研究热点趋势分析

时区视图(Timezone View)是一种侧重于从时间维度上表示知识演进的视图,它着重反映了关键词在不同时间段上的分布和变化情况,因而能够从时间维度上帮助我们把握该研究领域的主题及变化趋势。④

结合图3.3的关键词分布我们可以看出,我国的教师实证研究问题和发展都经过了明显的转变,在2001—2007年期间,研究对于教师培训、信息素养等主题较为关注;到2007年之后,教师学习、教师行为等关键词逐渐凸显,研究主题开始更多地关注到教师的生存状况;2012年更多地展现对教师专业性、教师形象、教师资格证、教师惩戒权、职业生涯的关注;在2015年前后,为推进乡村振兴战略,乡村教师、轮岗教师成为研究热点;2020年疫情暴发后,网络研修、大数据等主题词也渐渐成为教师实证研究的热点。

---

① 王文君."六年制"农村小学音乐教师培养的探索与反思[J].课程·教材·教法,2016,36(06):109—114.
② 钟景迅,刘任芳.乡村教师生活补助政策实施困境分析——来自A省欠发达地区县级教育局长的质性研究[J].教育发展研究,2018,38(02):48—54..
③ 庞丽娟,杨小敏,金志峰.乡村教师职称评聘的困境、影响与政策应对[J].教师教育研究,2019,31(01):31—36..
④ 杨国立.我国统计学研究的知识图谱分析[J].统计研究,2012(2):109—112.

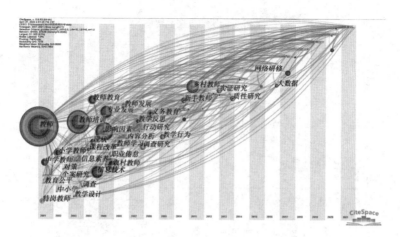

图 3.3　2001—2021 年我国教育期刊教师实证研究关键词时区图

（四）实证研究方法分析

为进一步了解实证研究在教师领域的应用情况，本文对近 20 年来与教师有关的实证研究进行了发文量特征分析、研究方法分析以及应用状况分析。

根据对数据处理与分析的不同方式，实证研究分为了量化研究、质性研究以及混合研究三类。从实证研究的分类看（表 3.4），20 年来与课程改革有关的教师研究中，量化研究占比最高，占比高达 52％，过半数；质性研究次之，占比 27％，混合研究最少，占比 21％，这表明课程改革以来的教师实证研究以量化研究为主，质性、混合研究为辅。从其年变化趋势看（图 3.4），三类研究范式总体呈上升趋势，且其年变化趋势相似，但增长速率有所不同，量化与质性研究增长速率较快而混合研究较慢，这表明在教师实证研究领域三类实证研究取向共同发展，但量化研究与质性研究得到更多学者的关注与应用。

表 3.4　三大研究范式研究论文占比

	频次	占比
量化研究	987	52％
质性研究	514	27％
混合研究	389	21％
总数	1890	100％

各年份研究方法趋势图

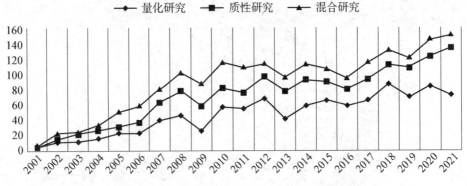

图 3.4　三大研究范式研究占比及其趋势(年)

为进一步揭示实证研究在教师领域中的应用情况,本文对使用频率最高的量化研究进行深入分析。根据研究方法分类,将量化研究分为了实验研究与非实验研究,其中非实验研究分为描述现状、相关分析与追踪研究。[①] 根据统计结果(表 3.5),现状描述的研究占比最高(占比 49%),其次是相关研究(占比 47%),实验研究较少(占比 4%),而因果研究仅有 3 篇。这表明在教师领域的研究中,量化研究主要侧重对事实现象的描述、对现存问题的报告,而对事物之间实质性规律的联系探索较少。

表 3.5　各类量化研究论文占比

	频次	占比
实验研究	34	4%
现状描述	485	49%
相关研究	465	47%
因果研究	3	0.00%
总数	987	100%

---

① 约翰逊 B, & 克里斯滕森 L. 教育研究:定量、定性和混合方法[M]. 马健生 等,译. 重庆:重庆大学出版社,2015:31.

选择合适的研究方法关乎能否解释或解决现实问题。据统计,在量化研究中仍然以问卷调查为主要数据收集方法,质性研究中以访谈为主要数据收集方法,混合研究主要以问卷为主辅以访谈法。随着大数据、人工智能的发展,教育研究方法也出现了利用新技术进行研究的特点,例如在有的研究中使用智能录播系统对课堂教学过程进行自动化录制与分析[1],还有的研究利用社会网络分析法对行为者之间的关系交互进行研究。[2] 这表明在教师实证研究中仍以传统的研究方法为主,但随着科技的发展,教育研究方法亦呈现多元化发展的特点。

四、讨论:中国情境中教师政策、研究与实践间的张力

课程改革是一个复杂、非线性的过程;如著名教育改革专家富兰所言,所有的课程改革,"好比一次有计划的旅行,乘着一条由不怎么合作的水手驾驶的破船,驶进了一个没有航标的水域"[3]。通过科学研究改善教育政策和实践,是教育研究的核心任务。在推进改革的过程中,我们总是能够感受到政策、实践和研究三者之间的张力,甚至落差。[4] 本文通过教师实证研究这个切口,试图呈现我国课程改革 20 年来的政策、实践及研究的部分特征,也期许这些分析能够对我国未来的教师实证研究、课程改革有一定启发。

(一) 教师实证研究与政策紧密关联,体现出改革政策的一致性与渐进性

通过数据分析我们可以看到,新课改以来我国教师实证研究的主题、趋势在很大程度上受到了政策的影响,如教师培训、教师专业发展、乡村教师等热点议题,都与同时期出台的一些政策紧密相关。以教师培训为例,新课改实施之初要求"先培训,后上岗;不培训,不上岗",教师培训成为教师实证研究领域的一个热点话题。我国基础教育一直以来就非常重视各级各类的教师培训。2011 年教育部颁布的《关于大力加强中小学教师培训工作的意见》,标志着我国教师教育与中

---

① 李森浩,曾维义. 基于数据的校本教研助力教师专业发展研究[J]. 中国电化教育,2019(04):123—129.
② 刘权纬,王兴辉,蒋红星. 教师工作坊成员学习交互行为的社会网络分析[J]. 现代远距离教育,2019(03):22—29.
③ 迈克尔·富兰. 变革的力量[M]. 北京:教育科学出版社. 2004:33
④ 郑鑫,尹弘飚. 美国教育研究协会教师与教学研究的百年脉络[J]. 外国教育研究,2019,46(01):38—50.

小学教师队伍建设进入到专业化和标准化时代,充分体现出了科学性、专业性和制度性的特征,政策的引导力量也充分体现在通过专业化教师培训体系的建立促进全员教师全面素质的提高。① 从"国培"计划实施以来,中央政府投入了大量专项资金保障这项政策的顺利实施。但鉴于我国幅员辽阔,地区间差异大,关于国培的实施模式、效果的讨论较为热烈。② 近十年来,随着信息技术的发展和对教师终身学习的重视,利用国培、网络研修等方式,不断提高在职教师的可持续学习,在培养上探索出了教师教育职前职后一体化培养的方式。

再者,我国课程改革实施中,农村地区的课程改革一直是课改中的一个难点。农村教师、乡村教师亦是教师实证研究的一个热点议题,并且,这些问题的研究内容、趋势与我国出台的一系列乡村振兴政策紧密相关。早期的政策比较关注农村教师的工资,使农村教师有了更稳固的保证。《关于进一步加强农村教育工作的决定》(2003)提出重视农村教师的职后培训工作。为了稳定农村教师的数量和提高农村教师的质量,党和国家先后颁布和实施了城镇教师支援农村教育政策(2006)、大学生志愿服务西部计划(2006)、特岗教师计划(2006)、免费教育师范生政策(2007)、"国培"计划(2010)及乡村教师支持计划(2015—2020 年),这些政策均体现出对农村教师工资待遇的倾斜、对农村教师培训工作的倾斜、对农村教师职称评聘的倾斜,为农村地区学校输入了大量的优质教师,有力地提升了农村教师的整体素质。③ 相应地,同时期的教师实证研究中,教师轮岗交流政策、免费师范生政策等都成为教师实证研究的热点议题。2015 年以来,乡村教师"下得去、留得住、教得好、有发展"的问题成为热点,许多机构、学者深入乡村进行了大规模实证研究,用数据展现乡村教师的队伍的结构性矛盾④、留任意愿⑤、角色

① 李瑾瑜,史俊龙.我国中小学教师培训政策演进及创新趋势[J].西北师大学报(社会科学版),2012,49(05):83—89.
② 容中逵."国培"背景下农村教师研训问题研究——基于浙江、河北、四川三省调研情况的分析[J].教育发展研究,2014,33(12):7—10.
③ 赵垣可,刘善槐.新中国 70 年农村教师政策的演变与审思——基于 1949—2019 年农村教师政策文本的分析[J].西南大学学报(社会科学版),2019,45(05):14—23.
④ 陈波涌,李婷.如何稳定乡村教师队伍——基于对 H 省 39470 名乡村教师的调研[J].湖南师范大学教育科学学报,2021,20(04):75—82.
⑤ 何树虎,邬志辉.乡村教师职业吸引力的实证研究——基于"离"与"留"强意愿的对比[J].教师教育研究,2021,33(01):51—59.

担当①以及地方政策执行情况②，为我国乡村教师队伍建设以及乡村振兴战略的实施提供参考。

课程改革实施 20 年来，其核心理念是一致的，始终是为了学生的全面发展；因此，对教师的政策、要求也是一以贯之地围绕这个目标展开。为了实现这个核心目标，我国在不同时期出台了不同的针对性政策。强有力的政府主导，是提高中小学课程改革从理念到行动转化效率的关键，有助于我们在中小学课程改革中迅速达成有效共识，政府对课程改革政策的制定和实施过程的全面统筹，使我国课程改革在价值取向上保持了高度的一致。③但政策并非一成不变，我国课程改革实施的不同阶段，课程政策又在不断地纠偏与修正，以解决在过往政策实施中忽视的问题。新课改的许多理念，对于习惯了传统教学的教师来说，是一场价值观的洗礼。尽管许多教师都理解新课改的理念和价值，但在实际教学中，采取"穿新鞋走老路"的实践方式屡见不鲜。价值重塑不能一蹴而就，而我国的课程改革的实施采取的试验、渐进方式，也体现在不同阶段的教师培训、教师专业发展的实证研究中。这反映了我国的课程改革在实施中的渐进性和调适性，采取循序渐进、稳健和自我修正完善的方式，总体上追求稳健的改革步伐，不主张大破大立，而是逐步改革、逐步完善。④

（二）教师实证研究主题呈现多样化，反映改革的复杂性与教师的主体性

改革往往是挑战与机遇并存。新课程改革对教师提出的要求，如教师作为课程的开发者、教师对课程整合的能力、运用信息技术与教学整合，教师之间的合作、教师的研究能力、课程意识问题，在新课改之初就已经被学者提出来。⑤从关键词聚类可以看到新课改以来的 20 年的教师实证研究中，教师发展无疑是中心话题，其中又包含了对教师培训、教师知识、教师学习、教师态度、教师行为等话题

① 肖正德.乡村振兴战略中乡村教师新乡贤角色担当意愿的相关影响因素分析[J].华东师范大学学报（教育科学版），2021,39(07)：92—106.

② 檀慧玲,万兴睿,黄洁琼.教育扶贫政策执行效果评估的混合式研究——以 J 县"乡村教师支持计划"为例[J].教育学报，2021,17(02)：118—128.

③ 项贤明.基础教育课程改革如何从理念转化为行动——基于我国 70 年中小学课程改革历史的回顾与分析[J].课程·教材·教法，2019,39(10)：41—51.

④ 项贤明.基础教育课程改革如何从理念转化为行动——基于我国 70 年中小学课程改革历史的回顾与分析[J].课程·教材·教法，2019,39(10)：41—51.

⑤ 李建平.课程改革对教师提出全新挑战[J].教育发展研究，2002(01)：16—20.

的探讨。从这些研究议题的分析我们可以看到，一方面，在课改的初期，对教师的培训是一个热点议题，以培训、专业发展的方式来推进课改。新课改把教师教育变革放在突出位置，通过组织多轮大规模通识培训、学科培训，重塑教师的教育观、教学观、学生观；动员大学、专业机构深度介入、支持课程改革，推动新课改从文本方案走向实践。[①]

另一方面，在实证研究中出现了较多关于教师的合作、抗拒、接受度、信念、改变的议题。这说明，尽管我国课程改革是政府主导的、强有力的行政推进，但实施中也充分尊重实践，并积极鼓励一线学校自觉、主动地探索实施新课程改革的方式。这体现出课改政策和制度的灵活性和适应性，以及我国课程改革"以人为中心"的特点，为地方、学校、教师改革实验创造了足够灵活的空间与机会。富兰[②]曾提醒我们，"往往那些有反抗情形的人会告诉我们一些重要的东西，我们也会受到他们的影响。他们为那些认为重要的东西据理力争，他们或许看到了我们从来不曾看到的实施过程的细节问题……从与自己意见不一致的人那里学到的东西往往会比意见一致的人那里多得多，但是，我们却过多地听从后者的意见，而忽略了前者的意见。"我国基础教育课程改革，正是这种自上而下的行政推动与自下而上的学校变革性实践的结合[③]，才使得课程改革在推进中迸发出蓬勃的生命力。

此外，我们也注意到教师实证研究的议题多样性，逐渐超出了教师的知识、技能、有效教学等议题，教师的身份、情绪、信念等议题被关注。这些研究议题与国际教师研究的发展趋势具有相似性，受到了行为主义、认知主义和社会文化观的交互作用，教师的行为、认知、社会情境与文化维度都被关注到，教师作为学习的主体地位也不断凸显。[④] 这说明，教师并不只是实施课程、服务学生全面发展的"工具"，教师在课程改革中扮演着主体性角色。国际教师研究中呼吁用教师学习，替代过去的教师发展；用教师专业学习，替代过去的专业发展。这种术语上的改变，体现了知识观、主体观的变化：教师是主动的学习者，而非需要被"发展"的

---

① 郭华.中国课程改革四十年[J].湖南师范大学教育科学学报,2018,17(06):1—8.

② 迈克尔·富兰.变革的力量[M].北京:教育科学出版社.2004:32.

③ 廖辉.基础教育课程改革:中国经验与治理逻辑[J].中国教育学刊,2021,(08):61—66.

④ 郑鑫,尹弘飚.美国教育研究协会教师与教学研究的百年脉络[J].外国教育研究,2019,46(01):38—50.

教学机器或知识容器,是行为、认知、情感的综合体。只有认识到教师在改革中的多维性、复杂性以及主体性,才能够更深入地认识到课程改革的"非线性",并在动态的问题解决中,有效推进课改的深化。

(三) 教师实证研究方法呈现多元化,方法的规范性与科学性有待加强

教育实证研究并非一种具体的研究方法,而是强调解释教育问题、揭示教育规律要以证据为基础,融合精神、原则与方法体系为一体的研究范式。[①] 通过对教师实证研究的方法分析,我们发现:

首先在数量上,近几年"加强实证研究"的呼声较大,教育实证研究亦逐渐得到重视,在教师研究领域实证研究的占比也有所增加,但实证研究的总体占比仍然较少。此外,我们还发现,数据收集的方式呈现多样性,包括问卷调查、追踪数据、案例观察、访谈、叙事探究、民族志等。但我国教师实证研究的方法、数据收集方式都还比较单一,我国的教师量化研究大部分都是现状描述和相关分析。博尔科(Borko)等人[②]倡导教师研究方法的多样化,以揭示教师及教学工作的复杂性。博尔科等人归纳了教师有关的四类实证研究:效果研究(effect research)、解释研究、实践者研究、设计研究(design research)。效果研究通过实验、准实验、相关分析等方法,建立因果或相关关系。解释研究的核心是寻找本土意义,关注情境的差异及特性。这两类成熟的研究类型在当前的教师实证研究中占据主流,体现在量化研究和各类质性研究中。实践者研究包括行动研究、参与式研究、自我研究等。设计研究则是将理论与实际结合,通过严格理论设计、实施、分析和重新设计,提供可能的有效行动模式。按照博尔科的分类,我国的教师实证研究大多数是效果研究和解释研究。未来,在我国教师实证研究的方法上,还可继续拓展。

第二在研究规范上,实证研究强调以事实为依据,因此证据的真实性和有效性是支撑实证研究结论的充分条件,而证据的可靠程度与研究设计的严谨性,证

---

① 袁振国. 实证研究是教育学走向科学的必要途径[J]. 华东师范大学学报(教育科学版),2017,35(03):4—17+168.

② Borko, H., Liston, D., & Whitcomb, J. A. Genres of empirical research in teacher education [J]. Journal of Teacher Education, 2007,58(1):3-12.

据收集和分析的严密性密不可分①。具有价值的实证研究需从研究问题理论基础出发，进行研究设计，并程序规范地进行数据收集与分析。近20年来，无论是量化研究、质性研究还是混合研究均在研究规范上都取得较大的进展②。例如在研究方法上，2001年的一些实证研究没有对方法部分进行单独具体的说明，甚至有的研究对研究设计的阐述仅有"通过调查"4字；而至2021年，九成左右的实证研究对研究方法有了具体的阐述。但目前的教师实证研究对于抽样的过程、选样依据、方法适用性或样本分布情况、研究方法的选择、信效度、数据分析方法等问题并没有详细地阐释，这使得实证研究其真实性与严谨性受到质疑。例如在量化研究中，有的研究虽然对问卷编制及信效度做出具体说明，但未提及明确的数据分析方法。③ 在质性研究中，有的研究虽然对样本情况做出了说明，但并未提及其抽样方法以及数据分析过程。混合研究作为弥补质性研究与量化研究不足出现的第三范式，其研究规范上也有诸多不足，例如有的混合研究仅对量化部分进行了详细说明，但对质性部分的信效度检验、抽样选择等均有所缺失，存在"贴标签"的嫌疑。研究规范性不足的问题是教育实证研究中的普遍现象，这亦是实证研究的失"真"之处④，勾连好证据与结论之间的逻辑性，才能使教育实证研究成为教育研究迈向科学化的关键。

第三，尽管实证研究方法近年来被广泛关注，但要警惕"唯工具""唯方法"倾向。研究问题是选择方法的前提；实证的目的在于不断改善现实的境况，其需要揭示规律，更需要预测未来。如果研究问题本身没有理论或实践价值，那么实证证据也只是空中楼阁。同时，实证研究需注重学理性，过往的理论是现在研究的框架，亦是学术价值的革新点，但一些教师实证研究脱离理论仅谈数据，如此实证研究便缺乏理论与实践意义的链接⑤，其学理价值亦受到抨击。实证研究的对立

① 李琳璐. 教育研究范式的祛魅：思辨与实证的融合共生[J]. 大学教育科学，2021(3)：31—38.
② 陈霜叶，王奕婷. 察器求道转识成智：质性教育研究五年述评与学术共同体的使命展望[J]. 华东师范大学学报(教育科学版)，2020,38(09)：56—77.
③ 吕晶. 中国教育实证研究中的定量方法：五年应用述评[J]. 华东师范大学学报(教育科学版)，2020,38(9)：36—55.
④ 钟柏昌，刘晓凡. 实证研究如何向"真"——以"教育实证研究优秀成果奖"获奖学术论文为例[J]. 电化教育研究，2021,42(9)：12—19.
⑤ 姚计海. 教育实证研究方法的范式问题与反思[J]. 华东师范大学学报(教育科学版)，2017,35(03)：64—71.

面不是思想、理论、价值或定性的判断,而是形而上学的武断、主观的思辨,无根据的判断和情绪性的意见宣泄。[①] 在研究问题和理论框架的指引下,选择适当的研究方法进行研究设计和资料收集,当下两种主流的量化研究与质性研究,都有其优势,亦有其局限。在阐释数据和推广结论的过程中亦要考虑到研究方法带来的限制。人性关怀、本土体悟、学科视野、理论积淀与科学思维训练,对做好实证研究都至关重要。[②] 只有研究问题、理论基础、研究设计、研究方法、研究发现等关键环节的质量不断提升,才能体现出实证研究的价值,形成带有一定普适性的结论,为教育工作者、政策制定者提供启示或借鉴[③],不断促进教育研究的知识增长。

---

① 袁振国. 实证研究是教育学走向科学的必要途径[J]. 华东师范大学学报(教育科学版),2017,35(03):4—17 + 168.
② 阎光才. 如何理解中国当下教育实证研究取向[J]. 大学教育科学,2020(5):4—11.
③ 王卫华. 教育思辨研究与教育实证研究:从分野到共生[J]. 教育研究,2019,40(09):139—148.

跨文化视角下的中西教育差异:以专业学习共同体为例^①

在分析了我国教师所处的政策、研究与实践情境之后,我们试图把中国教师拉到一个更大的视野中,试图从国际比较的视角,考察我国教师所处的独特的社会历史文化情境。由于教师所处的历史、文化、社会情境复杂,本研究选取了当前国际社会较为流行的一个概念,教师专业学习共同体(PLCs,也译作"专业学习社群"),作为国际比较的一个切入口。专业学习共同体是当前全球教师专业发展中的热门话题,强调教师集体地围绕学生学习展开合作的核心特征,几乎受到了各国教育研究者、政策制定者和实践者的认可。这一发迹于西方国家的学术术语,在全球化背景下强势渗透于其他文化圈中。例如,新加坡教育部把专业学习共同体作为一项政策,于 2009 年开始在全国 360 所中小学中实施,要求所有学校以多样的合作方式开展,如学习环(Learning Cycles),行动研究小组,课例研究小组等。^② 近年来,东亚国家和地区在 PISA 测试中表现强势,全世界教育研究者都开始关注儒家传统社会的教师专业发展体系。我国学者指出,我国的教研系统,是我国基础教育质量得以保障的不容忽视的重要因素,被国际社会称为中国版本的专业学习共同体。^③ 我国学校中虽然没有采用"学习共同体"的术语,但却具有专

---

① 本章内容在以下发表文章的基础上有所增删:郑鑫,张佳. 中西方教师专业学习共同体的差异:跨文化比较的视角[J]. 外国教育研究,2015,42(08):83—94.

② Hairon, S., & Dimmock. Singapore schools and professional learning communities: Teacher professional development and school leadership in an asian hierarchical system [J]. Educational Review, 2012,64(4):405 - 424.

③ 张民选. 自信与自省:从 PISA 看上海基础教育发展[J]. 上海教育,2013,35(1):1.

业学习共同体的特征和表现。① 随着研究的深入,学者也逐渐意识到中西方在文化制度上的差异,指出我国教研组是"中国特色"的教师学习共同体。② 但这种特色究竟表现在何处,需要我们深入探讨。

文化是理解中西方学习共同体的概念和实践的重要视角。文化有两个层面:一是微观层面,即组织或学校的文化,指的是学校的价值观、实践方式与行为规范等;二是宏观层面,即国家或社会文化,如特定历史、制度造成的国家之间的文化差异。③ 尽管学者们意识到,中西方学者谈论的专业学习共同体在两个文化层面上都存在差异,但对这种文化差异的分析却显不足。本文以跨文化(cross culture)比较为视角,分析中西方国家④文化的差异,阐释两种文化中教师专业学习共同体的内涵及表现的不同,以期帮助研究者和实践者更合理地理解和运用这一舶来概念。

一、跨文化比较:霍夫斯泰德的国家文化观

文化的定义多且复杂。塔雷斯(Taras)等人认为,在现有的文化定义中,有一些共同性:(1)学者普遍认为,文化是一个多水平、多方面的概念。多水平意味着国家水平、组织水平和个人水平;多方面涵盖文化的价值、实践、习俗、惯例等。(2)文化是由个人组成的团体或社会共享的(shared)。(3)文化的形成需要经历相对较长的时期。(4)文化是相对稳定的。⑤

在跨文化比较研究中,以荷兰社会心理学家吉尔特·霍夫斯坦德(Geert Hofstede)为代表(下文统称"霍氏"⑥)的研究最为著名,形成了这个领域的基本主

① 胡艳.专业学习共同体视角下的教研组建设——以北京市某区中学教研组为例[J].教育研究,2013,34(10):37—43.
② 单志艳.走向中国特色教师专业学习共同体的教研组变革[J].教育研究,2014,35(10):86—90.
③ Dimmock, C., & Walker, A. Educational leadership: Culture and diversity [M]. London: Sage, 2005:10.
④ 本文所指的中西方,主要指代表西方文化的英语系(Anglo-American)国家,如美国、英国、加拿大、澳大利亚,中方指儒家文化地区,如中国、新加坡等。本文主要以中国和美国的比较为主。
⑤ Taras, V., Rowney, J. & Steel, P. Half a century of measuring culture: Review of approaches, challenges, and limitations based on the analysis of 121 instruments for quantifying culture [J]. Journal of International Management, 2009,(15):357–373.
⑥ 霍夫斯坦德的研究团队在不同时期包含诸多不同的研究者,考虑到 Geert Hofstede 的领衔角色,本文统称为"霍氏"理论。

题和结构。霍氏将文化定义为"一群人区别于另一群人的集体思考方式"。①他的定义中，文化是一种集体现象，而不同的集体是由个人组成的，正是个人的差异性导致了集体的差异，而更大范围的集体性也是个人差异性的体现。文化至少有两个层次：一是社会（societal）或国家的文化，一个社会群体，如国家的价值观、行为方式区别于其他国家，这些差异一般是意识不到的；第二个层次是组织文化，反映了不同的组织环境中人们感受或行为方式的不同。

从 20 世纪 70 年代开始，霍氏团队通过对 IBM 公司中来自 72 个国家的116 000 位成员的调查数据，比较不同国家的人在工作中的价值、信念、规范等，总结并且区分了五种经典的国家文化维度。②这五个文化维度是：（1）权力距离（Power Distance），指组织中权力平等分布的程度，以及人们对待权威的态度；（2）集体主义与个人主义（Collectivism/Individualism），个人主义社会呈现出人与人之间相对松散的关系，集体主义中的人们则与其所处的群体有强大而紧密的联系；（3）阳刚气质与阴柔气质（masculinity/femininity），阳刚气质的社会中，男人被认为是果断的、坚忍的，女性被认为是谦虚的、温柔的；阴柔气质中男性和女性都被认为是谦虚的、温柔的；（4）不确定规避（uncertainty Avoidance），人们在面对模糊或未知情境时感到受威胁的程度；（5）长期与短期定向（long-term orientation/short-term orientation），反映出人们是关注过去与当下，还是关注长远。国家文化在这五方面展现出一定的稳定性，其形成与改变是长期的过程。

霍氏维度在跨文化研究上的贡献，如国际管理大师皮特森（Mark Peterson, p.128）指出，"霍夫斯泰德第一版的《文化的结果》或许没有开创跨文化比较研究这个领域，但是它确实形成了这个领域的基本主题、结构及争议"。霍氏对文化维度的研究被广泛应用于跨文化比较的学科之中，成为过去 40 年中社会科学领域最广为引用的著作之一。有学者指出，霍氏研究引领了跨文化研究的范式变革，体现在五个方面：（1）在此之前，文化被视为一个单一变量。当两个团体或国家在数据上体现差异，这种差异则被解释为文化的功能。尽管许多学者意识到文化的

---

① Hofstede, G., Hofstede, G.J., & Minkov, M. Cultures and organizations: Software of the mind [M]. New York: McGraw-Hill, 2010:6.

② Hofstede, G. Dimensionalizing cultures: The hofstede model in context [J]. Online Readings in Psychology and Culture, 2011,2(1):8-12.

复杂性,但却难以解开文化这个黑洞。霍氏把文化划定为不同的维度,并且成为后续文化比较研究中的基础性工作。(2)霍氏文化维度是建立于国家水平,而非个人或组织水平。(3)霍氏所涉及的国家文化维度是第一项以大规模实证数据作为支持的理论框架。他们的研究也是第一项通过大数据收集体现出国家文化对组织行为的影响、限制。(4)霍氏的文化维度展现出不同国家之间文化的相对稳定的差异。尽管批评者指出其数据可能过时,以及文化自身的发展变化性,霍氏研究一方面尽可能地将其数据进行补充和更新,并且引进新的有力的文化维度;另一方面,霍氏也相信,不同的国家文化之间展现出一定的稳定性,一个国家文化的形成与改变都是长期的过程。[①] 此外,不同文化维度上也存在关系,如权力距离越高的国家与集体主义程度存在显著相关性。

在霍夫斯泰德等人最新一版的著作《文化和组织:思维的软件》(*Culture and Organizations: Software of the Mind*)中,收录了 93 个国家和地区的在五大维度上的数据。表 4.1 抽取了多个国家和地区在五个维度上的相对指数及在 93 个国家中的排名:

表 4.1 不同国家和地区文化维度指数比较[②]

	权力距离	个人主义	阳性气质	不确定规避	长期定向
美国	<u>40L</u>	<u>91H</u>	62H	46L	<u>26L</u>
英国	35L	89H	66H	36L	51M
加拿大	40L	80H	52M	48L	35M
中国	<u>80H</u>	<u>20L</u>	66H	30L	<u>87H</u>
新加坡	74H	20L	48M	8L	72H
日本	54M	46M	95H	92H	88H
法国	68H	71H	43M	86H	63M

---

① Minkov, M. & Hofstede, G. The Evolution of Hofstede's Doctrine [J]. Cross Cultural Management: An International Journal, 2011, 18(1): 10 - 20.

② 除了在霍式的著作中查询这些数值,在网站上 https://www.hofstede-insights.com/亦可以查询。

	权力距离	个人主义	阳性气质	不确定规避	长期定向
俄罗斯	93H	39M	36L	95H	81H
尼日利亚	80H	30L	60H	55M	13L
坦桑尼亚	70H	25L	40L	50M	34L
印度尼西亚	78H	14L	46L	48L	62H
越南	70H	20L	40L	30L	57M

资料来源：Hofstede G, Hofstede G J, Minkov M. Cultures and organizations: Software of the mind. New York: McGraw-Hill, 2010；表中所列数字是相对指数，"H"代表在 93 个国家和地区中排名高，"M"代表中等水平，"L"代表排名较低。

从上表的数据中，我们可以看出东亚国家和地区与英语系国家存在较大差别，其中具有代表性的中国和美国在三个维度上存在显著差别，如表 4.1 所显示。中国表现出权力距离较大（80）、集体主义（个人主义指数 20）、注重长期性（87）的国家文化特征；而美国则是权力距离小（40）、个人主义（91）、强调短期性（26）的社会。中美在不确定性规避、阳刚气质/阴柔气质两个维度差异较小。需要强调的是，不同的维度可以帮我们理解文化中的现象，但文化是一个整体的现象，在分析中会存在不同文化维度的交叉。

霍氏对文化维度的划分采用的是二分法，并相应地分析了不同国家文化在家庭、学校、工作、政府等情境中的不同表现，下表列出了不同国家文化在两极上的一些特征和表现，我们抽取了其中与本文分析相关较大的一些特征，各个国家都处于两极间的不同程度上。

表 4.2　不同国家文化维度的特征及表现

文化维度	低（或弱）的维度特征表现	高（或强）维度特征表现
权力距离	◆ 权力的运作需要合法性，严格受限于社会善恶好坏的标准 ◆ 管理者决策时要咨询下属的意见，权力相对分散，上下级关系讲究实效 ◆ 等级意味着角色功能的不同，制度的建立是为了工作的方便	◆ 权力高于善恶，是社会基本的存在，权力运用的合法性是相对的 ◆ 下属按照（领导）说的去做，权力较为集中；上下级关系讲究"效忠" ◆ 等级意味着现存的不公正；强调权威和地位

文化维度	低(或弱)的维度特征表现	高(或强)维度特征表现
	◆ 父母平等对待孩子,鼓励孩子主动尝试,强调"独立",学会说"不",可以反驳长辈,对待他人的方式并不取决于他人的年龄或地位 ◆ 教育倾向以学生中心	◆ 家长教会孩子顺从,独立行为并不受鼓励,对父母和长辈的尊重是基本美德;老一辈需要受到尊敬和敬畏 ◆ 教育倾向以教师为中心
集体主义	◆ 以"我"为意识,注重权力和隐私,其他人被视为不同的个人;个人只需要关注他自己或他的家庭 ◆ (团体中)表达个人想法是健康的,表达"我"是必要的 ◆ 直言不讳是一种美德,表达真实想法是坦诚的表现,冲突意味着观点的碰撞,是有趣的 ◆ 违反规则带来(个人)罪恶感,与他人沟通更强调"自尊" ◆ 教育的目的是学会如何学习 ◆ 任务完成高于人际关系 ◆ 个人的自我实现是最终目标,个人利益高于集体利益	◆ 以"我们"为意识,强调归属感,其他人被视为自己人或局外人;人生来就是属于一个家庭或家族的,强调保护家族和忠诚 ◆ (团体中)和谐是首要维持的,语言中尽量避免使用"我" ◆ 很少使用"不","不"意味着冲突,"是"也并不必然代表赞同,而是为了能够继续沟通,沟通以"和谐"为贵 ◆ 违反规则会让集体蒙羞,要维护他人的"面子" ◆ 人际关系比任务更重要 ◆ 工作任务重于人际关系 ◆ 和谐和一致是社会的最终目标,集体利益高于个人利益
阳性气质	◆ 性别之间的角色差异较小,男女相对平等,受到同样的尊重与关怀 ◆ 怜悯弱势群体 ◆ 试图表现突出的学生令人嫉妒,教师的友善受到推崇 ◆ 管理方式:直觉和共识,通过妥协和谈判来解决冲突	◆ 性别之间的角色差异大,男性主导,男性应该更果断和雄心 ◆ 崇拜强势群体(英雄主义) ◆ 在班级中展开竞争,争取优异。教师的聪明才智受到尊敬 ◆ 管理方式:决断和进取;通过"强者获胜"的方式来解决冲突
风险规避	◆ 生活中的不确定性易被接受,是生活的一部分,既来之则安之 ◆ 面对不确定时展现较为轻松、压力小,焦虑程度低 ◆ 容忍离经叛道的人或想法:不同能引起人们的好奇;对模糊情境或混乱状态感到心安 ◆ 学生更喜欢开放的学习环境,喜欢讨论问题,教师可以说"我不知道" ◆ 换工作很正常 ◆ 不喜欢规则	◆ 不确定性处处存在,要持续地警惕和预防 ◆ 面对不确定情境,压力大、紧张、焦虑、情绪化 ◆ 不同是危险的,离经叛道的人或建议都是难以接受的;需要清楚和清晰的结构 ◆ 学生们更喜欢结构化的学习方式,更关注问题的正确答案,教师应该知道所有的答案 ◆ 尽管不喜欢也会继续工作 ◆ 对规则习以为常

文化维度	低(或弱)的维度特征表现	高(或强)维度特征表现
长期定向	◆ 生活中重要的事发生于过去或当下；付出的努力应该速见成效 ◆ 强调个人的立场坚定,重视社会和身份赋予的责任 ◆ 应该为自己的国家感到自豪 ◆ 服务他人是重要的 ◆ 社会资源是用来消费的 ◆ 学生的成败都是由于运气	◆ 重要的事发生在将来；坚韧的品质受到推崇,愿意为长远回报而不断努力,强调个人对环境的适应 ◆ 应该向其他国家学习 ◆ 节制与隐忍是重要的 ◆ 社会资源应该节约,资金用于合理的投资 ◆ 学生的成败取决于个人的努力
节制主义	◆ 人们普遍幸福感较高 ◆ 个人是可以控制生活的 ◆ 说话的权利和自由非常重要 ◆ 休闲是非常重要的 ◆ 更倾向于积极的情绪	◆ 人们幸福感较低 ◆ 人们体现较强的无助感 ◆ 话语权的自由不是首要关切 ◆ 休闲并不重要 ◆ 更少的积极情绪

霍夫斯泰德指出,跨文化沟通能力的获得经历三个阶段：觉察、知识和技能。觉察(awareness)是起点,意识到不同文化所产生的价值观、制度、行为方式上的差异。知识(knowledge)则是,如果我们与某种文化互动,我们必须了解这些文化。即使我们并不会分享他们的价值观,但至少要了解他们的价值观与他们的有哪些不同。技能(skill)建立在察觉、知识以及实践活动的基础之上。[①] 正如表 4.1,当我需要与一个我们不熟悉的国家的人们互动时,这张表可以快速地帮我们看到我们两国之间的文化相似之处和文化差异性,这是双方能有一个好的沟通的开始,在此基础上,双方可以有更进一步的交往。因此,本文首先以文化维度作为切入,分析中西方专业学习共同体在文化上的差异,并反思这些差异,为我国学习共同体的实践提出建议。

二、中西方专业学习共同体的文化差异

专业学习共同体的研究起源于美国、英国 20 世纪 90 年代的研究,其理论基础

---

① Hofstede, G., Hofstede, G. J. & Minkov, M. Cultures and organizations: Software of the mind [M]. New York: McGraw-Hill, 2010:375.

是彼特·圣吉(Peter Senge)的学习型组织和温格提出的实践共同体。这些概念被借鉴到教育领域,继而发展出教师专业学习共同体的研究。霍德(S. Hord)提出的五个核心要素受到广泛的认可:共同的价值观和愿景、共享和支持性的领导、集体创造、共享个人实践、支持性条件。[①] 我国学者对上海中小学教师的调查发现,上海中小学教师专业学习共同体的特征与霍德所提出的框架存在相似性。[②] 尽管学界对专业学习共同体的概念还缺乏一致性,但以下4个特征被认为是其核心要素:(1)两人或以上的成员有着共同的目标,这种目标聚焦于学生学习或教师成长;(2)围绕共同的目标展开集体交流,如合作、实践分享、共同探究;(3)支持性领导。(4)支持的条件,如时间、空间等。本文即从这四个最核心的要素入手,分析中西方学习共同体的文化差异。

(一) 共同体目标与愿景的文化差异

美英学者所提出的专业学习共同体,其首要特征就在于有着共同的或共享的目标,或相对长远的愿景,倡导不同的学科、年级组在目标、愿景上的共享与交流。这些概念的提出,旨在改变美国教学文化中"一个教师一个班级,一个教师一种价值观,一个教师一种进度"的孤立教学现象,这一概念由美国学者丹·洛蒂于20世纪70年代对美国教师文化的研究提出,是教师文化的经典之作,也激发了诸如哈格里夫斯等(Andy Hargreaves、John Goodlad、Judith Little)学者对教师文化的关注。洛蒂指出美国教师的教学呈现三大特征:(1)个人主义(individualism),教师只关注自己的教室,将自己的教学与其他教室孤立开来;(2)即时主义(prensentism),关注教学的短期结果;(3)保守主义(conservatism),关注小范围(如教室)的变革而不关注大范围的变革。[③]

教学孤立现象反映出霍氏文化维度中美国文化所表现的个人主义、短期定向的特点。个人主义文化中,强调"我"和"我"的权利,其他人被视为"他人",个人的自我实现是最终目标,个体利益高于集体利益。在美国教学文化中,教学完全取

---

① Hord. S. M. Learning together, leading together: Changing schools through professional learning communities [M]. New York: Teachers College Press, 2004.

② 张佳,彭新强. 中国大陆教师专业学习社群的内涵与发展——基于对上海市中小学的调查研究[J]. 教师教育研究,2014,26(3):61—68.

③ Hargreaves, A. Presentism, individualism, and conservatism: The legacy of Dan Lortie's Schoolteacher: A sociological study [J]. Curriculum Inquiry, 2010,40(1):143-154.

决于教师自己对有效性的界定,教师都依据自己的能力和兴趣而设定目标,规划内容。教师强调专业自主权,有权利拒绝可能威胁到他们教学的情境。个人主义还表现为教师的孤立(isolation),教师主观或客观地孤立于自己的教室之中,绝缘于同僚的反馈,不习惯参与集体性的活动,他们有权利这样做,"他人"不能随意侵犯"我"的教室。即时主义则表现在,教师把工作划分为几个单元,关注教学应该"即时见效",短期的学习成果使他们感到满意。[①] 在意识到教学文化的这些特点之后,美国学校逐渐强调教师在教学内容、教学进度上需要有共享的共识;共享(shared)强调教师通过沟通、分享,建立共同体内广为接受和认可的教学目标和步调。

我国集体主义文化与长期定向文化使得教师文化呈现出与西方截然不同的特点。西方学者在考察中国学校时也指出,中国教师文化中,教学是一种共同的、集体的责任,这与西方教学文化截然不同。[②] 在集体主义文化的影响下,学校教育在我国历来被认为是一项集体性的任务,促进学生的学习与发展是学校所有教师的责任,这是"再自然不过的事情"。中国教师相信,教育教学本质上是集体性,因为学生的学习成绩是不同学科教师共同努力的结果,如一位教师指出,"教育毕竟是集体的努力而不是个人的。尽管你可以教语文,但你能教其他所有学科吗?因此我们强调大家共同的努力。"[③] 学者对上海中小学教研组的研究指出,教师的集体责任感源于中国的"问责",即考试文化的影响,如一些老师指出,"我们不允许成绩太差的孩子掉队,这样会影响我们整体的成绩。因此,我们会和老师进行互帮互助,尽量让学生的学习有所进步"。[④] 另一方面,在长期定向文化中,人们往往认为要把目光放得长远,为了得到长远的回报而不断努力,坚忍的品质受到推崇,节制与隐忍是重要的。我国素有"十年树木,百年树人"一说,育人并非一朝一夕

---

① Lortie, D. C. Schoolteacher: A sociological study [M]. Chicago: University of Chicago Press, 1975:210.

② Paine, L., Fang, Y. Reform as hybrid model of teaching and teacher development in China [J]. International Journal of Educational Research, 2006,45(4):279 - 289.

③ Yin, H. B. Societal culture and teachers' responses to curriculum reform: experiences from China [J]. Asia Pacific Education Review, 2013,14(3):391 - 401.

④ Wong, J. L. N. Searching for good practice in teaching: A comparison of two subject-based professional learning communities in a secondary school in Shanghai [J]. Compare, 2010,40(5):623 - 639.

之事,教育是一个长期的过程。考试文化使得每一所学校存在一个相对短期的发展目标的同时(如每年的期中期末测试),也有着相对长期的目标(如中考、高考),而且所有短期目标最终都指向中、高考这些长期目标,因而长期目标在教育中发挥着重要的作用。

(二) 教师集体学习的文化差异

集体的教师学习是专业学习共同体的核心特征。由于中西方文化的差异,教师的集体学习有着不同的形式和内涵,教师的合作也有不同的表现和特点。

1. 教师合作的形式与发展的差异

20世纪90年代开始,强调合作的学习共同体开始受到极大关注。美英澳等国家在教师专业标准上一致地强调教师之间的交流与合作,教师合作能力成为当前全球各国教师专业发展的核心领域之一。[①] 尽管英美国家在推动教师之间的合作实践上取得了长足的进步,但现状仍然令人不满。而在集体文化的影响下,我国中小学教师合作活动形式多样,教师对合作的态度较为积极,制度化的教研活动普遍得到教师的认可。

教师合作对教学改善、学生成绩提升的显著积极作用,引起了实践者们的极大兴趣。哈格里夫斯指出,90年代中期,美国一些地区的校长非常认可合作的作用,用多种方式去改造学校的合作,让教师在一起就教学问题展开讨论和合作。他借鉴了洛蒂的观点,将学校的文化分为四类:(1)个人主义,即个人单打独斗;(2)分化(balkanization)文化,即少部分人结合自成领地;(3)合作文化,就学校共同发展目标通力合作;(4)硬造集体(contrived collegiality),在外部动力(一般是行政权威)指导下教师进行合作活动。在美国个人主义的文化基因以及教育传统里,那时候的合作呈现出一种硬造文化的特征。[②] 在教育政策与研究的强势影响下,当前美国教师工作正在发生一些文化变革:(1)教师工作从孤立(isolation)到合作;(2)每个教师从只关注自己学生学习的内容到教师形成合作小组,建立关于学生学习的共享的知识和理解;(3)每个教师决定课程进度到以合作的形式使教学进度大致相同;(4)从私人化的教学实践,到公开分享实践;(5)教师的话语从"我

---

① 崔允漷,柯政.学校本位教师专业发展[M].上海:华东师范大学出版社,2013:28—30.

② Hargreaves, A. Teacher collaboration: 30 years of research on its nature, forms, limitations and effects [J]. Teachers and Teaching, 2019, 25(5):603 – 621.

的学生""你的学生"到"我们的学生"。① 达琳-哈蒙德等人的美国教师专业发展报告对全美学校和教师进行调查,1999年度与2003年度的数据分析及对比显示:在2003年,92%的美国教师都参与了不同形式的专业发展项目活动,有70%以上的教师反映他们在学校与教师在教学上有一定的合作。在1999年,同僚观课和校内指导只有42.1%,到2003年,这一比例达到63.0%。但是,整体上只有17%的教师反映教师之间的合作是深入的,只有14%的教师认为他们有意识地主动投入到合作中。② 同时,一些学校的教师合作遭遇了"硬造集体性(contrived collegiality)",不仅没有产生合作应有的效果,反而让教师产生反感,甚至更不愿意参与合作。③ 利特尔(J. Little)指出,合作只是看起来很美,但在美国文化中,教学私人化、个人化的文化非常坚挺(persist)。④ 洛蒂的著作于2002年再版,他在序言中指出,即使过了27年,美国教师的个人主义、保守主义和即时主义的特征,并未有太多的改变。⑤

而我国中小学则呈现另一幅图景。长期以来,三级教研组织的制度化,成为我国中小学教师专业成长的"得天独厚"的专业成长基础。⑥ 所谓制度化,是指人类社会行动及其背后的"相互主观性"达到一定程度的可预测性及规律性。⑦ 在制度化的教研体系中,新教师进入一所新的学校,接受师傅的指导、参加集体备课、进行同僚的听课和评课,参加不同水平的公开课,所有这些行为,都是一个中国教师习以为常的"典型"教学工作,所有这些活动都围绕学生学习或教师专业成长而展开。

此外,教师较为普遍认可合作对教师专业成长的作用。国外学者萨金特和汉

---

① DuFour, R. & DuFour, E. Revisiting professional learning communities at work [M]. Bloomington: Solution Tree, 2008:94.

② Darling-Hammond, L., Wei, R. C. Andree, A., et al. Professional learning in the learning profession [R]. Washington, DC: National Staff Development Council, 2009.

③ Hargreaves, A. Teacher collaboration: 30 years of research on its nature, forms, limitations and effects [J]. Teachers and Teaching, 2019, 25(5):603 - 621.

④ Little, J. The persistence of privacy: Autonomy and initiative in teachers' professional relations [J]. Teachers College Record, 1990, 91(4):509 - 536.

⑤ Lortie, D.C. Schoolteacher: A sociological study [M]. 2nd ed. Chicago: University of Chicago Press, 2002:i.

⑥ 丛立新. 中国基础教育三级教研组织研究[J]. 教育科学研究,2011(9):5—27.

⑦ 曾荣光. 理解教育政策的意义——质性取向在政策研究中的定位[J]. 北京大学教育评论,2011,9(1):152—180 + 192.

纳姆(Sargent & Hannum)的研究指出,即使在资源相对有限的甘肃省,中小学教师也频繁地开展形式多样的教学研究活动,这些活动中的教师合作颇具效率,能够积极改善教师的教学实践,得到教师的认可。他们调查了甘肃省 646 名教师发现,90％的教师每学期有一到两次的同僚观课活动,并且,84％的教师认为,教研活动是非常有价值的。①

2. 合作中的冲突与和谐

在政策或研究的影响之下,合作成为中西方教师工作的一部分,但这种合作的表象下,也存在文化差别。在强调个人的西方社会,矛盾与冲突是美国教师在合作中难以回避的问题;而中国集体文化遵循以"和"为贵和"面子"文化,教师的合作体现出"和谐"的特点。

在西方个人主义文化中,个人在团体中,语言上表达"我"的观点,"其他人"被视为拥有不同权力的个人;表达"不"同的想法是健康的,是坦诚的表现,直言不讳是一种美德;冲突意味着观点的碰撞,是有趣的;如果个人表现不好,所带来的是个人的罪恶感。因此在这种文化中,冲突被视为教师合作中的正常现象。布雷泽(J. Blasé)认为,在美国文化中,合作文化的生长必然带来冲突,因为这一理念要求组织成员在价值观与实践上的实质改变,是对现有的私人性教学的挑战,对教学独立性的挑战。② 阿钦斯坦(B. Archinstein)对美国两所参与合作项目的学校的个案研究指出,共同性和冲突性是共同生长的:强调共同的信念、价值和目标,必然使不同个体信念、价值和目标妥协;当教师开启与其他教师合作的大门,便打破了教师躲在个人的教室门之后的习惯。③ 在美国,教师的课堂不容许随意进入,否则会被视为对个人权利的侵犯。国外学者常常讶异于中国教师进行同僚观课是如此自然之事,④诸

---

① Sargent, T.C. & Hannum, E. Doing more with less: Teacher professional learning communities in resource-constrained primary schools in rural China [J]. Journal of Teacher Education, 2009, 60 (3):258-276.

② Blasé, J. The politics of life in schools: power, conflict, and cooperation. newbury park [M], CA: Corwin Press, 1991.

③ Achinstein, B. Conflict amid community: The micropolitics of teacher collaboration [J]. Teachers College Record, 2002,104(3):421-455.

④ Ryan, J., Kang, C., Mitchell, I., et al. China's basic education reform: An account of an international collaborative research and development project [J]. Asia Pacific Journal of Education, 2009,29(4):427-441.

如我国一些学校中常有的"推门课""随堂听课",教师可以随时进入到另一个教师的课堂。

美国教师强调集体中的"个人",而中国教师是个人在"集体"中。在中国文化中,教师之间(明显)的冲突似乎鲜见,因为集体主义文化强调"和谐",以"和"为贵是教师合作关系中的首要原则。尽管教师在合作中,对集体的理念或行动有所异议,但考虑到其他人的"面子",教师会隐匿自己真实的想法,甚至拥护自己所不同意的观点。在教师的合作中,尽管教师之间存在矛盾,却不会产生如美国文化中教师之间那样明显的冲突。尽管教师不同意其他教师的看法,但为了"给面子",教师可能会做出附和,这说明语言上的同意并不代表着他真的同意其他教师的看法。中国教师强调归属感,属于某个"组织",个人对外代表了组织,个人表现不好可能会使组织蒙羞。

(三) 支持性领导及其他条件的文化差异

专业学习共同体的领导,是专业学习共同体发展的主要要素之一。以校长为主的学校领导者对合作文化的创建,教师之间合作关系的改善都有着重要的作用。在中西方文化中,领导与教师的权力距离存在显著差异。在权力距离大的社会,如我国,权力意味着权威和地位,下属一般按照上司说的去做;权力较为集中。在权力距离小的社会,如美国,权力相对分散,管理者决策时要咨询下属的意见,上下级关系讲究实效;等级意味着角色功能的不同,制度的建立是为了工作的方便。

李与贺林杰(Lee & Hallinger)对 34 个国家和地区的 5927 名校长的比较研究发现,在权力距离较小的社会,校长会花更多的时间在教学领导,即管理、指导和监督教学事务上。在权力距离大的国家中,校长是教师的"上司",他们有着合法指定教师如何做的权力。在等级化较小的社会,校长与普通教师有着相对平等的权力,校长和教师之间更容易建立合作关系,校长会普遍与教师讨论教学问题。相反,在权力距离大的社会,校长的教学领导会被教师认为是对教师教学的监督,会对教师造成压力,校长与教师之间不存在平等的合作关系,校长花更多的时间在行政管理上。[①] 当前,我国中小学校长的时间主要花费在行政管理任务上。如

---

① Lee, M. & Hallinger, P. National contexts influencing principals' time use and allocation: Economic development, societal culture, and educational system [J]. School Effectiveness and School Improvement, 2012,23(4):461 - 482.

北京教育学院对北京市普通高中校长的调查显示,校长耗费精力的活动主要是:参加会议、应对各种检查评比、学校常规管理,多为外部事务或非教学性事务。① 这与我国权力距离大的文化传统有关。

权力距离不仅仅体现在行政权力上,也体现在家庭、社会的尊卑观念之中。在权力距离大的社会,对父母和长辈的尊重是基本美德,长者受到敬畏。在学校专业结构上,由于"敬老""尊师"文化的影响,年轻教师对资历较长的老教师通常表现为顺从,即使存在不同意见也会隐藏自己的异议。因此,在我国听课评课中,资历较老的教师对年轻教师的指导、建议非常常见,我们却几乎难以看到年轻教师不留情面地反驳年长教师。一项在泰国的研究指出,在这个权力距离较大、层级化现象明显的国家,身份和年龄的作用高过了专长(expertise)的作用。在这种文化中,晚辈尽量避免与长辈的直接冲突,即使晚辈持有不同的意见,他们常常选择避而不谈。② 而英美国家权力距离相对较小,对待他人的方式并不主要取决于年龄与地位。年轻教师与年长教师之间能够相对平等地进行专业对话。

(四) 其他支持条件

专业学习共同体的发展依赖于其他的支持条件,如工作中相互尊重和信任的人际关系,结构资源如教师进行合作的时间和空间、合作所需的教学资源和技术支持,也包括来自校外专业人员,如大学专家的支持和帮助。这些支持条件,在中西文化上都存在许多差异。首先,时间上,中国的中小学教师有相对固定的时间,教师们习以为常,被认为是教师日常工作的一部分;对美国教师而言,参与他们教室之外的与其他教师的合作需要耗费更多的时间,会被认为侵占了教师个人的私有时间。③ 如果不能考虑教师的实际需求,是否有合作的需求,而一刀切地让教师参与到合作活动,也只能导致"硬造"的合作,不仅不见成效,反而会增加教师的负面情绪。此外,在对校外人员的态度上,我国教师对区域教研员的指导,已非常熟悉。我国文化中,教师对专业权威的较为尊重。而美国教师面临区域专家的指

---

① 陈丽,吕蕾. 胜任度较高、幸福感不强:北京市高中校长发展现状调研印象[J]. 中小学管理,2012(7):35—39.

② Hallinger, P. & Kantamara, P. Educational change in Thailand: Opening a window onto leadership as a cultural process [J]. School Leadership & Management, 2000,20(2):189-205.

③ DuFour, R. Work together: But only if you want to [J]. Phi Delta Kappan, 2011,92(5):57-61.

导,他们首要的印象是区域的问责制,这也导致了对区域专家有不好的印象,加深教师之间的恶性竞争。哈格里夫斯(2003)指出,美国近年来强调问责、标准化,造成对教师的过度审查,教师被迫按照固定的标准进行教学,他们渴望获得小组和群体中同事的支持,渴望互相学习,但有限的资源、激增的需求注定使自己的生活实践匮乏,在学校里,他们继续孤独地工作、孤独地生活、孤独地应对变革。教师与家长之间的关系和人际交往,在这种高压下要么退化成为市场交易关系——学校把家长视为消费者;要么变成一种防御性反应——学校把家长看作是干扰教学的抱怨者。①

达琳-哈蒙德在 2008 年美国《时代》杂志上发文指出,相比世界上其他国家的专业学习共同体,美国教师缺乏稳定、持续、一致、可持续性的学习共同体支持。以美国和新加坡的比较为例,新加坡政府要求所有教师每年需要有 100 个小时的专业发展活动,每周有 20 小时与他们的同事一起工作,相互观课。而美国教师,在学校工作日几乎没有合作,尽管教师们在课后会参与一些工作坊,但几乎没有机会一起就教学改善分享和讨论。② 中国教师合作多样形式,教研组已成制度体系,在王婷(2015)对哈尔滨两所学校的研究中,教师每周课时约为 10—12 小时,教师之间有着充足的时间进行合作,如每周至少两小时的集体学习活动,形式多样,如备课会议、公开课、课堂观察及行动研究等,这些已经是教师习以为常的日常活动。③

综上所述,中西方专业学习共同体的四个要素虽然表现出相似的特征,但由于国家文化之间的差异,专业学习共同体的概念与实践都有着不同的表现。跨文化视角比较了中西方国家在学习共同体特征上的差异,总言之:(1)在共享的价值观、愿景和目标上,强调短期性、个人主义的西方教学观,期望改造教学中的单打独斗、教学孤立现象,在学校中建构共同的教学目标和价值观,建立相对长远的发展计划,引领教师群体的发展;中国中小学的集体文化素来体现出教育是一项集

---

① Hargreaves, A. Teaching in the knowledge society: Education in the age of insecurity [M]. New York: Teachers College Press, 2003:80.

② Darling-Hammond, L. How they do it abroad [J]. Time, 2008,171(8):34.

③ Wang, T. Contrived collegiality versus genuine collegiality: Demystifying professional learning communities in Chinese schools [J]. Compare, 2015,45(6):908-930.

体性事业,集体性的教育目标内化于教师的文化中,而学校的育人目标、校训等则是学校文化在愿景上的体现;此外,考试文化下的儒家社会在目标上以多种评测方式,如高考作为指挥棒,在一定程度上发挥了长远地关注学习成绩的作用,而期末考试、期中考试这些相对频繁的测试则展现出相对短期的发展目标,但从这个角度来讲,我国中小学在短期和长期目标上有着很好的结合。(2)集体性的方式进行教师专业学习,合作的特征是专业学习共同体的核心特征之一。西方国家文化的个人主义基因,使得美英等国家在转向合作文化的共同体中经历了挣扎而漫长的过程,强调个人、"我"、权力、私人性的西方社会,加之教学历史的孤立传统,使得教师在合作过程中不断出现冲突,即使在学术研究和政策的极力推动之下,迄今,英美教师之间的有效合作也不尽如人意;儒家文化的集体主义特征,集中体现于中国人的和谐文化原则下,加之教研组历史所形成制度化情境,中国教师现今能够开展多样化的合作,并且在其中能够融洽相处,在以和为贵、以集体为重的文化氛围中,教师能够与其他人融洽相处。(3)领导作为影响专业学习共同体的重要因素,在权力距离低的西方社会,校长或其他行政领导者与教师有着相对平等的地位,西方社会强调校长作为教学的领导者,指导并管理教学,校长作为变革型领导者,改善与教师的关系,关注教师的专业发展,能够与教师分享权力;而在中国相对集权的学校结构中,校长有着绝对的权威,校长与教师之间的权力距离感较大,这有利于校长的管理和协调,可以适当运用权威进行学校管理。中国文化对权威的敬畏以及"尊老"文化,是教师表现得顺从的文化基因。相对英美社会,在权威和长者面前,教师们更倾向于隐匿自己真实的想法。(4)在支持性条件中,东西方社会中的专业学习共同体都强调一种信任和尊重的环境,有利于教师之间的交流和沟通。但人际关系在东西方文化差异也较大,如东方强调"关系",西方强调"任务"。在时空上,我国教师已经形成相对稳定的合作时间、合作空间,而西方教师则把合作时间视为额外的压力,甚至是对个人隐私时间和空间的侵犯。

三、跨文化比较的启示

文化比较的目的不是为了说明"孰优孰劣",如在组织研究中,没有证据显示哪一种文化会带来更高的组织效率;文化的比较是帮助我们意识到不同文化所产生的价值观、制度、行为方式上的差异，从而在与某种文化互动时，了解它们的价值观与我们的有哪些不同，并以此作为依据，帮助我们改善文化互动中的本土实践。① 专业学习共同体是一个强有力的概念，我们要警惕的是错误地运用它，避免东施效颦。通过比较分析中西方文化的差异，我们期望更好地理解与运用学习共同体这一概念，防止将一个西方"流行"术语滥用于我国学校情境中。在比较的基础上，我们能获得以下几点启示。

(一) 学习共同体:静态特征还是动态发展?

英美等国家由于其个人主义、短期定向等文化原因，改造教师学习共同体经历了艰难而漫长的过程;相比之下，集体主义、长期定向、和谐文化的影响下，我国教师有着制度化的集体学习方式和活动，教师对集体合作也体现出更为积极的态度，制度化的教研活动使得教师之间形成一种"天然的"共同体。学校中，不同学科组、不同学科教师组成的课题组都可视为共同体。制度化的教研活动使得教师之间合作得到保障。但是，仅仅有着共同体的表面特征，是否可以称之为"学习"共同体? 西方教师专业发展历程中，研究者通过高效能和低效能学校的对比而得出一张有效教师专业发展特征清单(教师合作就是普遍的特征之一)，再以这些清单特征去改造学校时，一些合作项目不仅未见成效，甚至导致硬造学习共同体，对学校文化产生消极影响。② 这说明，仅仅在表明上呈现出专业学习共同体的特征，并非这一概念的强力之处;学习共同体的生命力还体现在持续地"学习"这一特点上。尽管我国中小学的教师合作得到制度保障，但斯托尔等人认为，制度化并不是保障学校持续改善的条件，真正高效的学习共同体是一种可持续的学习共同体。③ 因此，无论是我国还是西方国家，当前学习共同体的主要挑战在于创造一种使教师可以持续进行沟通、分享、信任的环境，形成可持续的学习共同体。④

---

① [美]吉尔特·霍夫斯泰德，格特·霍夫斯泰德. 文化与组织:心理软件的力量(第二版)[M]. 北京:中国人民大学出版社,2010:375.

② Hill, H. C., Beisiegel M., & Jacob, R. Professional development research: Consensus, crossroads, and challenges [J]. Educational Researcher, 2013,42(9):476-487.

③ Stoll, L., McMahon, A. & Thomas, S. Identifying and leading effective professional learning communities [J]. Journal of School Leadership, 2007,16(5):611-623.

④ Stoll, L. &Louis, K. Professional learning communities: Divergence, depth and dilemmas [M]. Maidenhead: Open University Press, 2007:7-8.

专业学习共同体是一个动态的发展过程,存在着不同的发展阶段。杜福尔把专业学习社群分为五个阶段:(1)启动前阶段:学校还没有开始强调 PLC 的原则或实践;(2)启动阶段:学校开始强调 PLC 的原则和实践,但还没有开始采取具体的行动;(3)实施阶段:教师开始参与到专业学习共同体的实践活动中,制定目标和计划,开展活动;(4)发展阶段:运用一系列的结构(如规范化的活动),采取适当的资源促使 PLC 的发展,教师对共同体有着更为接受的理解和态度,并且在 PLC 的活动中受益,运用于其教学实践;(5)共同体的原则和实践嵌入于学校文化中,是教师日常工作的驱动力,它是内化于教师的教学实践的。[①] 各个阶段不是一个单向发展的过程,而是形成一种循环结构。专业学习共同体是一个动态的发展过程,存在着不同的发展阶段。

学者指出,高效的专业学习共同体应该是一个双向循环的过程:教师对共同体的价值目标、集体活动具有高度认可,在追求"好的教学"的过程中,使个人实践与共同体目标、价值观不断调试与改进;集体活动的目标、形式并非一成不变,而是通过实践不断循环改善。[②] 从这个角度出发,当一个共同体可以称为"学习"共同体时,不仅仅是教师共同体有着共同的、旨在改善学生学习的目的,也反映教师群体在持续的相互参与中,实现互相学习、循环调试与改善的过程。

(二) 学习共同体中的合作:冲突与和谐的两面性

教师之间的合作,已成中西方教师工作的一部分。英美教师合作文化的改造过程,启示之一便是,合作有不同的形式和效果,有合作的形式并非一定有合作的文化。哈格里夫斯与富兰(Hargreaves & Fullan)最近指出,真正的合作文化不会阻止和提防失败;相反,真正的合作文化中,教师愿意提出富有创意和冒险性的想法并付诸实践,教师往往能够就事论事,根据自己的经验对问题进行公开讨论;因为教师们相信,其他教师的"不同"是有理由和根据的。需要警惕的是,分化的文化、割据文化、信奉独立的圈子文化,虽然这一小团体也可视为共同体,但是小团

---

① DuFour, R., & DuFour, R. Learning by doing: A handbook for professional learning communities at work [M]. Bloomington, IN: Solution Tree Press, 2010:42.

② Wong, J. L. N. What makes a professional learning community possible? A case study of a mathematics department in a junior secondary school of China [J]. Asia Pacific Education Review, 2010,11(2):131 – 139.

体把其他团体视为"竞争对手",而非合作对象,由于在时间、空间、资源上的恶性竞争,使得不同共同体之间缺乏沟通、态度冷漠、分道而行。学校有不同的年级、学科组,警惕这种不同年级、学科组之间形成一种分化的文化。此外,硬造文化是一把双刃剑:从积极意义上看,它开启了不同教师之间合作和沟通的大门,至少帮助他们建立了一种关系;另一方面,由于行政权威而强硬让教师合作,可能会造成教师的抵触情绪甚至是反抗行为。不管合作的形式如何,方式怎样,平均而言,教师之间的合作总强于不合作。①

西方教师学习共同体改造过程中,冲突、矛盾不断;相比之下,我国教师的集体合作呈现一派和谐。但是,我们需要看到,矛盾或冲突包含积极作用,"和谐"也蕴含着消极的影响。个人主义社会强调"我",突出与"他人"的异质性,更易产生冲突或矛盾;集体主义社会强调组织与归属,突出共同体成员的同质性。但莱夫与温格在界定共同体时指出,共同体并非一种定义好的、规定好的群体一致性。相反,不同的成员有着不同的兴趣,对活动有着不同的贡献,持不同的观点,有不同的参与的身份(membership)。正是由于这些异质性,他们参与活动,分享经验与行动,理解不同成员背后的意义,进行意义协商的过程,就是学习发生的过程。② 这意味着个体参与到共同体中时,并非一定强调成员的同质性,异质性也隐含着积极的学习意蕴。如阿钦斯坦(Archinstein)指出,随着改革政策的压力,教师们意识到合作成为一种必然的时候,他们开始思考这些冲突,从冲突中寻找共同面临的问题。例如,在当了解不同教师对问题学生的处理方式时,教师会借鉴合适的策略并改变对问题学生的态度。教师如何回应冲突,是面对共同体和冲突问题的关键。适当的对话、公开的辩论或许是打破共同体边界的重要方式,能够促进共同体的发展。③ 再如富兰(M. Fullan)指出,"缺乏冲突,是(共同体)衰败的信号之一。"④

① Hargreaves, A. & Fullan, M. Professional capital: Transforming teaching in every school [M]. New York: Teachers College Press, 2012:113 - 116.

② Lave, J. & Wenger, E. Situated learning: Legitimate peripheral participation [M], London: Cambridge University press, 1991:171.

③ Achinstein, B. Conflict amid community: The micropolitics of teacher collaboration [J]. Teachers College Record, 2002, 104(3):421 - 455.

④ Fullan, M. Leading in a culture of change personal action guide and workbook [M]. London: Sage, 2001:74.

如前文所述，集体主义、和谐文化、"面子"文化中，教师之间鲜有冲突，但表面的"和谐"背后可能蕴藏着诸多的矛盾。我们需要充分认识到矛盾中包含着的积极作用。矛盾不仅仅体现在人与人之间的差异上，也体现在人与共同体的规章、制度、常规化活动之间。矛盾是理性积累的张力，当不同活动系统（如各个学科组）内部的矛盾被意识到，它会成为活动系统内部和活动系统之间变革和发展的首要动力。矛盾的显性化、基于矛盾的对话、解决矛盾问题本身就是知识再造的过程。[①] 适当地利用学习共同体中的矛盾或冲突，是共同体发展的重要途径。领导者将这种冲突可见化，让大家意识到其中的区别，并寻求共同的解决方法，是明智的领导者的行为。[②]

(三) 领导者：权力与专业引导的平衡

我国是一个权力距离大的国家，这种权力体现在科层结构上，教师与行政管理者在科层结构上的距离大，教师敬畏权力，不同结构层级的人缺乏交流和合作；在专业结构上，"尊老"文化让年轻教师与有经验教师之间的距离较大，意见的表达并不对等。

在英美等国家的教育领导研究发展脉络中，教学领导（instructional leadership）是过去 30 年中最为主要的理论之一。教学领导理论强调，学校领导者在建立教学目标和愿景、管理和监督教学、建构教学文化上起着重要的作用。在权力距离相对较小的西方社会，校长与教师之间能够相对平等地就教学展开合作、交流。我国学校领导者与教师之间的权力距离相对较大，校长主要集中于行政管理事务上。近年来，许多学者提倡重视校长的教学领导功能。[③] 教育部于 2013 年印发了《义务教育学校校长专业标准》，提出了中小学校长六个方面的专业职责：规划学校发展，营造育人文化，领导课程教学，引领教师成长，优化内化管理，调适外部环境。这意味着，我国校长的角色功能不仅仅是行政管理者，同时也是专业的领导者。作为专业领导者，校长需要意识到这种文化基因中的权力距离，思考如何拉

---

① Engeström, Y. & Sannino. A. Studies of expansive learning: Foundations, findings and future challenges [J]. Educational Research Review, 2010,5(1):1 - 24.

② Hallinger, P. & Kantamara, P. Educational change in thailand: Opening a window onto leadership as a cultural process [J]. School Leadership & Management, 2000,20(2):189 - 205.

③ 赵德成,宋洪鹏,苏瑞红. 义务教育学校校长教学领导力胜任特征模型的构建[J]. 教育研究,2014,35(8):85 - 92.

近与教师的距离,更加平等地就教学等核心问题进行交流与合作。

在专业距离上,两项研究颇令人启发。哈格里夫斯等人在对教师文化进行研究的 20 年后指出,教师合作最具时效性和一致性(cohesion)的形式是同僚之间的横向互助,体现出一种平等学习,而非自上而下的关系。① 在我国,一线教师在培训中频繁接触的两类专业权威,一类是大学专家,一类是教研员。学者通过研究教师与两类教师培训者的互动,发现大学专家以讲授知识、理论为主,其较高的社会地位与一线教师之间的较高专业距离,使得教师感受到的支持较低;相比之下,教研员更为接近实践,与教师之间的专业权力距离更小。更重要的是,在与教研员的互动中,教师感到教研员和他们一样,是合作的“学习者”,这种较低的专业权力距离使他们在与教研员的互动中受益更大。② 因此,无论是大学专家还是区域教研员,抑或是学校内部的专家型教师,需要意识到在专业上的权力距离,在与教师沟通和合作中表现出谦虚的姿态,能够站在教师们的角度去理解问题。缩小与教师之间的专业权力距离,做一个与他们相对平等的学习者,或许能让双方都更为受益。

在全球化背景下,世界各国在教师专业发展政策、研究上都呈现出诸多相似性。从文化比较的视角来看,这些相似性背后却有着截然不同的实践表现和内涵。在与不同文化系统的交流与碰撞中,一方面,我们需要意识到本土文化和历史所形成的教师文化特点与优势,建立自身的文化自信;另一方面,在借鉴与学习如教师专业共同体这些西方理论与概念之时,在文化比较中自省,认识与了解这些理论背后所隐藏的文化差异,更深入理解其核心本质,更好地反思与服务本土实践。

---

① Hargreaves, A. Presentism, individualism, and conservatism: The legacy of dan lortie's schoolteacher: a sociological study [J]. Curriculum Inquiry, 2010,40(1):143 - 154.

② Yin, H. B., Lee, J.C.K. Emotions matter: Teachers' feelings about their interactions with teacher trainers during curriculum reform [J]. Chinese Education and Society, 2011,44(4):82 - 97.

学校如何建设高效的教师专业学习共同体①

通过前文我们已经知道,专业学习共同体不仅成为有效教师专业发展的核心特征,也成为许多国家和地区的学校发展策略。如何建设高效的教师专业学习共同体,是理论研究和实践中都颇为热门的一个问题。第四章我们主要通过已有文献的分析,通过跨文化比较的视角,全面讨论了文化与情境因素对于专业学习共同体在不同国家文化中的实践可能存在的差别;第五章和第六章,我们分别基于量化研究,以实证数据来揭示,哪些因素会影响教师形成专业学习共同体;以及,在中国情境中,应该如何践行专业学习共同体的理念。

一、引言:专业学习共同体为何全球流行?

近 20 年来,国际研究者日益关注专业学习共同体(PLC)在教师发展和学校改进中的作用。研究者们普遍认为 PLC 在促进学生学习和教师发展中发挥积极的作用,并且鼓励学校教师以持续性、反思性的方式来对他们的实践活动进行分享和审视。② PLC 得到国际认可有两个主要原因。首先,有充分的证据表明 PLC 中的教师可以有效地改进课堂教学,从而提高学生的成绩。③ 其次,在学校建立 PLC

---

① 本章内容在以下发表文章的基础上有所增删和修订:Yin, H., & Zheng, X. Facilitating professional learning communities in China: Do leadership practices and faculty trust matter? [J]. Teaching and Teacher Education, 2018, 76:140 – 150.

② Stoll, L., Bolam, R., & McMahon, A., et al. Professional learning communities: A review of the literature [J]. Journal of Educational Change, 2006, 7:221 – 258.

③ Wahlstrom, K. L., & Louis, K. S. How teachers experience principal leadership: The roles of professional community, trust, efficacy, and shared responsibility [J]. Educational Administration Quarterly, 2008, 44(4):458 – 495.

可以积极改善学校文化。① 正因如此,PLC被许多国家和地区的政策制定者、研究人员和一线教师采纳。

然而,PLC并非自然而然形成;哪些因素可以促进高效的PLC的形成?已有研究指出,PLC强调教师集体协作的组织,学校领导和学校成员之间的关系无疑是重要的,这两个因素是形成和维持PLC的关键。斯托尔和路易斯(Stoll & Louis)指出这两个要素分别对应着学校PLC的组织先决条件和社会性前提条件。② 其中,学校领导提供合适的组织条件,如博兰姆等人所说,校长可以"以提高学生的学习能力为共同目的,促进和维持学校共同体中所有专业人士的学习"③。同时,"如果我们要维持和扩大专业学习共同体……就需要更加迫切地解决社会资本问题"④,而学校成员之间的信任关系正是学校社会资本的重要体现。⑤

我们把PLC作为一种目标和追求,学校领导行为和教师信任关系至关重要。首先,领导实践是创造理想学校组织条件的关键。⑥ 许多实证研究探索了校长领导实践对学校PLC的影响,不过得出的研究结果尚且并不一致,且以往研究用到的领导类型较为多样,如教学领导和变革型领导。其次,教师信任是社会资本、人际协作和学校改进的基础。⑦ 基于此,一些研究者就学校成员之间的信任关系对学校PLC的影响展开了研究,发现教师信任在促进PLC发展上发挥了积极作用。⑧

---

① Louis, K. S., & Lee, M. Teachers' capacity for organizational learning: The effects of school culture and context [J]. School Effectiveness and School Improvement, 2016, 27(4):534 - 556.

② Stoll, L., & Louis, K. S. Professional learning communities: Divergence, depth and dilemmas. [M] Maidenhead: Open University Press, 2007:1 - 13.

③ Bolam, R., McMahon, A., & Stoll, L., et al. Creating and sustaining effective professional learning communities [R]. General Teaching Council for England, Department for Education and Skills, UK, 2005:3.

④ Stoll, L., & Louis, K S. Professional learning communities: Divergence, depth and dilemmas. [M] Maidenhead: Open University Press, 2007:7 - 8.

⑤ Penuel, W., Riel, M., Kraus, A., & Frank, K. Analyzing teachers' professional interactions in a school as social capital: A social network approach [J]. Teachers College Record, 2009, 111(1):124 - 163.

⑥ Hord, S. M. Professional learning communities: Communities of continuous inquiry and improvement [M]. Austin, TX: Southwest Educational Development Laboratory, 1997.

⑦ Louis, K.S. Trust and improvement in schools [J]. Journal of Educational Change, 2007, 8(1):1 - 24.

⑧ Liu, S., Hallinger, P., & Feng, D. Supporting the professional learning of teachers in China: Does principal leadership make a difference? [J]. Teaching and Teacher Education, 2016, 59, 79 - 91.

对中国的教育工作者来说，我们并不常用 PLC 这个概念，但 PLC 所强调的教师合作、反思以共同促进学生学习，在我国教师群体中普遍存在。前文已经提到，20 世纪 50 年代以来，中国借鉴苏联教师发展的经验，建立了自己的全国性教学研究体系。从那时起，中国就提倡教师合作，并以此作为促进学校教师专业发展的一种方式。[①] 在全球化教育改革中，有学者将发迹于英美的 PLC 概念引入我国，用以解释我国教师的集体合作现象，如集体教研、教研组等。其中有学者发现中国的教师习惯于一起工作并参加定期的集体活动，例如集体备课和公开课。在中国学校里，学科组和教研组的集体工作就体现了很强的 PLC 理念。[②] 经过长期的历史发展，集体性的合作与反思已经成为我国教师的一项日常性工作。故而，当向中国的一线教师解释 PLC 这一概念时，得到的典型回答是"我们不说'专业学习共同体'这个词，但我们正在做专业学习共同体"和"我们很少使用'专业学习共同体'这个词，但在教学实践中会体现它的关键原则"[③]。

近十年来，中国本土对 PLC 的研究显著增加，但大多数研究关注的是 PLC 的特征或它们在促进教师发展和课程改革中的作用。尽管一些研究对影响中国学校 PLC 的因素进行了探讨，但很少有学者使用量化的研究方法，对较大规模的教师进行调研，来探究中国情境中的 PLC 问题。本研究结合中国学校 PLC 的组织条件和情境因素进行量化调查来考察如何在中国学校中推进 PLC。具体而言，本研究考察了中国小学教师 PLC、校长的领导实践和教师信任（即同事和同事、教师和校长之间的信任）三者的关系，以期揭示出促进教师 PLC 发展的关键因素。

概括地说，本研究对现有 PLC 研究中有三方面的意义。首先，尽管学校领导与 PLC 的相关性已得到广泛认可，但实证研究的结果并不一致。本研究试图厘清这个问题。与先前研究通常关注某些特定的领导模型不同，本研究聚焦于领导实

① Wong, J. L. N. What makes a professional learning community possible? A case study of a mathematics department in a junior secondary school of China [J]. Asia Pacific Education Review, 2010, 11: 131 – 139.

② Zheng, X., Yin, H., & Liu, Y., et al. Effects of leadership practices on professional learning communities: The mediating role of trust in colleagues [J]. Asia Pacific Education Review, 2016, 17 (3): 521 – 532.

③ Wang, T. School leadership and professional learning community: Case study of two senior high schools in Northeast China. Asia Pacific Journal of Education, 2016, 36(2): 202 – 216.

践,即关注在不同学校情境中校长优秀领导和必要领导的"基本实践"①。其次,信任关系是通过信任者和被信任者之间的互动形成的②,但很少有研究者去区分不同类型的信任对学校内 PLC 的影响。本研究聚焦于教师对同事的信任和教师对校长的信任,探究二者对 PLC 的影响,有助于阐明不同类型的教师信任在促进 PLC 中的作用。第三,斯托尔等在十多年前便指出,PLC 在不同的教育背景下可能会有不同的应用和解释。③ 然而直到近年,逐渐有学者开始关注起文化和背景对 PLC 的影响,因此在非西方社会情境中如何促进 PLC,在很大程度上是未知的。本研究通过提供一些中国学校 PLC 的量化证据,为这一新兴的研究问题做出贡献。全球化发展到今天,无论是像美国和英国这样的西方文化国家,还是在中国和新加坡这样的儒家文化社会,PLC 的发展都被认为是一种日益强调问责下的有效应对策略,以及在大规模、标准化教育改革中行之有效的方法。④ 本研究的结果不仅可以为中国教育工作者提供参考,也可以为国际教育工作者提供参考,帮助他们在学校情境中促进 PLC 的建立和发展。

二、专业学习共同体及其影响因素的文献综述

(一) 专业学习共同体:概念及其维度

PLC 这一概念源自学习型组织⑤和实践共同体⑥等相关研究。在教育领域,不同的学者提出的 PLC 的维度、概念都有所不同。霍德(Hord)提出 PLC 具有以

---

① Leithwood, K., Aitken, R., & Jantzi, D. Making school smarter: Leading with evidence (3rd ed.) [M]. Thousand Oaks, CA: Corwin Press, 2006.

② Bryk, A., & Schneider, B. Trust in schools: A core resource for improvement [M]. New York: Russell Sage Foundation., 2002.

③ Stoll, L., Bolam, R., McMahon, A., Wallace, M., & Thomas, S. Professional learning communities: A review of the literature [J]. Journal of Educational Change, 2006, 7: 221 – 258.

④ Hairon, S., & Dimmock, C. Singapore schools and professional learning communities: Teacher professional development and school leadership in an Asian hierarchical system [J]. Educational Review, 2012, 64(4): 405 – 424.

⑤ Senge, P. The fifth discipline: The art and practice of the learning organization [M]. New York: Doubleday, 1990.

⑥ Wenger, E. Communities of practice and social learning systems [J]. Organization, 2000, 7(2): 225 – 246.

下五个组成部分:共享和支持性领导、共同价值观和愿景、集体学习和应用、个人实践分享和支持性条件。洛莫斯(Lomos)等就 PLC 对学生成绩影响进行量化分析,他们认为 PLC 的组成要素包括共享目标、对学生学习的集体关注、合作活动、分享实践和反思对话。[①] 相比之下,一些学者认为,虽然校长和学校管理人员不是 PLC 的参与者,但校长领导是影响 PLC 的重要因素。例如,路易斯等从五个方面来定义 PLC:共享愿景和价值观、集体关注学生学习、协作活动、分享实践和反思对话。[②] 本文更倾向于使用这五个要素来界定 PLC,并且在已有的 PLC 研究中,我们通过五要素的结构在中国学校中进行了信效度的检验,结果表现良好。[③]

在这五要素中,首先是共同的价值观和目标(shared values and goals),共同体成员有共同的目的和价值取向,是学校所有成员对学校的使命达成的共识。其次是合作活动(collaborative activity),共同体成员通过合作讨论与教学相关的知识和技能,以达成对教学的共同理解,并与同事进行合作的教学活动。这一方面强调的是教师合作的范围、结构和频率。第三是对学生学习的集体关注(collective focus on student learning),关注学生学习是专业共同体的核心特征。第四是分享个人实践(deprivatized practice),表现在教师观察彼此的课堂,对同事的教学提供有意义的反馈;教师把自己的教学公开化,与他们的导师或外部专家顾问分享他们的个人实践。第五是反思性对话(reflective dialogue),它关注的是教师之间的对话涉及教学实践的具体问题,通过对话加深对教学过程和内容的理解。

在中国情境中,我们更倾向于将校长领导和学校结构视为 PLC 的影响因素,而不是组成部分,原因有二:首先,一些质性研究指出,中国的 PLC 活动(如学科教研)一般仅包括教师这一群体,而非学校中的所有教职工,校长一般不直接参与某

---

① Lomos, C., Hofman, R. H., & Bosker, R. J. Professional communities and student achievement e a meta-analysis [J]. School Effectiveness and School Improvement, 2011, 22(2):121 – 148.

② Louis, K. S., Marks, H. M., & Kruse, S. Teachers' professional community in restructuring schools [J]. American Educational Research Journal, 1996, 33(4):757 – 798.

③ Zheng, X., Yin, H., & Liu, Y., et al. Effects of leadership practices on professional learning communities: The mediating role of trust in colleagues [J]. Asia Pacific Education Review, 2016, 17 (3):521 – 532.

个具体教研组的集体活动;①其次,一些量化研究指出,校长的支持不是 PLC 的内在组成部分,而是一种支持条件。我们在更早的一项研究中验证了利斯伍德(Leithwood)等学者关于 PLC 的维度②,其中 PLC 的组成部分都不包括校长的领导和支持。

(二) 专业学习共同体与领导行为的关系

领导行为与教师专业学习共同体的关系在以往的许多研究都有讨论。正如麦克劳林和塔尔伯特(McLaughlin & Talbert)所说,校长可以通过“管理与教师和学生相关的学校资源,支持或抑制教师的社会互动和领导,响应更广泛的政策背景并将资源引入学校”③来促进学校 PLC 的发展。简而言之,校长领导对学校 PLC 的发展的影响,体现在一系列已有的实证研究中。例如,布莱克(Bryk)等发现校长监督对学校的 PLC 产生积极影响,这进一步增强了教师组织学习的能力。④ 路易斯等的研究表明教学领导(即校长重视对学校课程和教学问题的监督)和分享式领导(强调学校行政人员和教师之间的集体领导形式)促进了学校的 PLC 发展。⑤ 在中国香港,贺灵杰(Hallinger)等人发现校长特质和校长领导实践对学校 PLC 的发展都有积极但微弱的影响。⑥ 我们看到,以往的研究的领导行为类型是多样的。

在当前学校领导面临的复杂性和变化性中,似乎不存在一种最佳的校长领导模式;但过去三十余年国际教育领导力的研究达成的共识表明,所有的成功领导

---

① Wang, T. Contrived collegiality versus genuine collegiality: Demystifying professional learning communities in Chinese schools [J]. Compare: A Journal of Comparative and International Education, 2015,45(6):908 – 930.

② Leithwood, K., Aitken, R., & Jantzi, D. Making school smarter: Leading with evidence (3rd ed.) [M]. Thousand Oaks, CA: Corwin Press, 2006.

③ McLaughlin, M.W., & Talbert, J.E. Professional communities and the work of high school teaching [M]. Chicago: The University of Chicago Press, 2001:98.

④ Bryk, A., Camburn, E., & Louis, K.S. Professional community in Chicago elementary schools: Facilitating factors and organizational consequences [J]. Educational Administration Quarterly, 1999,35:751 – 781.

⑤ Louis, K., Dretzke, B., & Wahlstrom, K. How does leadership affect student achievement? Results from a national US survey. School Effectiveness and School Improvement, 2010,21(3):315 – 336.

⑥ Hallinger, P., Lee, M., & Ko, J. Exploring the impact of school principals on teacher professional communities in Hong Kong [J]. Leadership and Policy in Schools, 2014,13(3):229 – 259.

者都需要掌握一些核心实践。① 在戴杰斯等人的一项国际教育领导综述报告中指出以下四个维度的领导实践：(1)设定方向：包括确定和阐明学校愿景，推动对集体目标的接受，以及提出对高绩效的期望。(2)培养人员：包括考虑或提供个性化的支持，提供个人激励，并充当适当的榜样。(3)重构组织：包括创建协作文化，重组组织，与家庭和社会团体建立积极的联系。(4)教学管理：包括规划和监督教学、提供教学支持、监控学校进度和管理员工。②

在中国情境中，最近陆续有研究揭示了校长领导实践在改善或阻碍中国 PLC 方面的重要作用。例如，张佳等人在上海进行了一项质性研究发现，教师认为领导不力是阻碍 PLC 发展的原因之一，用老师的话来说，"领导们只是把我们聚集在一起，没有任何支持和指导"。③ 刘胜男等发现，以学习为中心的领导力，包括教学型、变革型和分布式领导力，对学校教师的专业学习有积极影响。④ 所以我们提出，校长的领导实践行为能够积极影响 PLC。

(三) 信任关系在维持和发展 PLC 中的作用

教师 PLC 强调人与人之间的合作和对话，因此教师之间的信任关系无疑是重要的。信任广泛存在于各种社会关系中，它就像空气一样，因为太过熟悉，人们往往容易忽视它的重要性。当把信任作为一个研究议题时，却很难弄清楚它到底是什么。⑤ 关系信任(relational trust)，也称人际信任，是现代组织中人与人之间互动过程中产生的个人对他人的期待，如"我信任我的同事/校长"。⑥ 信任是一个人在

---

① Hoy, W.K., & Gage, et al. School mindfulness and faculty trust: Necessary conditions for each other? [J]. Educational Administration Quarterly, 2006,42(2):236 - 255.

② Day, C., Sammons, P., & Leithwood, K. et al. School leadership and student outcomes: Building and sustaining success [M]. Maidenhead: Open University Press, 2011.

③ Zhang, J., Yuan, R., & Yu, S. What impedes the development of professional learning communities in China: Perceptions from leaders and frontline teachers in three schools in Shanghai [J]. Educational Management Administration & Leadership, 2017,45(2):219 - 237.

④ Liu, S., Hallinger, P., & Feng, D. Supporting the professional learning of teachers in China: Does principal leadership make a difference? [J]. Teaching and Teacher Education, 2016,59:79 - 91.

⑤ 翟学伟. 信任的本质及其文化[J]. 社会,2014,34(1):1—26.

⑥ Louis K S. Trust and improvement in schools [J]. Journal of Educational Change, 2007,8(1):1 - 24.

期望他人用合理方式履行义务上的信心,没有信任,协作就无法发生。① 索罗姆和弗洛瑞斯(Solomon & Flores)指出,信任不是理所当然的存在,却是可以被有意识建立的,通过人力改善的。②

莫兰和霍依(Tschannen-Moran & Hoy)综合比较了过去40年间(1960年代—2000年代)各学科对信任的定义,建构了一个多维度的概念:信任是相互依赖的双方关系中,一方愿意接受另一方所带来的风险的意愿,这种意愿程度基于对另一方五个方面的特质的认识:善意(benevolent)、可靠(reliable)、胜任(competent)、诚实(honest)、公开(open)。③ 这一概念也是当前西方学校人际信任研究中广为使用的概念,它具有以下内涵:首先信任是一种相互依赖性的双方关系。例如,校长信任教师,意味着校长需要依靠教师进行教学。其次,这种相互依赖性暗含着可能的损害性(vulnerability)。如校长信任教师,教师可能会达成校长的期望,也可能不符合校长的期望。第三,这种程度是基于对另一方五个方面的特质的判断:(1)善意,当一方选择信任另一方时,是信任另一方的善意,它使人们感到自身的利益会受到保护,而不会遭受损害。(2)诚实,如相信对方所说的话。(3)公开,指信息的分享、影响和控制。例如,当校长与教师交流想法的时候,不仅仅增强了教师对领导者的信任感,教师也更愿意分享自己的想法、感受。(4)可靠,意味着信任者认为对方可以完成他们所期待的事情。(5)胜任,信任一方相信对方有能力完成期待的任务。莫兰和霍依区分了学校中的三种教师信任:教师对校长的信任、教师对同事的信任以及教师对学生和家长的信任。④ 由于PLC在很大程度上依赖于教师与同事和校长的合作,因此教师对同事和校长的信任对于促进PLC尤为重要,并且一些学者提出,教师信任在领导实践和PLC之间起着中介作用。

---

① Hargreaves, A. Sustainable professional learning communities [M]//Stoll, L. & Louis, K. Professional learning communities: Divergence, depth and dilemmas. Maidenhead: Open University Press, 2007:181 - 195.

② Solomon R.C., Flores F. Building trust in business, politics, relationships, and life [M]. Oxford: Oxford University Press, 2001:87.

③ Tschannen-Moran M, Hoy W K. A multidisciplinary analysis of the nature, meaning, and measurement of trust [J]. Review of Educational Research, 2000,70(4):547 - 593.

④ Tschannen-Moran, M., & Hoy, W.K. A multidisciplinary analysis of the nature, meaning, and measurement of trust [J]. Review of Educational Research, 2000,70(4):547 - 593.

作为专业学习共同体的重要特征,强调教师与其他教师的合作、分享实践、共同探究等集体学习方式,在多样的集体交流方式中,人际信任关系至关重要。因此,信任对于学校 PLC 至关重要。哈格里斯夫认为信任是 PLC 强大且持久的"支柱"。[1] 在他看来,PLC 必须经过设计和组织,而自然的合作与不自然的合作之间的区别在于学校文化中是否已经存在足够的信任、尊重和理解。[2] 路易斯认为,同僚信任是专业学习共同体发展的前提条件。[3] 布莱克等认为 PLC 最强大的促进因素是教师之间的社会信任。当教师相互信任时,"会产生强大的社会资源来支持专业共同体的特性发展,像协作活动、反思对话和实践经验分享"。[4] 也有学者指出,在 PLC 的建设过程中,信任是教师之间增强交流和分享的关键因素。[5] 在 PLC 中,信任的关系可以为共同目标建构、交流方式产生积极的作用。[6] 莫兰(Tschannen-Moran)认为,人际信任对组织中的公开交流至关重要。当组织中相互信任程度较高,组织所面临的问题能够被公开讨论、诊断和纠正,从而积极地影响改革成效。[7] 因此,我们看到研究普遍认可信任关系的积极作用,但很少将两种不同的信任同时区分并探讨他们在学校中的作用。

关于教师信任与 PLC 之间的关系,许多研究得出的是正相关关系。例如,克兰斯顿(Cranston)基于 12 名学校校长的质性研究提出,教师与校长之间的关系信任是促进 PLC 发展的"润滑剂"。[8] 还有研究表明,教师对同事的信任与 PLC 各组

① Hargreaves, A. Sustainable professional learning communities [M]//Stoll, L. & Louis, K. Professional learning communities: Divergence, depth and dilemmas. Maidenhead: Open University Press, 2007:187.

② Hargreaves, A. Push, pull and nudge: The future of teaching and educational change [M]//Zhu, X., & Zeichner, K. Preparing teachers for 21st century. Berlin: Springer, 2013:217 - 236.

③ Louis K.S. Trust and improvement in schools [J]. Journal of Educational Change, 2007,8(1):1 - 24.

④ Bryk, A., Camburn, E., & Louis, K.S. Professional community in Chicago elementary schools: Facilitating factors and organizational consequences [J]. Educational Administration Quarterly, 1999,35,751 - 781.

⑤ 操太圣. 基于信任的学习者社群建设——对我国学校管理模式的初步思考[J]. 教育发展研究,2008(15):37—41.

⑥ Stoll L, Bolam R, McMahon A, et al. Professional learning communities: A review of the literature [J]. Journal of Educational Change, 2006,7(4):221 - 258.

⑦ Tschannen-Moran, M. Collaboration and the need for trust [J]. Journal of Educational administration, 2001,39(4):308 - 331.

⑧ Cranston, J. Relational trust: The glue that binds a professional learning community [J]. Alberta Journal of Educational Research, 2011,57:59 - 72.

成部分显著相关①,学校成员之间的信任在校长领导与 PLC 的关系起到中介作用。② 最近亦有研究发现,在中国的学校中,同事之间的信任③和学校成员之间的信任④在领导实践对 PLC 的影响上起中介作用。关于教师对领导的信任,相关研究较少。在组织研究中,员工对领导者的信任是一个重要的主题,领导者与员工之间的信任关系是影响组织文化氛围、组织成果(如业绩表现、工作投入、工作满意度等)的重要因素。⑤ 在学校中,以校长为主的领导者与教师的信任关系体现在,一方面,校长是促进学校人际信任的关键人物;另一方面,许多研究强调教师的决策参与及校长的权力分享对人际信任的影响。领导者在极大程度上影响着学校人际信任的程度。如果教师感受到校长信任他们,教师会更好地与校长合作来解决问题,同时教师会以更高的热情和努力投入到工作中。反之,如果教师不信任他们的领导者,他们更不会愿意投入组织目标或者决策参与,从而导致一种合作的缺失。⑥ 因此,我们倾向于认为,教师对校长的信任会促进 PLC 的发展。

关于校长与信任的关系,有学者认为"校长仍然是决定学校成功与否的重要人物"⑦,提出教师信任与校长领导实践之间的积极关系。比如克兰斯顿指出,校长是建立信任氛围的核心,校长对教师的信任对于发展学校 PLC 至关重要。⑧ 研

① Lee, J.C.K., Zhang, Z., & Yin, H. A multilevel analysis of the impact of a professional learning community, faculty trust in colleagues and collective efficacy on teacher commitment to students [J]. Teaching and Teacher Education, 2011, 27(5):820 - 830.

② Li, L., Hallinger, P., & Walker, A. Exploring the mediating effects of trust on principal leadership and teacher professional learning in Hong Kong primary schools. Educational Management Administration & Leadership, 2016, 44(1):20 - 42.

③ Zheng, X., Yin, H., Liu, Y., & Ke, Z. Effects of leadership practices on professional learning communities: The mediating role of trust in colleagues [J]. Asia Pacific Education Review, 2016, 17(3):521 - 532.

④ Liu, S., Hallinger, P., & Feng, D. Supporting the professional learning of teachers in China: Does principal leadership make a difference? [J]. Teaching and Teacher Education, 2016, 59:79 - 91.

⑤ Dirks, K.T., & Ferrin, D.L. Trust in leadership: meta-analytic findings and implications for research and practice [J]. Journal of Applied Psychology, 2002, 87(4):611 - 628.

⑥ Tschannen-Moran, M. Fostering teacher professionalism in schools the role of leadership orientation and trust [J]. Educational Administration Quarterly, 2009, 45(2):217 - 247.

⑦ Gurr, D., Drysdale, L., & Mulford, B. Models of successful principal leadership [J]. School Leadership & Management, 2006, 26:371 - 395.

⑧ Cranston, J. Relational trust: The glue that binds a professional learning community [J]. Alberta Journal of Educational Research, 2011, 57:59 - 72.

究指出,校长可以帮助信息的流通使得问题能够公开交流,主动找教师就问题进行沟通往往能够促进相互之间的信任。2009 年,科斯纳在 11 所高中进行为期 18个月的质性研究,归纳了三条领导者在学校中促进信任的策略或行为:(1)增加在不同学科会议、教师会议和校本专业发展活动中互动的时间;(2)通过启动新的互动项目(如开办论坛)来增加互动的时间;(3)在具体的情境中,展示出促进信任的愿望。① 莫兰(Tschannen-Moran M.)认为,当校长不信任教师时,他们不会和教师分享权力和职责;教师不信任他们的同时,同事之间的意见交流、合作都会举步维艰。② 图恩发现变革型领导促进了教师之间的信任关系。③ 刘胜男等发现以学习为中心的领导实践极大地提高了学校成员之间的组织信任。④ 本研究假设,校长的领导实践可以促进两种信任关系的发展。

已有研究结果无法使研究者们就 PLC、教师信任和领导实践之间的关系达成完全一致的看法,研究者们需要对其进行更深入的探究。一些研究认为,信任会在领导行为与教师 PLC 间起到中介作用。例如,有学者认为信任是一种领导与同事间的"润滑剂"。最近在中国的两项研究,分别发现了教师信任在校长领导实践和教师 PLC 之间起到中介作用;⑤校长学习中心的领导行为通过增进教师的信任关系,从而改善了教师学习。⑥

当前有关信任的研究非常强调不同的语言和文化环境下对信任的理解及其

① Cosner, S. Building organizational capacity through trust [J]. Educational Administration Quarterly, 2009,45(2):248 - 291.

② Tschannen-Moran M. Collaboration and the need for trust [J]. Journal of Educational administration, 2001,39(4):308 - 331.

③ Thoonen, E.E.J., Sleegers, P.J.C., & Oort, F.J., et al. How to improve teaching practices: The role of teacher motivation, organizational factors, and leadership practices [J]. Educational Administration Quarterly, 2011,47(3):496 - 536.

④ Liu, S., Hallinger, P., & Feng, D. Supporting the professional learning of teachers in China: Does principal leadership make a difference? [J]. Teaching and Teacher Education, 2016,59:79 - 91.

⑤ Zheng, X., Yin, H., Liu, Y., & Ke, Z. Effects of leadership practices on professional learning communities: The mediating role of trust in colleagues [J]. Asia Pacific Education Review, 2016,17 (3):521 - 532.

⑥ Liu, S., Hallinger, P., & Feng, D. Supporting the professional learning of teachers in China: Does principal leadership make a difference? [J]. Teaching and Teacher Education, 2016,59:79 - 91.

解读。在不同的文化背景中,信任的表现及其具体的运作,是当前不同学科中信任研究的热点及难点问题。学者们早已意识到,中国的文化不同于西方文化,中国人的人际关系似乎比西方的概念复杂得多。[①] 儒家文化(Confucian Heritage Culture)传统的社会,如中国、新加坡等国家和地区,在师生关系中、人际关系上都有着与西方不同之处。这些层面可能带来的人际信任都不是西方研究人际信任时所论及的理性层面及感情层面,或义务层面及能力层面等所能涵盖的。[②] 我国学校文化情境中的人际信任研究,有待我国学者进一步做深入探讨。

基于以上对领导实践、教师 PLC 以及两种信任关系的梳理,本研究旨在中国情境中,探究 PLC 与其组织促进条件和社会促进条件之间的关系。具体而言,旨在探讨两个问题:(1)领导实践是否有助于学校 PLC 的发展? (2)教师对同事的信任和教师对校长的信任是否在领导实践与教师 PLC 之间存在中介影响?

三、研究方法

(一) 研究对象

我国许多地方的教师要求定期参加大学、教师进修学院(校)的培训或专业发展项目。本调查研究于 2016 年 11 月至 2017 年 6 月开展,对四个省份参加研训的小学教师进行了抽样调查。在调查前,研究者向参与调查的教师说明此次研究不会提供任何奖励,各位老师可以自愿选择是否回答。研究共发放问卷 1500 份,收回有效问卷 1095 份,回收率为 73%。

在有效样本中,包括男性 312 人(28.5%)和女性 779 人(71.1%),其中有四人未填写性别;包括 442 名语文教师(40.4%),413 名数学教师(37.7%),240 名其他科目教师(21.9%)。按照教龄划分,其中 337 人(31.0%)的教龄为 6 年或以下,203 人(18.5%)的教龄为 7 至 15 年,315 人(28.8%)的教龄为 16 至 23 年,232 人(21.2%)从教 24 年或以上。此外,579 名(52.9%)教师来自城市学校,516(47.1%)名教师来自农村学校。

---

① Chang, H. C., & Holt, G. R. More than relationship: Chinese interaction and the principle of kuan-hsi [J]. Communication Quarterly, 1991,39(3):251-271.

② 杨中芳,彭泗清. 中国人人际信任的概念化:一个人际关系的观点[J]. 社会学研究,1999(2):3—23.

(二) 量表

本研究问卷包含四个量表，即专业学习共同体量表(PLCS)、领导实践量表(LPS)、同事信任量表(TiCS)和校长信任量表(TiPS)，中文版问卷可参考本书附录。

专业学习共同体量表(PLCS)改编自利斯伍德等的量表①，包含 18 个题项，共五个分量表：分别是共享的目标(3题，如"我们学校的教师对教育的核心任务有着共通的认识和信念")、合作活动(5题，如"我经常与学校教师一起参加集体教研活动")、关注学生学习(4题，如"教师们都真诚地希望促进学生学习")、分享实践(4题，如"我经常在听评课活动中收到一些有意义的教学反馈和建议")和反思对话(2题，如"我会和其他老师讨论特定学生的学习问题，并思考怎么帮助他们")。教师通过五点李克特量表对每个题项进行评分，从"非常同意"到"非常不同意"。领导实践量表(LPS)改编自戴杰斯(Day)等的量表②，包含 21 个题项，对应校长在学校改进中的 21 种行为，分为四个子维度：设定方向(SD，4题)、发展教师(DP，5题)、组织重构(RO，6题)和教学管理(MI，6题)。教师按照五点李克特量表对题项进行评分，从"非常不同意"到"非常同意"。

同事信任量表(TiCS)包括五个题项，改编自尹弘飚等人已有的研究。③ 题项示例："这所学校的老师之间很坦诚"。校长信任量表(TiPS)改编自路易斯等人的量表④，包括 5 个题项，用于评估教师对校长的感知信任，题项如"如果我的校长承诺做某事，他/她就会贯彻执行"。教师通过六点李克特量表对每个项目进行评分，从"非常不同意"到"非常同意"。

虽然四个量表最初都是英文版本，但除 TiPS 外的另外三个量表的中文版本

---

① Leithwood, K., Aitken, R., & Jantzi, D. Making school smarter: Leading with evidence (3rd ed.) [M]. Thousand Oaks, CA: Corwin Press, 2006.

② Day, C., Sammons, P., & Leithwood, K. et al. School leadership and student outcomes: Building and sustaining success [M]. Maidenhead: Open University Press, 2011.

③ Yin, H., Lee, J.C.K., & Jin, Y. Teacher receptivity to curriculum reform and the need for trust: An exploratory study from Southwest China [J]. The Asia-Pacific Education Researcher, 2011, 20 (1):35 – 47.

④ Louis, K., Dretzke, B., & Wahlstrom, K. How does leadership affect student achievement? Results from a national US survey [J]. School Effectiveness and School Improvement, 2010, 21(3): 315 – 336.

已经在中国情境中进行了验证。为确保翻译质量,本研究对于使用的 TiPS 量表进行了翻译和回译。在问卷调查之前,请五名小学教师对 TiPS 量表的五个题项进行了审核,确保所有题项符合中国学校的语境。

(三) 分析

研究使用 SPSS 21.0 和 Mplus 7.0 对数据进行分析。首先,通过 SPSS 进行描述性统计和相关性分析。然后使用 Mplus 建立结构方程模型(SEM),进行验证性因素分析(CFA)和 SEM 分析,测量模型拟合度指标,即卡方值(χ^2)、近似均方根误差(RMSEA)、Tucker-Lweis 指数(TLI)和比较拟合指数(CFI)。CFI>0.90、TLI>0.90 和 RMSEA<0.08 被认为模型拟合度较好。[1] 研究通过 bootstrap 检测中介影响,进行中介分析。[2]

四、数据分析结果

(一) 量表信度和效度

结果表明,问卷各维度信度可接受,Cronbach's α 系数范围为 0.74 至 0.94(见表 5.1)。通过 CFA 测试量表的结构效度,结果显示 PLCS($\chi^2=822.96, df=125, p<.01$,RMSEA=0.071,CFI=0.97,TLI=0.96),TiCS($\chi^2=10.35, df=5, p<.01$,RMSEA=0.031,CFI=0.99,TLI=0.99)和 TiPS($\chi^2=28.93, df=5, p<.01$,RMSEA=0.066,CFI=0.98,TLI=0.96)三个量表数据拟合度良好。

如表所示,LPS 四个因子高度相关,相关系数在 0.70 到 0.89 之间,表明存在二阶因子结构。我们先前的研究已经检验了 LPS 的二阶因子结构[3],结果显示二阶 LPS 的拟合优度指标是可以接受的($\chi^2=1659.64, df=185, p<.01$,RMSEA=0.082,CFI=0.98,TLI=0.98)。

---

① Kline, R. Methodology in the social sciences: Principles and practice of structural equation modeling (2nd ed.) [M]. New York: Guilford Press, 2005.

② Hayes, A. F. Beyond Baron and Kenny: Statistical mediation analysis in the new millennium [J]. Communication Monographs, 2009, 76(4):408 – 420.

③ Zheng, X., Yin, H., Liu, Y., & Ke, Z. Effects of leadership practices on professional learning communities: The mediating role of trust in colleagues [J]. Asia Pacific Education Review, 2016, 17 (3), 521 – 532.

表 5.1　各维度信度和均值描述统计

	1	2	3	4	5	6	7	8	9	10	11
1. SP	—										
2. CA	.73**	—									
3. CFSL	.60**	.70**	—								
4. DPr	.58**	.68**	.64**	—							
5. RD	.51**	.61**	.63**	.68**	—						
6. SD	.65**	.60**	.57**	.50**	.48**	—					
7. DP	.65**	.55**	.51**	.49**	.45**	.83**	—				
8. RO	.65**	.58**	.51**	.50**	.44**	.80**	.89**	—			
9. MI	.60**	.54**	.45**	.52**	.43**	.70**	.80**	.83**	—		
10. TiC	.56**	.55**	.50**	.48**	.42**	.56**	.59**	.62**	.56**	—	
11. TiP	.59**	.47**	.42**	.41**	.33**	.64**	.74**	.73**	.70**	.72**	—
α	.84	.87	.80	.81	.78	.91	.93	.94	.91	.74	.90
M	4.20	4.31	4.41	4.14	4.38	4.32	4.24	4.25	4.09	4.72	4.82
SD	.77	.69	.62	.71	.70	.74	.82	.78	.81	.80	1.01

注：** $p < .01$. SP=共享目标，CA=合作活动，CFSL=关注学生学习，DPr=分享实践，RD=反思对话，SD=设立方向，DP=发展教师，RO=重构组织，MI=教学管理，TiC=教师对同事的信任，TiP=教师对校长的信任

（二）描述性统计和相关性

表 5.1 为所有维度的描述性统计数据。由表可知，PLC 的五个维度中关注学生学习（$M = 4.41, SD = 0.62$）得分最高，分享实践（$M = 4.14, SD = 0.71$）得分最低。在领导实践的四个维度中，平均得分在 4.09 到 4.32 之间；设定方向（$M = 4.32, SD = 0.74$）得分最高，而教学管理（$M = 4.09, SD = 0.81$）得分最低。对于两个教师信任维度，教师对同事的信任（$M = 4.72, SD = 0.80$）得分略低于对校长的信任度（$M = 4.82, SD = 1.01$）。此外，各维度都显著相关。

（三）结构方程模型分析

本研究通过结构方程模型来探究领导实践、PLC、教师对同事的信任和对校长

的信任之间的关系。SEM 结果表明该模型拟合度良好（$\chi^2 = 5580.10, df = 1096$, $p < .01$, RMSEA $= 0.061$, CFI $= 0.97$, TLI $= 0.96$）。

如图 5.1 所示，领导实践对 PLC 的五个维度都有显著影响，标准化系数为 0.69 到 0.81。同时，领导实践对同事信任（$\beta = 0.85, p < .01$）和校长信任（$\beta = 0.90, p < .01$）有积极影响。

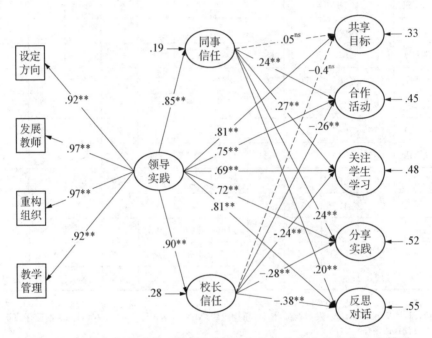

图 5.1　PLC 与领导实践、同事信任、校长信任的关系的结构方程模型

注：** p<.01，* p<.05，ns=不显著，虚线表示不显著路径。

此外，研究发现教师对同事的信任可以积极预测合作活动（$\beta = 0.24, p < .01$）、关注学生学习（$\beta = 0.27, p < .01$）、分享实践（$\beta = 0.24, p < .01$），和反思对话（$\beta = 0.20, p < .01$）。相比之下，教师对校长的信任对合作活动（$\beta = -0.26, p < .01$）、关注学生学习（$\beta = -0.24, p < .01$）、分享实践（$\beta = -0.28, p < .01$）和反思对话（$\beta = -0.38, p < .01$）有负向影响。教师对同事的信任和教师对校长的信任对共享目标这一维度都没有显著影响。

（四）中介分析

研究抽取 1000 个 Bootstrap 样本进行中介分析。中介分析结果报告间接效应的标准化估计值,以及 95％的置信区间(CI)。如果置信区间的下限和上限之间不包含 0,则间接影响显著。① 中介分析结果见表 5.2。

表 5.2　教师对同事的信任、对校长的信任在领导实践与 PLC 各维度间作用的中介作用分析

因变量	教师对同事的信任			教师对校长的信任		
	Estimates(SE)	p	95％CI	Estimates(SE)	p	95％CI
共享目标	.04(.06)	.47	[−.05,.13]	−.03(.07)	.61	[−.14,.07]
合作活动	.20(.06)	.00	[.09,.31]	−.23(.08)	.00	[−.36,−.10]
关注学生学习	.23(.07)	.00	[.08,.28]	−.22(.09)	.02	[−.31,−.05]
分享实践	.21(.08)	.00	[.06,.27]	−.26(.09)	.00	[−.32,−.07]
反思对话	.17(.08)	.03	[.04,.30]	−.34(.10)	.00	[−.51,−.18]

注:SP＝共享目标,CA＝合作活动,CFSL＝关注学生学习,DPr＝分享实践,RD＝反思对话。

如表 5.2 所示,教师对同事的信任和教师对校长的信任显著调节了领导实践对除共享目标之外的其他 PLC 维度的影响。具体而言,教师对同事的信任积极调节了从领导实践到合作活动($\beta=0.20$,$p<.01$),关注学生学习($\beta=0.23$,$p<.01$),分享实践($\beta=0.21$,$p<.01$)和反思对话($\beta=0.17$,$p<.05$)的影响。教师对校长的信任消极地调节了领导实践对合作活动($\beta=-0.23$,$p<.01$)、关注学生学习($\beta=-0.22$,$p<.05$)、分享实践($\beta=-0.26$,$p<.01$)和反思对话($\beta=-0.34$,$p<.01$)的影响。

五、讨论与启示

本研究在中国背景下探究 PLC 的特征与组织促进条件和社会促进条件(即领

---

① Hayes, A.F. Beyond Baron and Kenny: Statistical mediation analysis in the new millennium [J]. Communication Monographs, 2009,76(4):408－420.

导实践和教师信任)之间的关系。以往的研究通常侧重于特定的领导模型和教师对同事的信任或全体教职工的组织信任,本研究关注一个综合性的领导变量(即领导实践),并明晰教师对校长信任与教师对同事信任的中介作用。结果表明,领导实践对 PLC 有积极影响,教师对同事的信任在其中起到积极的促进作用,教师对校长的信任在其中起消极的负面作用。教师对校长的信任在作用路径上的负面作用有些出人意料,这也是对现有 PLC 研究的一个新补充,可能与中国情境有关。

(一) 领导实践行为对专业学习共同体和教师信任的影响

据汪雅量和钱海燕(Walker & Qian)观察,国际教育学界对中国领导影响的研究"一直比较缺乏"。[1] 本研究通过实证数据表明,校长领导在学校建立 PLC 和教师信任方面发挥重要作用。首先,研究表明,校长的领导实践对 PLC 各维度都有显著的积极影响。这一结果与国际研究中的主流观点一致,本研究发现校长做什么以及他们如何做在中国学校发展 PLC 中起着关键作用,即支持性领导是有效 PLC 的基本要求。近来部分以中国 PLC 为主题的质性研究都强调有效校长领导在促进教师 PLC 中的重要性。本研究佐证了这些质性研究结果,且进一步阐明了所有校长都应遵循的有效领导的四个"基础"要素。

其次,本研究的结果表明,领导实践能够显著提高教师之间的相互信任,明确了校长在营造学校信任氛围方面发挥关键作用。在学校共同体中建立信任是成功领导的核心特征。与关注校长领导力和学校信任氛围关系的研究相比,本研究提供了更多关于校长领导实践在教师对校长信任和教师对同事信任中作用的详细信息。领导实践与同事的信任和校长的信任关系路径上的高回归系数支持了莫兰的观点,即学校领导在给学校教师的关系定调中承担"最大责任",校长在学校中"对建立和维护信任文化具有更大的影响力和责任"[2],这一点,在强调等级、地位的东亚社会和国家,可能影响更为显著。

(二) 同事信任与校长信任的差异性作用

教师信任构成了学校 PLC 的社会性基础。布莱克等认为信任是 PLC 最重要

---

[1] Walker, A., & Qian, H. Review of research on school principal leadership in China, 1998 – 2013: Continuity and change [J]. Journal of Educational Administration, 2015, 53(4):467 – 491.

[2] Tschannen-Moran, M. Trust matters: Leadership for successful schools [M]. 2nd ed. San Francisco, CA: Jossey-Bass, 2014.

的促进因素[①],哈格里斯夫认为教师信任是 PLC 可持续发展的"支柱"[②]。本研究不仅检验了教师信任在领导实践与 PLC 之间的中介作用,而且区分了同事信任和校长信任的中介作用,这也是本研究与其他关于领导、信任和 PLC 关系研究的不同之处。

正如本研究的 SEM 和中介分析所揭示的那样,教师对同事的信任和对校长的信任都显著影响领导实践对 PLC 四个维度(除共享目标之外)的影响,但影响作用相反。这些结果表明,校长领导实践直接影响教师共同愿景的形成。这可能是因为校长在学校的地位很高,从而在教师和学校的发展方向、共同目标上具有更大的影响力。更重要的是,教师对同事的信任和教师对校长的信任二者在中介效应上的反差提醒着我们需要深入地思考中国文化背景下教师与教师和教师与校长之间不同的互动特质。本研究发现,教师对同事的信任在领导实践与合作活动、关注学生学习、分享实践和反思对话之间发挥着积极的中介作用。

有趣的是,本研究发现教师对校长的信任消极地影响了领导实践与合作活动、关注学生学习、分享实践和反思对话的作用关系。有几项研究结果和我们的结果类似,例如瓦尔斯特伦和路易斯(Wahlstrom & Louis)的研究也有类似的发现,当 PLC 中存在分享式领导时,教师对校长的信任在改善教师实践并不显著。[③] 路易斯等发现教师对校长的信任对学校的 PLC 发展没有显著影响。[④] 贺灵杰等发现教职员工之间的组织信任并不是香港地区学校校长领导与 PLC 之间关系的重要中介。[⑤]

---

① Bryk, A., Camburn, E., & Louis, K.S. Professional community in Chicago elementary schools: Facilitating factors and organizational consequences [J]. Educational Administration Quarterly, 1999, 35, 751 – 781.

② Hargreaves, A. Sustainable professional learning communities [C]//L. Stoll, & K. Louis (Eds.), Professional learning communities: Divergence, depth and dilemmas. Maidenhead: Open University Press. 2007: 181 – 195.

③ Wahlstrom, K.L., & Louis, K. S. How teachers experience principal leadership: The roles of professional community, trust, efficacy, and shared responsibility [J]. Educational Administration Quarterly, 2008, 44(4): 458 – 495.

④ Louis, K., Dretzke, B., & Wahlstrom, K. How does leadership affect student achievement? Results from a national US survey [J]. School Effectiveness and School Improvement, 2010, 21(3): 315 – 336.

⑤ Hallinger, P., Lee, M., & Ko, J. Exploring the impact of school principals on teacher professional communities in Hong Kong [J]. Leadership and Policy in Schools, 2014, 13(3): 229 – 259.

我们试图通过一些中国文化情境特征对这一负面结果进行解释。首先,信任关系是双向互动建构的结果。[①] 建立与校长的信任关系需要教师花费时间和精力与校长进行互动。这在强调维护社会和谐和与他人的人际关系的中国尤其突出。然而,与校长频繁互动可能会减少教师与同事合作的机会,而与同事的合作是教师校 PLC 建立及发展的重要基础。[②] 其次,中国文化还表现为社会角色之间权力差距大和对权威的敬畏,这为校长提供了更有利的条件来领导和决策学校事务,例如专业、人员和资源分配问题。这也意味着教师与校长的互动可能不会聚焦于教师学习和学生发展等专业问题,而是聚焦于员工晋升或资源分配等其他问题。因此,教师频繁地与校长进行互动可能会妨碍普通教师之间进行真正的、有益的对话。第三,校长同时扮演不同的角色,他们不仅是学校共同体的领导者,也是政府政策和问责制的执行者。中国校长非常注重政府的期望并会遵守其要求。[③] 与贺灵杰等研究者一致,我们认为教师对校长信任的负面作用可能是因为外界对校长实施改革政策和问责制的要求与教师 PLC 的内在理念产生冲突而引起。当然,这些都是我们基于数据的有限推测,未来还需更多的质性研究,深度挖掘校长-教师关系对教师之间关系的影响。

根据以上研究结果,本研究提出学校领导实践、教师信任和 PLC 之间关系的简化模型(见图 5.2)。在这个模型中,领导实践通过增强学校成员之间的关系信任(包括教师对同事和教师对校长的信任)来对教师 PLC 产生影响。教师对同事的信任有助于学校 PLC 的形成和运作。教师对校长的信任是否有助于或妨碍学校中的 PLC,取决于以下三个条件:(1)维持与校长的信任关系是否会剥夺教师与同事合作的机会;(2)校长是否被要求实施与教师学习相冲突的、外部强加的变革;(3)在社会文化背景下是否存在较大的权力距离、强调对权威的尊重。

---

① Louis, K. S. Trust and improvement in schools [J]. Journal of Educational Change, 2007, 8(1):1 - 24.

② Wang, T. Contrived collegiality versus genuine collegiality: Demystifying professional learning communities in Chinese schools [J]. Compare: A Journal of Comparative and International Education, 2015, 45(6):908 - 930.

③ Walker, A., & Qian, H. Review of research on school principal leadership in China, 1998 - 2013: Continuity and change [J]. Journal of Educational Administration, 2015, 53(4):467 - 491.

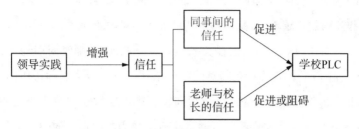

图 5.2 学校领导实践、教师信任、PLC 之间关系的简化模型

(三) 研究启示

本研究对中国学校 PLC 的发展具有参考意义。首先,要注重校长领导在学校中的重要性。本研究表明,领导实践对建立 PLC 和信任氛围都很重要。设定方向、发展教师、重构组织和教学管理等策略已被证明是有效和必要领导的"基础"[①],我们建议中国学校校长应该适时适度采用这些领导策略。同时,正如利斯伍德等人所说,虽然各国的领导实践核心可能相似,但领导者还是在以不同的方式进行实践。[②] 中国文化强调社会和谐,社会角色之间存在较大的权力距离,这可能会将教师之间关于良好教学的观念和声音冲突降至最低水平[③],限制教师开展真正合作和富有成效的对话,并使得一些教师群体在表面上志同道合。[④] 校长需要警惕这些文化因素可能带来的不利影响。因此,为了促进教师在 PLC 中的真正合作,中国校长不仅应该实施核心的领导实践,设定短期和长期目标,特别关注学生的学习和发展,而且要利用中国文化中权力距离较大所赋予的地位优势。一位明智的校长应该设法为教师营造一个安全平台,让教师能够自由表达声音,揭示隐藏冲突,并促进教师之间形成深入、批判性的对话模式。对国际教育工作者和研究者而言,这些发现表明,学校领导在促进 PLC 上很重要,也需要努力去培养和

---

① Day, C., & Sammons, P. Successful leadership: A review of the international literature. Reading: CBT Education Trust, 2013.

② Leithwood, K., Patten, S., & Jantzi, D. Testing a conception of how school leadership influences student learning. Educational Administration Quarterly, 2010, 46(5):671 – 706.

③ Wong, J. L. N. Searching for good practice in teaching: A comparison of two subject-based professional learning communities in a secondary school in Shanghai [J]. Compare, 2010, 40(5):623 – 639.

④ Yin, H. Societal culture and teachers' responses to curriculum reform: Experiences from China [J]. Asia Pacific Education Review, 2013, 14(3):391 – 401.

维持领导实践的良好效果,应该将学校视为发展 PLC、协调校长和教师之间的目标、行动和互动的变革单位,而不是个别教师或学科团队。

其次,应加强同事之间的信任关系。本研究发现,教师对同事的信任积极影响领导实践对 PLC 的作用。教师对同事的信任可以被视为教师协作的社会基础和绑定 PLC 的"润滑剂"。[①] 因此,教师和校长都需要意识到建立信任的重要性。即使对于受集体主义文化影响并且通常将教学视为共同责任的中国教师,其与同事的信任关系也应该有意识地去培养和维持,而不是被认为是理所当然的。同时,校长应承担更多责任,为学校建立信任基调。具体来说,他们需要成为值得信赖的领导者,成为建立信任环境的榜样;他们应该创造更多的机会,鼓励教师之间进行更多的人际互动;他们应该言行一致,尊重同事,并通过他们的行动促进学校愿景的实现。

第三,中小学校长和教师需要谨慎对待"教师对校长的信任"这把双刃剑。成功的领导和 PLC 取决于教师与校长之间顺畅的互动以及教师与校长之间必要的信任。然而,教师对校长信任的负向中介作用提醒我们中国学校在发展 PLC 上的潜在文化障碍。为避免教师和校长与 PLC 之间的互动受到影响,中国的教师和校长需要澄清以下问题:我与校长/教师的互动是否限制了教师与其他同事合作的机会? 我目前与校长/教师谈话的话题是否真正关注教师发展和学生学习等专业问题? 中国学校的校长应该不断反思这些更深层次的问题:我的行为方式是否符合我希望教师在 PLC 中体现的行为方式? 我是否正在实施阻碍教师学习或干扰学校 PLC 发展的政策?

此外,本研究发现的教师对校长信任的消极作用,不仅了拓宽了 PLC 在非西方文化中的应用,而且还在标准的问责制时代为国际教育工作者促进 PLC 提供了参考。在第四章中,我们借鉴霍夫斯泰德的研究,通过文献分析的方法,分析了文化在 PLC 研究中的差异,本研究是基于这一理念的实证研究,并且通过较为扎实的实证数据,揭示了我国的集体文化、权力距离在 PLC 的发展过程中可能存在的作用,并且这些作用机制体现出显著的中国特色。此外,这一研究发现也试图为

---

① Cranston, J. Relational trust: The glue that binds a professional learning community [J]. Alberta Journal of Educational Research, 2011, 57:59 - 72.

那些高度问责制的国家和地区的学校,在发展 PLC 时提供一些参考,尤其是与中国相似的东亚国家和地区,应该充分重视校长以及教师关系的作用,也需要警惕教师与校长之间关系可能带来的消极作用。

第六章

教师需要怎样的专业学习共同体？[①]

一、专业学习共同体的追问

在前一章中，我们看到，当我们把专业学习共同体当作是教师群体的一种理想形态，那么，教师之间的关系以及校长的领导智慧都至关重要，能够促进教师PLC 的发展。但研究揭示出，我国的文化特征和学校情境，会让中国情境中的 PLC 发生和发展都呈现出与西方已有研究的差异，在第四章中，我们也已经对已有文献进行了深入的分析。本章，我们需要追问：PLC 一定会带来积极的结果吗？它在中国情境中，是否有"水土不服"，是否真的能够促进教师发展？

专业学习共同体，这一西方舶来概念近年来在我国教师专业发展领域引起了广泛的关注，过去十多年中 PLC 的研究显著增长，常常被用以解释我国教师的集体教研和协作活动。这些研究描述了中国学校或教师呈现出的 PLC 特征，或套用PLC 的框架用以解释中国教师的集体学习、校本教研活动等等。[②] 随着研究的深入，学者意识到，我国教师集体学习、合作活动受我国教学历史和文化的影响，是独具"中国特色"的专业学习共同体。[③] 在第四章我们已经比较了 PLC 在不同国家文化维度上存在的差异，如我国教师强调集体主义文化，教师之间的合作非常

[①] 本章内容在以下发表文章的基础上有所增删和修订：郑鑫,沈爱祥,尹弘飚.教师需要怎样的专业学习共同体？——基于教师教学满意度和教学效能感的调查[J].全球教育展望,2018,47(12):77—88.

[②] Sargent, T. C., & Hannum, E. Doing more with less teacher professional learning communities in resource-constrained primary schools in rural china [J]. Journal of Teacher Education, 2009,60(3): 258 - 276.

[③] 单志艳.走向中国特色教师专业学习共同体的教研组变革[J].教育研究,2014,35(10):86—90.

普遍,有别于西方教学的个体主义文化和教师孤立(isolation)现象。受集体主义文化的影响,中国教师更容易在一个团队中朝着共同的目标努力,尤其是相比西方个人主义所导致的教学孤立现象而言,中国教师愿意投入时间和精力进行协作、分享个人实践,这被视为促进学生学习和教师发展的重要途径。对于中国教师来说,教学的最终目标—促进学生成长,取得更好的学习成绩,是"整个学科组甚至是年级组教师的集体责任"。[1]

虽然这些研究将中国文化背景考虑在内,但他们通常假定:只要教师呈现出PLC的特征,那么自然而然可以改善教学或学生学习。本研究对这种"想当然"地认为"PLC是好的"的假设提出质疑。PLC提出已经20多年,具有很强的生命力;如何有效地将这一理念与复杂的实践联系起来,是PLC研究面临的关键问题。[2] 我们认为,对于PLC,仍然需要更多的实证研究来分析,这一术语在中国情境的适用性问题值得探讨,如中国教师群体是否表现出有效PLC的特征?当教师表现出PLC的特征时,是否有利于教师发展?PLC在中国情境中的实施,应如何把握这一术语的合理内核?

本章以这三个问题为出发点,考察中国教师的专业合作是否表现出专业学习共同体的核心特征,分析这些特征在不同性别、教龄、学校所处地区之间的差异。在探究教师专业学习共同体特征的基础之上,笔者进一步探究教师之间的合作特征与教学之间的关系。本研究选取了两个与教师教学密切相关的变量——教学满意度(satisfaction)和教师自我效能感(self-efficacy)。这是两个比较常用的反映教师发展结果的变量,例如经济合作与发展组织(OECD)2013年开展的《教学与学习国际调查》(The Teaching and Learning International Survey, TALIS)就以教师效能感和教师满意度作为教师发展的"产出"指标。[3] 教学满意度是指个体对教学工作及其价值的评估所达成的一种愉快的情绪状态程度,反映了教师喜爱教学

① Wong, J. L. N. Searching for good practice in teaching: A comparison of two subject-based professional learning communities in a secondary school in Shanghai [J]. Compare, 2010, 40(5): 623 – 639.

② 王晓芳. 什么样的"共同体"可以称作教师专业学习共同体——对教师专业学习共同体理论的审视与反思[J]. 教师教育研究, 2014, 26(4):16—22.

③ OECD. TALIS 2013 Results: An international perspective on teaching and learning. Paris: OECD Publishing, 2014.

的程度以及教师对当前教学状态的评估。① 自我效能感源于班杜拉（Bandura A.）的研究，是指个体关于他们是否能够完成某项特定的任务的信心。② 教学自我效能感主要表现为教师在以下三个方面的信心，即教学策略（过程）效能、班级管理效能和让学生参与学习的效能。③ 已有的研究表明，教学满意度和教师效能感与改善学生学习成绩之间存在积极的关联。④ PLC 这一概念强调教师通过合作、分享和反思等形式来改善教学实践，最终促进学生学习；从理论假设上来说，PLC 能够积极作用于教师的教学满意度和教学效能。⑤ 本文聚焦于中国情境，以实证数据建立结构方程模型来考察我国教师群体的 PLC 特征及各要素与教学满意度、教学效能感之间的关系。本文试图回答以下三个研究问题，第一，我国教师群体在专业学习共同体各要素上表现如何？第二，教师所感知的专业学习共同体各个要素在不同地区、不同教龄、不同学科及不同性别上是否存在差异？第三，PLC 特征与教师教学满意度、教学效能感之间有什么关系？

二、研究方法与过程

（一）研究对象

本研究通过对重庆、陕西、云南三省市 1008 名小学教师为研究对象。教师们在当地高校（部属或省属师范大学）进修期间，先后共发放问卷 1100 份，回收有效问卷 1008 份，回收率 91.6%。所有教师均为小学教师，其中男教师 289 人，占 28.7%；女教师 715 人，占 70.9%，缺失 4 人。就学科而言，语文教师 442 人，占 43.8%，数学教师 326 人，占 32.3%，英语学科教师 48 人，占 4.8%，其他学科 186

① Ho, C. L. & Au, W. T. Teaching satisfaction scale measuring job satisfaction of teachers [J]. Educational and Psychological Measurement, 2006,66(1):172-185.

② Bandura, A. Self-efficacy: The exercise of control [M]. New York: Freeman, 1997:3.

③ Tschannen-Moran, M. & Hoy, A. W. Teacher efficacy: Capturing an elusive construct [J]. Teaching and Teacher Education, 2001,17(7):783-805.

④ Klassen, R. M., & Tze, V. M. Teachers' self-efficacy, personality, and teaching effectiveness: A meta-analysis [J]. Educational Research Review, 2014(12):59-76.

⑤ Vescio, V., Ross, D. & Adams, A. A review of research on the impact of professional learning communities on teaching practice and student learning [J]. Teaching and Teacher Education, 2008, 24(1):80-91.

人,占 18.4%,缺失 6 人。教师的教龄上,3 年以下教龄的教师 165 人,占 16.4%;4—8 年的教师 119 人,占 11.8%;9—15 年的教师 174 人,占 17.3%,16—23 年教龄 310 人,占 30.8%,24 年以上教龄 232 人,占 23.0%。就学校所处地区而言,城市(区)中心学校教师 515 人,51.1%,乡镇农村学校教师 493 人,占 48.9%。学历层次上而言,大专及以下 285 人,占 28.3%;本科学历 681 人,占 67.6%,硕士及以上学历 28 人,占 286%,缺失 14 人,缺失率为 1.4%。

(二) 研究工具

本研究采用问卷调查进行。问卷第一部分为基本信息,第二部分由专业学习共同体、教学满意度、教学效能感三组问卷题目组成(见附录)。专业学习共同体问卷共 18 道题,与第五章采用的问卷相同,表现出良好的信度和结构区分度。教学满意度问卷,采用我国香港学者 Ho Chung-Lim 和 Au Wing-Tung[①] 开发的教学满意度量表,共五道题,题项如"作为一名教师,我感到满意"。上两组题项采用五点李克特量表,教师根据个人的实际情况选择从"非常不认同"到"非常认同"。

教学效能感则取自莫兰和霍伊(Tschannen-Moran & Hoy)开发的教师自我效能感问卷,共 12 道题,包含教师在教学策略、班级管理、学生参与三个维度上的效能感,每个维度包括四道题。例如,"你可以在多大程度上为学生预设有效的教学问题?"教师根据自己的情况从"不能"到"完全可以"之间进行评估,采用里克特六点量表。问卷采取匿名制。问卷回收后,数据全部录入 SPSS 19.0 中进行整理和分析,对问卷进行了信度、描述性统计和差异检验。数据分析利用 Mplus 7.0 进行分析,CFA、SEM 分析及采用的拟合指数与第五章相同。

三、研究结果

(一) 专业学习共同体与教学满意度的描述统计结果

表 6.1 列出了九个维度的信度、平均分、标准差及各维度之间的相关关系。

---

① Ho, C.L. & Au, W. T. Teaching Satisfaction Scale Measuring Job Satisfaction of Teachers [J]. Educational and Psychological Measurement, 2006, 66(1):172 – 185.

如表 6.1 所示,九个子维度的科隆巴赫(Cronbach)a 系数值在 0.77 到 0.90 之间,说明各维度信度较好。验证性因素分析结果表明,五因素的专业学习共同体量表显示出良好的结构效度,模型拟合度较好($\chi^2=671.56, df=125, p<.01$,RMSEA$=0.066$;CFI$=0.97$;TLI$=0.96$),各题项的因子负荷从 0.68 到 0.89 不等;这说明 PLC 五个维度有较好的信度和结构区分度,五要素问卷在中国情境中有良好的适配性。教师效能感三维度显示出良好的结构效度($\chi^2=442.56, df=51, p<.01$,RMSEA$=0.087$;CFI$=0.98$;TLI$=0.98$),教学满意度的结构效度也较好($\chi^2=17.44, df=5, p<.01$,RMSEA$=0.050$;CFI$=0.99$;TLI$=0.98$)。

表 6.1　PLC 五维度、教学满意度和教学效能感的信度与均值

	1	2	3	4	5	6	7	8	9
1. 共享目标	—								
2. 合作活动	.73**	—							
3. 关注学生学习	.60**	.69**	—						
4. 分享实践	.59**	.67**	.65**	—					
5. 反思对话	.54**	.61**	.65**	.67**	—				
6. 教学满意度	.51**	.44**	.43**	.52**	.45**	—			
7. 教学策略效能感	.43**	.45**	.37**	.43**	.42**	.35**	—		
8. 课堂管理效能感	.33**	.38**	.35**	.36**	.39**	.30**	.72**	—	
9. 学生参与效能感	.41**	.43**	.38**	.41**	.43**	.38**	.71**	.73**	—
Cronbach	0.83	0.87	0.80	0.80	0.77	0.90	0.86	0.89	0.88
M	4.24	4.35	4.44	4.18	4.40	3.96	5.09	5.24	5.09
SD	0.75	0.68	0.61	0.69	0.68	0.87	0.69	0.68	0.72

在平均分表现上,专业学习共同体五要素平均分从 4.18 到 4.44 不等。其中最高一项为对学生学习的集体关注,最低的一项为分享实践,但五项的均值都在 4

分以上。在教学满意度上,教师的平均得分为 3.96 分。教师的效能感方面,得分最高一项是班级管理效能感(M=5.24,SD=0.68),教学策略和学生参与效能相似,为 5.09 分。

表6.1 显示了九个维度之间的相关关系,从表中可以看出,九个维度之间均存在显著相关的关系。

(二) 专业学习共同体各维度的差异分析

为了进一步分析教师专业学习共同体的特征,笔者进一步分析了不同性别、不同地区、数学和语文学科及不同教龄的教师在五要素上的得分表现及均值的差异检验。其中,性别、地区、学科差异采用独立样本 T 检验,教龄差异通过单因素 ANOVA 分析比较;显著性结果在 $^*p<.05$ 水平上为显著水平,在 $^{**}p<.01$ 水平上为极其显著。

1. 性别差异

就性别而言,如表 6.2 所示,在专业学习共同体的五个维度上,男教师(289人)与女教师(715 人)之间不存在显著性差异。

表6.2 不同性别的教师在专业学习共同体各维度的均值及比较

变量	n		共享目标	合作活动	关注学生学习	分享实践	反思对话
性别	男	289	4.23	4.30	4.40	4.16	4.36
	女	715	4.24	4.37	4.46	4.18	4.43
		t(sig)	0.18(.66)	0.01(.92)	.18(.67)	.44(.51)	.30(.59)

2. 地区差异

就学校所处地区而言,如表 6.3 所示,城镇教师与农村学校教师的均值比较,在共享目标、分享实践、反思对话四个维度上不存在显著差异;在合作活动这一维度上,城市(区)教师高于农村教师,达到极其显著水平($p<.01$);在关注学生学习这一维度上,城区学校教师得分显著高于农村学校教师。

表6.3　不同地区教师在专业学习共同体各维度的均值及比较

变量		n	共享目标	合作活动	关注学生学习	分享实践	反思对话
学校	城区学校	515	4.41	4.54	4.54	4.31	4.50
	农村学校	493	4.06	4.15	4.34	4.03	4.30
	t(sig)		.32(.57)	**20.36(.00******)**	**3.98(.04*****)**	.05(.83)	1.04(.30)

3. 教龄差异

本研究比较了五类不同教龄的教师在专业学习共同体五个维度上的均值,利用单因素 ANOVA 进行均值差异检验,结果如表 6.4 所示。结果显示,在专业学习共同体五个维度上,不同教龄教师的观感均不存在显著差异。

表6.4　不同教龄教师在专业学习共同体各维度的均值及比较

变量		n	共享目标	合作活动	关注学生学习	分享实践	反思对话
教龄	3 年以内	165	4.32	4.41	4.42	4.22	4.39
	4—8 年	119	4.09	4.27	4.40	4.16	4.43
	9—15 年	174	4.26	4.34	4.45	4.11	4.43
	16—23 年	310	4.24	4.34	4.45	4.16	4.37
	24 年以上	232	4.23	4.35	4.44	4.18	4.40
	F(sig)		1.59(.17)	0.80(.53)	0.18(.95)	1.09(.36)	0.42(.80)

4. 学科差异

本研究选取了小学语文和数学教师进行均值比较,t 检验分析如表 6.5 所示。结果表明,数学与语文学科教师在 PLC 五个维度上的得分不存在显著差异。

表 6.5　数学与语文学科教师在专业学习共同体各维度的均值及比较

变量		n	共享目标	合作活动	关注学生学习	分享实践	反思对话
学科	数学教师	442	4.21	4.30	4.41	4.16	4.41
	语文教师	326	4.14	4.33	4.42	4.13	4.38
	t(sig)		.02(.89)	1.17(.28)	.00(.98)	1.45(.23)	.00(.98)

(三) 专业共同体与教学满意度、教学效能感之间的关系

在差异检验的基础之上,本研究进一步分析了教师专业学习共同体五要素与教学满意度、教学效能感之间的关系。笔者建构了 PLC 五要素与教学满意度、教学效能感之间的关系结构方程模型,模型结果如图 6.1 所示,该模型有着较好的拟合度($\chi^2 = 1555.71, df = 524, p < .01$, RMSEA $= 0.044$; CFI $= 0.98$; TLI $= 0.98$)。该图仅显示达到显著水平($p < .05$)的路径。

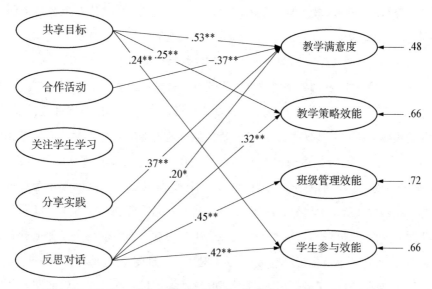

图 6.1　PLC 五要素与教学满意度、教学效能感的结构方程模型
(注:仅显示显著路径,** $p < .01$,* $p < .05$)

如图 6.1 所示,学习共同体五要素对教学满意度、教学效能感三维度的解释量(R^2)达到显著水平($p < .01$)。具体而言,在专业共同体的五个维度上,共享的

目标($\beta=0.53$, $p<.01$)、分享实践($\beta=0.37$, $p<.01$)和反思对话($\beta=0.20$, $p<.05$)对教学满意度有着显著的积极影响;就对教师教学效能感而言,反思对话能够正向预测教学效能感的所有三个维度,共享目标对教学策略效能($\beta=0.25$, $p<.01$)和学生参与效能($\beta=0.24$, $p<.01$)有着显著积极的影响。而其他三个维度,合作活动、关注学生学习和分享实践对教学效能感并无显著的影响。值得注意的是,在模型中,关注学生学习对教学满意度和效能感均无影响,而合作活动会对教师的教学满意度产生负向的显著影响($\beta=-0.37$, $p<.01$)。

四、讨论与启示

(一) 我国教师专业学习共同体的特征

数据所见,我国教师的共同体合作现状良好,表现在教师对共同体的五个核心特征上评分较高,其中最高的是对关注学生学习的评分,教师普遍认同促进学生学习是学校的核心任务;最低得分为分享实践。差异检验表明,在 PLC 五维度上的得分和比较上,我国小学教师在性别、语文与数学、教龄上均不存在显著差异。仅在合作活动和关注学生学习这两个维度上,城区教师得分高于农村教师得分。

这一结果说明,我国教师群体之间不仅有着常规的合作活动,如集体备课、听评课、公开课等集体活动,教师能够在这些集体活动中进行实践分享和反思;教师之间的集体活动有着共享的目标,这一目标能够清晰地围绕学生学习而展开。我国教师专业合作的特征体现出专业学习共同体的核心要素特征。此外,共享目标、分享实践和反思对话三个维度在教师性别、教龄、主要学科之间都不存在显著差异。我国教师所处地区分布广泛,城乡之间的差异主要表现在合作活动和关注学生学习这两个维度上,城镇教师在关注学生学习和合作活动两个维度上有着更高的得分,但在共享目标、分享实践和反思对话三个维度上,并不存在显著差异。

这一结果进一步反映了"中国特色"的教师集体学习与合作。就我国教师的专业学习共同体来看,这一特色至少源于两个方面的原因,一是教师合作的制度与结构。我国教师的集体学习活动,至今已有七十余年的历史。[1] 制度意味着规

---

[1] 胡艳. 新中国 17 年中小学教研组的职能与性质初探[J]. 教师教育研究,2011,23(6):50—55.

制性(强制)、规范性要素(约束和规范)及文化-认知性(视若当然、共同理解),制度化意味着人们在组织中行动的习惯化、客观化。① 制度化的集体教研活动中,教师们习惯于参加集体学习活动,就共同的教学问题、教学进度进行讨论,参与这些活动被视作是"理所当然";因此,在本研究中我们看到,不同性别、不同教龄、不同学科的教师之间总体上差异并不显著。仅在城乡差异上,城区教师比农村教师在合作活动和关注学生学习两项上有更高的得分,呈现出显著的差异。但农村地区教师在这两项得分上也达到 4 分以上。

其次,集体文化的影响。在集体文化的影响下,无论是学科组、年级组还是整个学校,从整体上重视学校学习和成绩,是一件"同舟共济"之事,提高学生的学习被教师视作是"自然而然"的事情。集体文化强调集体的荣誉,如在考试文化中"老师们不允许成绩太差的孩子掉队,这样会影响我们整体的成绩。因此,我们会和老师进行互帮互助,尽量让学生的学习有所进步。"②因为中国教师相信,教育教学本质上是集体性,学生的学习成绩是不同学科教师共同努力的结果。③ 这是区别于西方个人主义文化最重要的特征之一,西方教师教育过去几十余年所做的努力,是期望通过弱化教师之间的孤立,加强教师之间的专业合作,但由于个人主义的文化基因,这种文化改造过程步履维艰。④ 西方学者也常常讶异于,即使在我国资源相对匮乏的地区,教师之间也呈现出频繁的合作与交流,教师群力协作致力于提高学生学习水平。⑤

制度与结构、集体文化的原因,让教师在合作活动、分享实践等常规活动上有着时间和空间的保障,长期的制度化与文化原因,让致力于学生学习的提升成为教师群体思想上的共识。这使得我国教师专业学习共同体呈现出西方有效专业

---

① Scott, W. R. Institutions and Organizations [M]. 3rd ed. London: Sage, 2008:51,127.

② Wong, J. L. N. Searching for good practice in teaching: A comparison of two subject-based professional learning communities in a secondary school in Shanghai [J]. Compare, 2010,40(5): 623 – 639.

③ Yin, H. B. Societal culture and teachers' responses to curriculum reform: Experiences from China [J]. Asia Pacific Education Review, 2013,14(3):391 – 401.

④ Darling-Hammond, L., Wei, R. C. Andree, A., et al. Professional learning in the learning profession [R]. Washington, DC: National Staff Development Council, 2009.

⑤ Sargent, T.C., & Hannum, E. Doing more with less teacher professional learning communities in resource-constrained primary schools in rural china [J]. Journal of Teacher Education, 2009,60(3): 258 – 276.

学习共同体的核心特征。我国教师专业发展体系中的教师集体学习制度和文化，成为我国基础教育质量的重要保障。①

(二) 专业学习共同体与教学满意度、教学效能的关系分析

我国教师合作呈现出有效专业学习共同体的核心特征，并且，当教师体现出PLC的核心特征之时，是否能够积极影响教师的教学满意度和教学效能感？如本研究结果所示，PLC总体上能够积极地影响教师的教学满意度和教学效能感，二者的解释量达到极其显著水平。这说明，总体上而言，当教师之间体现出专业学习共同体的五个核心特征，教师的教学满意度更高，同时，教师在这种PLC特征的群体中也表现出对教学更高的信心。但若我们仅仅满足于合作本身静态的"特征"，并非专业学习共同体这一术语的强力之处。如哈格里夫斯所言，专业学习共同体的挑战在于，如何有效维持与促进共同体成员的持续学习。② 如何有效促进专业学习共同体中成员的有效学习是一个复杂的议题，本文仅选取教师教学满意度和教学效能感作为指标，建立共同体特征与教师教学满意度之间的联系，并从中得出一些启示。

从结构方程模型结果看出，首先，合作活动和关注学生学习对教学满意度和教学效能感并无显著的影响，甚至教师之间的合作活动对教学满意度有负向的作用。这说明，学校教育的核心是促进学生学习这一理念已经内化为教师的信念，从观念上强调对学生学习的关注并不能影响教师的满意度和效能感；教师之间常规的合作结构与活动，如观课的频率、集体听评课等，这些已经制度化的合作活动并不能让教师有更高的教学效能感，反倒会削弱教师的教学满意度。这一结果提醒我们，要防止教师之间出现哈格里夫斯提出的"硬造的合作"③：如果不顾及教师的差异和专业需求，仅通过行政手段把教师聚集在一起，教师之间仅有合作形式而无合作的实质，结果会南辕北辙，甚至对教师发展带来消极的效果。西方学者

---

① 丛立新. 教研组织的"一枝独秀"及其"职能转变"[J]. 教育学报,2011,7(3):47—55.

② Hargreaves, A. Sustainable professional learning communities [M]//Stoll, L. & Louis, K. Professional learning communities: Divergence, depth and dilemma. London: Open University, 2007:181 - 195.

③ Hargreaves, A. Teacher collaboration: 30 years of research on its nature, forms, limitations and effects [J]. Teachers and Teaching, 2019,25(5):603 - 621.

早就意识到,制度化的活动并不能保证教师之间有效的学习。[1] 因此,如果我们只满足于历史制度沉淀下来的形式化的合作而不注重合作的实质内容的话,那么,就本研究数据而言,并无利于教师的专业成长,甚至会降低教师的满意度。

第二,共享的目标既对教学满意度有着极其显著的正向预测作用($\beta = 0.53$, $p < .01$),在整个模型中的影响系数最大,同时,群体共享的目标也能够增强教师的教学策略和学生参与效能感。这说明,当教师对学校的价值、学校的规划目标(短期目标和长期目标)有着较高的认同感,教师有着更高的教学满意度和效能感;当这种价值是围绕促进学生学习的目标时,教师有着更高的教学满意度。许多研究指出,学校的领导者,或学科组的领导者都需要积极促进教师之间形成清晰而明确的目标,如短期与长期规划相结合,运用非常清晰的词汇来提出合作的目标。[2] 尽管我国大多数学校都有学校的短期和长期规划,但"共享"意味着,教师个人的发展目标与学校整体目标之间的沟通与协商。共同体并非意味着"必须的一致",如温格所言,"共同事业并不意味着每个人都有同样的信念或对每件事情都持相同意见",相反,成员之间的多样性、成员之间的分歧应当是共同体发展的重要动力。[3] 因此,在制定共同体的目标时,若能适当地考虑共同体成员的差异,将不同成员的需求纳入集体规划中,协商目标的"共享性",会有利于共同体的持续发展。

第三,就教师的教学效能感而言,反思对话是全模型中唯一对教学满意度和效能感均产生积极显著作用的因素。教师之间的反思对话,就班上的特定学生(如后进生)的学习问题进行交流,就特定的教学实践问题进行深入对话,促进反思,不仅能够提高教师的教学满意度,同时也能够提升教师的教学效能。相比之下,分享实践(如相互听课、观课、评课等)能提高教师的满意度,但无法提升教师的教学效能。这带给我们的启示是,教师之间仅有合作的形式、频率是不够的,公开的、集体的教研活动需指向一种反思的深度对话。如评课不能流于一种宽泛、

① Stoll, L. & Louis, K. Professional learning communities: Divergence, depth and dilemmas [M]. Maidenhead: Open University Press, 2007:7.

② Hord, S. M., & Sommers, W. A. Leading professional learning communities: Voices from research and practice [M]. Thousand Oaks, CA: Corwin Press, 2008:32.

③ Wenger, E. Communities of practice: Learning, meaning, and identity [M]. Cambridge, UK: Cambridge University Press, 1998:75.

敷衍地评课,"一团和气"说"正确的废话",应转向一种更为聚焦、深入和具有引领性的对话,使教师能够在专业实践分享中得到引领,进行反思。① 教师之间的交流有不同层次,只有当教师之间能够就具体的教学问题,展开有针对性的对话,如围绕某个学生的学习问题展开对话时,教师的教学效能感才会有所提升。

我国教育研究发展过程中学习和借鉴了大量的西方概念、术语和理论,教师研究领域也是如此;对于一个"发展中国家"而言,这无可厚非,也非常必要。② 专业学习共同体便是这样一个发源于西方文化的、全球流行的概念。然而,随着全球化进程的推进,我国教育研究在进一步发展中既需要秉持全球视野,更需有一种"本土"理性:如何结合本土实践情境,以实证证据思考这些流行概念背后的合理内核,以更加合理地改善本土实践,而非想当然地全盘接受。基于此,本研究以专业学习共同体这个术语为切入点,通过对西部三省市小学教师的调查,试图厘清这一西方术语在我国情境中的适应性问题,并思考如何合理地借鉴 PLC 的研究,以改善我国教师学习共同体的现状。结果显示,一方面,我国教师在有效专业学习共同体的核心特征,即共享目标、合作活动、关注学生学习、分享实践和反思对话五个方面表现较好;由于文化与制度等原因,这些核心特征在性别、教龄、学科之间差异并不显著,仅在城乡之间体现出一定的差异。另一方面,通过分析教师专业学习共同体特征与教学满意度、教学效能感之间的分析显示:教师之间仅有合作的形式或频率,并不能有效提升教师的教学满意度和教学效能感;而突出共同体中的共享而清晰的目标,制定明确的中长期教学目标,促进教师之间深入而具体的反思对话,是提升教师在共同体合作中的满意度和教学效能感的关键,也是我国教师专业学习共同体得以实现持续发展面临的主要挑战。

---

① 窦桂梅. 听窦桂梅老师评课[M]. 上海:华东师范大学出版社,2011:6.
② 陈向明. 优秀教师在教学中的思维和行动特征探究[J]. 教育研究,2014,35(5):128—138.

课程实施中教师主动改变的个案研究

第五、六章以量化研究的方式,探讨了我国学校中教师专业学习共同体对教师的影响,通过较大规模的数据呈现了我国教师专业学习共同体的特点和复杂影响因素。从第七章至第十章,呈现的研究以质性研究方法为主,以叙事研究、个案研究,深入、全面解释我国中小学教师学习与成长的故事,试图呈现出我国教师学习与专业发展多层、多类、多样的全景图。本章关注教师如何应对改革并实施课程,这是课程改革取得成效的关键问题。从 2001 年新课改以来有关课程实施中的教师研究多关注教师行为或心理的消极方面,对教师主动改变的研究相对较少。本章运用个案研究法,以一名初中生物教师为研究对象,探讨教师"如何"以及"为何"主动改变,并分析了教师主动改变的三个表现以及四个主要原因。这一过程能够反映当前我国教师所处的改革政策、结构及教学实践之间的关系,以及不同的要素对教师学习、改变的影响。

一、问题提出:教师改变何以成为问题①

随着课程改革的深入,教师如何应对并实施课程,是课程改革取得成效的关键问题。西方学者在总结一些教师专业发展项目失败的原因时发现,其中一个重要原因就是没有关注教师的改变。目前国外对教师改变的研究,从早期把"改变"看作是教师被动发生的,到后来把"改变"看作是与教师学习有关的复

---

① 本章内容在以下发表文章的基础上有所增删和修订:郑鑫,平亚茹. 课程改革中教师主动改变的表现及原因[J]. 中国教育学刊,2014,5(07):85—88.

杂过程。① 我国学者近年来开始关注教师改变这一问题,学者们多以课程改革为背景,探讨教师改变的问题,如教师角色变化问题,②教师改变的思维范式转向,③课程实施中教师"抗拒"行为,④课程实施的教师心理改变,⑤也有学者以个案研究的方法分析香港地区学校改进中的教师改变。⑥ 这些议题颇具价值,但研究多为理论思辨,结合我国课程改革背景的教师改变实证研究仍较为缺乏。

教师改变是一个涵义相当广泛的概念。正如理查德森和普雷谢尔(Richardson & Placier)在第四版《教学研究手册》中所说,"教师改变常常被描述为学习、发展、社会化、成长、提高,尝试一些新的或不同的教学,认知或情感的改变或自主学习……人们通常假定,改变能够带来更好的教学或使教师变得更好,同时,也能够为学生带来更好的教育"。⑦ 克拉克和霍林斯沃斯(Clarke & Hollingsworth)分析了教师专业发展中教师改变的定义,认为教师改变包含以下六个方面的涵义:培训、适应、个人发展、本土改革、系统性重构、成长或学习。教师改变,作为一种成长或学习的是当前教师专业发展的焦点问题。⑧ 虽然教师改变这一术语被频繁使用,但学者对这一概念的内涵尚未达成一致见解,但可以确定的是:教师改变是一个多维度的过程,并且各维度之间存在着复杂的、互惠的相互作用。⑨

理查森区分了两类改革:一类是由学校外部人士发起的指令性(mandated)改革,另一类是由教师自己发起的自愿(voluntary)改革。从现有的研究来看,教师的行为和心理改变受到学者们的重视,但这些研究都把教师看成是指令性变革中

---

① Borko, H. Professional development and teacher learning: Mapping the terrain [J]. Educational Researcher, 2004,33(8):3-15.

② 李茂森. 从"角色"到"自我"——教育变革中教师改变的困境与出路[J]. 教育发展研究,2009(22):56—59.

③ 刘义兵,郑志辉. 促进教师改变的思维范式转向[J]. 中国教育学刊,2009(7):59—62.

④ 操太圣,卢乃桂. 抗拒与合作:课程改革情境下的教师改变[J]. 课程·教材·教法,2003(1):71—75.

⑤ 尹弘飚,李子建. 课程实施与教师心理变化[J]. 全球教育展望,2006,35(10):20—25.

⑥ 钟亚妮,卢乃桂. 香港学校改进的个案分析:教师改变,从"心"开始[J]. 中小学管理,2011(11):45—47.

⑦ Richardson, V. & Placier, P. Teacher Change [M[//Richardson, V. (Ed.). Handbook of Research on Teaching. 4th ed. Washington, DC: American Educational Research Association, 2001:905-950.

⑧ Clarke, D., & Hollingsworth, H. Elaborating a model of teacher professional growth [J]. Teaching and Teacher Education, 2002,18(8):947-967.

⑨ 尹弘飚,李子建. 论课程改革中的教师改变[J]. 教育研究,2007(3):23—29.

"被动"的改变者;相对来说,现有研究很少关注变革中主动改变的教师,这些教师积极应对课程改革,主动改变以更好地适应并实施新课程,对这类教师的研究有其独特的价值。本文结合我国课程改革的背景,以实证的研究方法,关注课程改革中主动改变的教师,试图回答课程实施中教师"如何"以及"为何"主动改变的问题。

二、文献回顾:教师改变的维度及困境

富兰对课程实施中教师改变的维度划分普遍被研究者们接受,即:课程材料、教学实践以及教师对改革的信念与理解。① 国内学者综合比较了国外对教师改变的维度之后,结合我国教师在课程改革中的特点,认为教师改变由以下三个维度组成:(1)材料与活动的改变,指教师使用新的、修正过的教材与活动;(2)教师行为的改变,指教师使用新的教学方式和策略,指教学实践的改变;(3)教师的心理变化,指教师认知、情感和意动方面的心理变化,通常包括信念、情绪、动机和态度等因素在内的改变。③课程改革为教师改变提供了政策环境,但实践中教师改变却不那么容易。综观现有教师改变方面的研究文献,笔者认为,目前我国课程实施中教师改变的困境主要可以体现在三个方面:第一是教师地位改变困境;第二是课程实施中教师的行为改变困境,主要表现为在教材与活动上以及教学实践的改变;第三是教师心理改变困境。

(一)教师地位改变的困境

教师与课程实施之间的关系随着时代和研究视角的不同而发生变化。从早期教师作为课程的执行者,到施瓦布、斯腾豪斯等人提出教师应作为课程的主体,再到派纳(Pinar, W.)认为"课程开发的技术理性时代已经结束"②,在多元化理解课程的背景下,教师是课程意义的建构者,可以说,教师的角色"变革"已经成为共识。虽表述和侧重各有不同,但都强调教师成为课程中的主人,从观念到行动都要积极参与到课程的发展和实施当中。在我国,学者提出,新课程改革中教师的

---

① Fullan, M. Curriculum implementation [M]//Lewy, A. (Ed.). The International Encyclopedia of Curriculum. New York: Pergamon Press, 1991:378 – 384.

② Pinar, W. F., Reynolds, M., & Slattery, P. Understanding curriculum [M]. New York: Peter Lang, 1995:91.

角色要从"代言人"走向课程开发者,从"技术熟练者"走向实践型研究者,从专业角色走向批判反思型实践者。[①] 也有人认为,教师不仅是传统意义上的知识传递者,也是课程设计者,是课程潜能、课程意义的发现者、创造者以及行动研究者。[②]

虽然理论上学者们期望教师在课程实施中充分发挥主观性和能动性,进行课程决策,成为课程的主人,但实际上,教师的地位改变面临重重困境。在课程开发中,教师能否成为合格的课程开发者? 一项对 1399 名教师的调查表明,92.6%的教师表示其所在的学校进行了校本课程开发,70.1%的教师表示愿意参与校本课程开发,但实际参与校本课程开发的教师比例是 69.4%,仍有 40%的教师表示自己"还不具备课程开发的能力"。[③] 就校本课程开发这一问题而言,我国中小学教师仍然普遍存在参与意愿不强、开发能力不足等问题。又如,教师在学校中拥有多大的课程决策权? 上海市于 2009 年参加 OECD 组织的 PISA 测试中,上海学生在阅读、数学和科学上表现非常突出,引起了全球的关注。但数据显示,教师的专业自主仍然远低于其他国家或地区。如教师在"选择教材""决定课程内容""决定开设的课程"三项中,认为"教师有重要责任"的比例分别是 23.7%、32.9%、48.0%,远远低于中国香港地区教师的 98.7%、96.7%和 90.1%,教师在课程上的权力仍显不足。[④]

(二) 教师行为改变的困境

教师的行为改变,主要指教师在课程改革中由于教材和教学内容的改变而引起的教学实践方面的变化。新课程实施以来的许多争论,如三维目标之争、"新鞋"与"老路"之争、讲授法与探究法的合理性与合法性之争等问题,其重要原因均在于研究者在实践中发现,这些改革理念与教师实践之间存在落差。即使教师们对这些改革理念表示理解并接受,但实施起来仍面临重重困难。[⑤]

一项对全国十省市 1075 名高中数学教师及 62 名高中数学教研员的调查表

---

① 房林玉,郝德永. 新课程实施中教师角色的重建[J]. 黑龙江高教研究,2006(3):98—100.

② 吴晓蓉. 论教师在课程实施中的角色问题[J]. 教育探索,2002(8):19—20.

③ 周正,温恒福. 教师参与课程发展:调查与反思[J]. 课程·教材·教法,2009,29(8):73—78.

④ 资料来源:OECD/PISA 2009 Dataset,也可参考 http://www.oecd.org/pisa/pisaproducts/48852721.pdf

⑤ 参考:郭华. 新课改与"穿新鞋走老路"[J]. 课程·教材·教法,2010,30(1):3—11;丛立新. 讲授法的合理与合法[J]. 教育研究,2008,(7):64—72.

明,课改实施十余年,在数学模块课程实施中仍然存在课程理想与实施行为相背离的情况,教师对数学新课程的阻抗普遍存在。对于模块课程,有46.1%的教师认为这样较以前的教科书更为科学合理,40.2%教师认为更利于教师教学,49.8%教师认为更利于学生学习。① 可见,将近有半数的教师对数学课程的设置感到不满,这导致在实施中教师的负面情绪或行为。

随着新课程改革的深化和推进,教师已经逐渐适应了新教材,但教师在今天还是普遍经历着布里奇斯和米歇尔(Bridges & Mitchell)界定的前两个阶段,即离开"舒适地带",即教师摆脱过去习惯的教学方式,不再依赖过去的专业成绩;进入"中间地带",即教师顺应改革要求,进入一个新的境地,也就是教师做出自我改变所需要的过渡时期。③ 至于第三个阶段,即教师获得"专业再生"的程度,在今天仍然有待探究。事实上,教师对实施改革所做的"成本—效益"分析,使得教师的行为改变并不容易发生。而且,当这一改变是外部的指令性要求时,教师更加容易出现"抵制"的行为。

(三) 教师心理改变的困境

教师改变的心理方面变化具体指三个方面:教师信念、教师情绪和教师动机。② 这几个议题目前在国内的研究相对较为缺乏,有待进一步研究和深入探讨。

新课程实施之初对全国十个实验区的问卷调查显示:新课程的实施让教师面临重重的压力,91.6%的教师认为自己"变革了教学观念",但只有40.3%的教师认为自己的"教学态度有所改善"。③ 这二者之间的落差,其实反映出教师在面对改革时的复杂心态:对于一些新的理念,他们表示认同,但具体实施起来,却要经过心理上的挣扎与斗争,这一过程是信念、情绪、动机,或者是"成本—效益"之间的博弈。近来一项调查表明,教师在态度、行为、能力、理念四项上的适应状况可由高到低依次排序为:教师的态度适应、行为适应、能力适应、理念适应,具体可表述为教师态度适应良好,行为适应较好,能力适应一般,理念适应不良。④ 得益于

---

① 于波. 高中数学模块课程实施的阻抗研究——基于十省市的调查[J]. 课程·教材·教法,2013,33(2):40—43.
② 尹弘飚,李子建. 课程实施与教师心理变化[J]. 全球教育展望,2006,35(10):20—25.
③ 唐丽芳,马云鹏. 新课程实施情况调查:问题与障碍[J]. 教育理论与实践,2002(7):52—55.
④ 杨莉娟,项纯,李铁安. 我国教师适应新一轮课程改革现状的调查研究[J]. 课程·教材·教法,2012,32(2):32—40.

课程改革的大力推广与推动,教师的态度有所改善,但对课改提倡的一些理念,教师们仍然存在一些认知偏差。

上述三个方面从不同的角度来审视实际中教师改变的困境。当然,作为一个完整的个体,教师的角色与地位,其外在行为与内隐心理是相互影响的,很难把各个方面完全独立起来对待。教师从面临改革,到付诸实践,这是一个复杂而多样的过程。然而,现有的经验表明,从地位、外显行为、内在心理三个方面来看,教师改变在实际中面临着重重困难。

三、个案研究方法及过程

(一) 研究方法的选择

采用何种研究方法,要考虑三个条件:(1)需要研究问题的类型;(2)研究者对研究对象的控制能力;(3)关注的重心是历史现象还是当前问题。所要回答的问题可以用"5W"表示,即"什么人(Who)""什么事(What)""在哪里(Where)""怎么样(How)""为什么(Why)"。"怎么样"和"为什么"之类的问题更富有解释性,适合处理这类问题的研究方法是案例研究法、历史法、实验法。案例研究法着重研究"怎么样"和"为什么"的问题,适用于研究发生在当代但无法对相关因素进行控制的事件。人们之所以采用案例研究法,是因为它能够帮助人们全面了解复杂的社会现象。总而言之,案例研究可以使研究者原汁原味地保留现实生活的特征。[①]

本研究关注教师课程实施中改变的过程,是"怎么样"的问题;在此基础上深入分析其原因,了解教师能动地进行课程实施背后的原因及教师的课程观、课程实施观及影响因素,试图回答"为什么"的问题,因此,结合笔者所研究的问题,本研究将采用个案研究法(Case Study)。

本研究对一位教师进行个案研究,为单例研究;此外,教师在特定背景下具有多个分析单元(至少有两个主分析单元:教师如何成为课程实施的能动者;教师为何能成为课程实施的能动者),因此本个案研究采用嵌入型单个案例研究设计

---

① Yin, R.K. Case Study Research: Design and Methods [M]. Thousand Oaks: Sage, 2009:10.

(Simple-case embedded design)。①

(二) 研究对象

综合考虑研究的可行性和价值,笔者采用的是目的性抽样的方法,选择的是北京市某重点中学的初中生物教师 P 老师作为本研究的个案。选择 P 老师的原因首先是因其具有本研究所关注的能动者的典型性,在意识上与行为上,P 老师都在课程实施中积极求变,并且其课程实施取得了很好的效果。

P 老师所在的 A 中学位于北京市海淀区,有高中部和初中部,是北京市重点中学,北京市示范性高中、北京市首批高中自主排课和自主会考课改样本校。A 中学以其稳定而优质的教学质量而出名,高考成绩名列北京市前茅,学校高考重点升学率已连续多年达 100%。在教学质量得到保障的基础上,作为示范高中及课改示范校,A 中学一直走在高中新课改的前列,积极探索更加适应学生全面发展的课程体系,在国家课程校本化、校本课程开发、自主排课等方面做了积极的探索,取得了令人满意的成绩。

P 老师现在是 A 中学的教研室主任、中学高级生物教师、市骨干教师,曾获北京市"紫荆杯"优秀班主任的称号。P 老师从 1985 年开始从教,至今已有 38 年的教龄,先后任教于北京市三所不同的中学。现担任初中三个班(两个实验班,一个普通班)的生物教师(三个班从初一带到初二)。

P 老师日常工作时间主要集中在两部分上,一部分是教研室的工作,主要包括学校的相关课题、科研活动的管理,另一方面就是教学工作。P 老师的教学经历可以分为四个阶段。大学时期 P 老师就读于某地方师范大学的生物系,因为从小喜爱生物,所以自然而然地选择了生物作为自己的专业。大学毕业后,P 老师被分配做北京某中学的一名教师,但因为当时学校的教师资源稀缺,P 老师最开始并没有被安排做生物教师,而是做了七年(1985—1992)的英语教师,同时兼任班主任。虽然这七年间,P 老师所带的班级的英语成绩也不错,但之后调任到第二所中学,她还是选择回归到生物教学。从 1992 年至 2002 年,调任到第二所中学之后,P 老师担任了生物教师。随后,P 老师调任到北京市重点中学 A 中学(2002 年至今),一所优质中学。P 老师不仅继续担任生物教学的工作,还负责学校教研室的工作,

---

① [美]罗伯特·K·殷. 案例研究:设计与方法[M]. 重庆:重庆大学出版社,2004:54.

管理学校的有关课题、科研活动等。在 2006—2008 年期间，P 老师选择了攻读教育硕士，在这个过程中她对自己的教学想法、课程观念进行了研究。她硕士论文的研究主要关注学生的作业，主题是"学生作业作为课程资源的开发与利用"。在这个过程中，她对课程和课程开发的相关理论进行了深入的研读，这也对 P 老师的课程观产生了重要的影响。

(三) 资料收集

Yin(2008)认为个案研究资料有六大来源——文件、档案记录、访谈、直接观察、参与观察和实物证据。文件和档案记录具有稳定、自然、真实、覆盖面广、精确的优势，采访则具有见解深刻、针对性的优点；直接观察、参与性观察具有真实性、联系性的特点，能深入理解个人行为与动机。本研究主要采用文档、档案材料、访谈、观察的资料收集方法，具体的资料收集如下：

1. 文件档案类资料的收集

文档类的证据资料可以表现为多种形式：(1)学校议事日程、布告、会议记录和其他书面报道；(2)管理文件：方案、进展报告和其他内部记录；(3)学校对外或对内发布的正式研究与评价报告；(4)其他大众媒体对学校的报道。2.档案类资料主要分为：(1)校史资料；(2)公共档案记录，如普查资料，学校公开档案材料；(3)学校历年年鉴。

本研究关注的是教师课程实施的过程，而这一过程的典型案例是 P 老师将国家课程校本化实施的过程，因此了解 P 老师所在的 A 中学的学校课程建设情况以及 P 老师所在的生物教学组的有关资料也非常重要，而这部分资料都可以从学校的网站上得到。笔者从学校的网站上获取了丰富的资料，包括学校课程设置的相关资料，校本课程开设情况目录表等。另外，在公开刊物上也有 A 学校有关的资料，如《北京晨报》对 A 中学各学科进行的系列报道、A 中学校长的访谈实录以及 A 中学教师在公开刊物上发表的与学校发展或课程发展有关的文章。这些资料都为笔者的研究提供了丰富的资料，也为进入学校的观察和访谈打下坚实的基础。

2. 观察与访谈

2012 年 9 月，笔者跟随 A 中学教研室主任 P 老师进行了为期四个月左右的实习。在此期间，笔者每周至少去学校一次，争取各种机会参与学校的课题会、社团活动、公开课。其中包括开题论证会 1 次,大型社团活动 2 次,公开课 6 节,常态课 15 节。

对 P 老师的访谈分为正式访谈和非正式访谈。正式访谈 5 次,平均每次约为 1.5 小时。笔者根据研究的进展对 P 老师进行有针对性的提问,获取信息资料;平时主要以非正式访谈为主,非正式访谈主要以课堂观察后的聊天,对 P 老师课堂上的一些细节进行提问,如 P 老师的常态课和公开课之后,我们一般都会有一个简短的讨论,每次 15 分钟左右;另因学校离笔者的住所有一段距离,P 老师多次在下班后载车送笔者回校,在此过程中也针对 P 老师的课及相关问题进行了访谈,在访谈后都做好相关记录。

(四) 资料的处理与分析

1. 对资料的处理

在正式访谈中,在一征得教师同意的基础后进行录音,并在访谈结束后将录音内容转录为文字;在非正式访谈中,做好质性研究笔记,认真记录每一次与 P 老师的交谈,列出谈话中涉及的问题与 P 老师的回答。

课堂观察时,进行课堂录音,并把课堂转录为课堂实录;针对课堂上教师的某些课堂行为,如课堂导入中的疑惑,笔者一般都在课后与教师的非正式访谈中与其进行交流,并在之后做好记录。

2. 资料的分析

资料的分析根据本研究的课程实施的定义,主要关注教师在课程实施中的三个方面的改变:教学材料与活动的变化,教学实践的变化,教师心理的变化。影响教师课程实施能动性的因素主要有:学校组织文化、学校物质资源、学生的反馈、教师知识、教师课程观。

(五) 研究的效度分析

质的研究这一概念是用来评价研究结果和实际研究相符程度,是一种"关系",是研究结果和研究的其他部分(包括研究者、研究问题、研究目的、对象、方法和情境)之间的一种"一致性"。[①] 为保证本研究的资料的可靠性,本研究主要采取以下手段来提高研究的效度。

---

① 陈向明. 质的研究方法与社会科学研究[M]. 北京:教育科学出版社,2000:390.

表 7.1　教师改变相关数据的编码及典型条目说明

	维度（举例）	典型条目
课程实施中的改变	教学材料与活动的变化	"我把教材上的一些实验根据我们学生的喜爱和实验本身的可行性进行了筛选……"
	教学实践的变化	"在之后的教学设计的时候，在备课的时候我就尽量能呈现活物的绝不呈现死物。"
	教师心理的变化	"你自己热爱生物，你带着孩子们去爱生物，在这个过程中，师生的感情也会变得越来越好。"
课程实施中教师改变的影响因素	学校组织文化因素	"教师是教育创新的主体，要培养学生的创新精神，教师必须具备创新精神，而要培养教师的创新意识和能力，需要有效的机制和持续不断的活动作为载体。"（文档资料） "要不是 P 老师这样督促我，我这个校本课程根本开不起来。另外，在写这个课程计划书的过程中，很多关于课程的理论的东西我也要向 P 老师请教，她指导我怎么写。"
	学生的因素	学生课程学习成绩优秀，成果丰富（列举历届学生所获的奖项） 科学探究能力的提高（展示学生的探究报告及其他研究成果等等）
	教师知识	实践知识：个人教学经历（有一次我的市级公开课，那堂课对我的触动也很大……还有我的师傅，她给我的启发就是要多带孩子们到大自然中去学习生物） 内容知识：学科教学的理解（在我教英语的时候，我就很注意把一个单词或短语应用到具体的情境中，举一反三；我觉得生物教学，实验是不能忽略的一个内容，因为学生只有通过自己动手做，他的科学探究能力才可能真正提高）。

　　1. 三角验证法。将同一结论用不同的方法在不同的情境和时间里，对样本中不同的人进行检验，也称为三角检验法。本研究以 P 老师为主要研究对象，但在研究 P 老师实施国家课程校本化的过程中，笔者还随机采访了 P 老师课堂上的学生，询问他们在这些课程中的感受；同时笔者也观摩了 P 老师的常态课和探究课，将两种类型的课程进行了比较。

2. 回访法。质性研究是一个动态的过程,需要根据研究问题不断地向研究对象追问。笔者在两个学期中分别对教师进行了跟踪研究,也根据研究问题的进展对 P 老师不断进行访谈,在访谈中不断获取新的资料,以确保个案研究资料完整地呈现。

3. 研究资料的真实性问题。在课堂观察上,笔者能够收集到真实的一手资料,通过与学生的访谈,也确认常态课和探究课学生们最真实的状态;笔者还收集了几份研究报告,如 P 老师所收集的学生探究报告成果集,P 老师详细地给我讲述了这些成果集的全过程,包括如何引导学生们做到最后出成果的过程。另外,与研究者的关系上,随着研究进展,笔者也与 P 老师建立起了互帮互助的关系,一方面,P 老师作为学校的教研室主任,教研方面的工作任务非常繁杂,有时候会请笔者为她整理一些资料,有时候也会让笔者帮着查找一些资料。而且,前文已经提到,P 老师多次开车载笔者回校,因 P 老师的女儿如今在国外求学,与笔者年龄相仿,所以笔者与 P 老师交流的问题除了研究的问题之外,也会聊聊家常问题,因此,笔者与研究者的关系属于互信互助的,确保在交流过程中,P 老师能以非常真实的状态呈现。

四、课程实施中教师主动改变的表现

本文将从教师改变的三个维度,即材料与活动的改变、教师行为的改变和教师心理改变三个维度来呈现教师在课程实施中如何主动改变。

(一)教学材料与活动的改变

新课程改革中教材有所变化,其中部分内容及实施形式发生了改变。对于2001 年版初中生物教材的变化,P 老师认为:"新课程中生物教材的变化,注重探究、实验教学在生物教学中的重要性。"[①]P 老师对新教材的大部分理念和内容都表示认可,而且,课程改革的一些理念恰恰与她的生物教学理念一致。甚至在2001 年之前,她已经开始践行新课程改革提倡的一些理念。在谈到课程改革以及学校变革对教师提出的新的挑战的时候,P 老师显然非常的淡然,她说道:

---

① 本文中所引用的访谈对象的话均采用楷体字体,下同。

"对我来说,课程改革提出的这些'探究教学''合作学习'并不是什么新的概念,因为在2001年还没有这些听起来很新的概念之前,我的生物教学一直就是这么做的,我经常带着学生们去做生物实验,经常带孩子们到户外去做探究,带他们到真实的自然环境中去观察、去发现,我觉得只有那样,孩子们才能真正学好生物,科学探究的能力才可能提高。有些老师可能就让学生们背背概念、背背实验步骤,这样可能生物也会考高分,但学生们真正能获得生物探究的能力吗?我看不见得。现在课改提倡的这些理念,我也是比较认可的,而且在我的教学中是确实取得实效的。"

谈到对新课改的看法,她继续说道:

"我认为生物新课标中对实验或探究的重视很正确。实验是自然科学里最重要的一种研究方式,即使在初中阶段,老师应该以实地的实验,引导学生去观察、去调查。"

结合当前新课程改革理念,P老师进一步调整了教材,把生物课和学校资源整合起来,在初中生物教学中进行了国家课程校本化实施的探索。国家课程规定了生物课程所要求学习的基本知识和技能,这部分内容是教师进行课程实施的基础。但是课程内容也在教师的教学中,通过不断地改造,重整,形成了教师自己特色的教学方式和教学资源。这一部分内容包括两方面:一是对教材的改造和整合,二是选择适当的课程资源。

对于七年级课程实施的计划,一是掌握课程所规定的要学习的基础知识,二是通过调查法、实验法等探究性实验,撰写完整的实验报告提高学生的科学素养和科学探究的能力。结合校本资源,在七年级主要在全年穿插了四大探究性实验。七年级上学期,学生刚开始接触生物学科,因此上学期主要要求学生认识和了解身边的动植物,从宏观和微观两个方面,宏观上要求学生对生物圈有认识,了解我们周边的动植物;微观上要求学生观察细胞、观察植物的生长等。因此这一学期选择了"调查校园中的动植物""种子的萌发与生长"两大探究性实验。

"调查校园中的动植物"以学校作为实验场所,让学生们从周边最直观的环境出发,了解动植物,这不仅能引起学生们的极大兴趣,同时也能很好地为学校的发展作出贡献。这也是探究性实验的入门,让学生从直观、感兴趣的题材入手,掌握科学的调查法。同时这一调查恰好与期末的相关内容联系起来。"种子的萌发与生长"让学生探究种子萌发需要的环节条件,让学生掌握实验法,充分了解变量、误差等生物实验概念。"测算空气中的尘埃粒子"以"空气质量与健康"一章节为依托,激发学生设计与空气质量相关的研究问题,全面设计科学有效的探究性实验方案,对空气质量有更理性的认识,并且形成重视空气质量的意识。"探究酸雨对生物的影响"是第二学期进行的第二大探究性实验,实验目的是让学生了解酸雨的危害性,同时以科学的探究实验解决或论证酸雨的相关问题,更加直观地认识到酸雨的危害,形成保护环境的意识。

选择教学资源需要遵循一定的原则,七年级所筛选的四大探究性实验的选择遵循以下规则:**1. 直观性**。初中阶段的学生以比较直观的思维认识世界,因此这阶段教师在选取课程资源时需遵循直观性的原则。如教师引导学生进行实验设计的导入要贴近学生的生活,以学生能动的方式抛给学生问题,太过抽象或复杂的问题不能引起他们的兴趣。如测算空气中的尘埃粒子一节的内容,教师可以以教室内空气质量为导入,也可以引导学生比较草地上与操场上的尘埃粒子数。**2. 校本性**。校本性原则强调与学校相关,或与学生所在学校的区域相关,这样的选择能够更好地为学校课程服务,同时使教师能积极探索学校可利用的课程资源。如第二学期的实验主要以"人"为中心,人的健康作为选择实验的原则非常恰当,而北京近年来的环境问题引起多方的关注,引导学校的学生对这些环境问题进行探究,不仅能够使学生更加直观认识到环境问题的严重性,同时也能激发学生爱护环境,保护环境的意识。学生自主的参与,无疑能够更好地达成情感态度和价值观的目标。**3. 季节性**。生物是与生命科学相关的学科,因此对课程资源的选择也需要考虑季节的因素。如"调查校园中的生物"一实验不仅仅考虑到与第一章内容同步,主要考虑到这一实验的实施恰逢北京的金秋十月,各种生物的生命现象活跃,有助于学生获得丰富的材料和不一样的发现。**4. 自主性**。实验内容的选择有利于发挥学生的自主性。虽然课程标准中所提供的实验都不太繁杂,但选取实验应以能充分调动学生的自主性为基础。如在"种子的萌发与生长"这一实验中,教师给学生们提供实验器材,并允许学生把这些种子放在家里进行实验、观察并记录,这样能充分发挥学生的自主性。

P老师把学生当成课程设计的重要来源,她乐于与学生进行交流,很容易融入到学生中去,了解学生们的想法,了解他们的思维水平。基于这些思维水平的课程才是符合学生兴趣和需要的课程。"我认为学生就是非常重要的课程资源",P老师在教学中,非常重视学生在探究实验中的研究成果,她每学期会把学生经典的作业、有代表性的研究成果做成精美的集子。这样的做法也让她意识到,这些作品集也是一种课程资源。"学生的作业也是一种课程资源,我把前几届学生的作业汇编成成果集,这些成果集成了我教下一届学生时候非常重要的课程资源。如学生报告提出的一些他们自己发现的问题,我可以作为下一届学生教学时的导入,学生取得成果的效果,我也可以作为鼓励学生们积极进行探究的素材。"

面对教材与活动的改变,教师主动改变体现在:主动适应教材,思考其中的合理性;思考新教材中提倡的新内容,在教学活动上与以往的教学习惯相互调适。

(二) 教学实践的改变

教学实践的改变,即改变教学的方式和策略,形成比较稳定的新教学方式。P老师教学实践的改变主要体现在三个方面,一是实验、探究课程常态化;二是教学过程特色化;三是在实践中对自己教学进行反思。

1. 实验、探究课程常态化。以七年级生物为例,P老师根据学校资源、学生的兴趣以及北京地区的环境情况,把四个探究实验纳入到整个学年学习计划中,并且学生的实验成绩在总成绩中占据了30%的比例。

"七年级生物课程目标,一是掌握课程所规定的基础知识,二是通过调查法、实验法等探究性试验,来提高学生的科学素养和科学探究的能力。我在七年级教学中穿插了四大探究性试验:"调查校园中的动植物""种子的萌发与生长""测算空气中的尘埃粒子""探究酸雨对生物的影响"。"

2. 教学过程特色化。教学是非常具有教师个人特色的,在教学过程中,教师不断探索教师个人教学的"灵魂",通过经验积累和反思,提炼教师个人教学的特色。P老师的教学实施程序主要有以下六个步骤。这六个步骤不仅体现了P老师教学的特色,而且也多方面反映了P老师的教学观、学生观、评价观。

(1) 教师备课以"活"为本

生物学是与生命密切相关的学科,是与鲜活的生命相关的学科。在自主探究的备课中,需要突出以"活"为本的备课。"活"的备课主要体现在两个方面:首先,教学尽可能贴近生活。

在备课前需要了解学生的需要和思维水平，即在下一教学内容开始之前，教师需要了解大部分学生的知识水平，了解下一教学内容学生可能感兴趣的生活问题等等，以便于教师能够准备与学生生活联系的素材。学生的知识水平因人而异，教师不恰当地引入或提问都可能导致学生在课堂中出现思维的"断层"，要避免这种情况的发生，要求教师在课前做充足的准备。如"调查校园中的动植物"，课前可以与在户外活动的学生对一些植物的名称、形态特征等进行讨论，了解他们对动植物的掌握情况。

其次，以鲜活的素材导入课程内容。这一观念 P 老师主要受一次公开课的影响。

1992 年，我调到了另一所中学。我去了两年多，就上了一节市级的录像课。我当时那节课，我原先想把飞机的模型（流线型）拿出来给学生看，和家鸽的结构进行对比。事实上，一进入课堂，当看到（活的）家鸽时，所有学生都围了过来，对那只家鸽非常感兴趣。学生对生物的关注，比你提供的任何素材、什么模型、PPT 都感兴趣。**生物学科的特点，就是有活物**。我原先精心设计的导入，都没有了，因为我认为那不符合学生的思维规律。因为学生看到家鸽，其他的东西都不看了，我临时地就改变了我的主意，上来就观察家鸽，没必要那么繁琐地导入什么的，因为这样是符合学生的认知规律的，学生对什么感兴趣，就用这个感兴趣的点切入，你自己所认为的学生感兴趣的，好的、完美的导入、情境都是徒劳无功的。学生真正感兴趣的，还是生物。那节课对我启发特别大。在之后的教学设计的时候，我就开始，能呈现活物的绝不呈现死物。这就能激发学生的东西，用活灵活现的东西去激发他的兴趣，后来就加深了我的设计教学。后来这个公开课获得了北京市一等奖。

教学导入在课堂中具有非常重要的作用，尤其在科学探究的主题内容下，如果教师选择的素材不能引起学生的兴趣或是超出学生的理解水平的内容，那么学生对这一"探究"的态度自然"热"不起来。反之，若学生对教师的素材感兴趣，继而引发到相关的研究问题，在问题引导下学生会自觉地形成研究小组，这就是学生进行探究活动的关键第一步。素材的选择重在"活"，即与学生的生活经验相关的内容进行导入，尽可能引起多数同学的注意或兴趣。

自此，P 老师在备课过程中，尤其是在探究实验的备课中，非常注重了解学生的思维水平，与学生聊天，看这个实验学生是否感兴趣；同时在准备课程导入的时候尽量能以"活"物进行准备。

（2）小组开放合作学习

如何组织小组进行合作，也是自主探究中一个重要的技术性问题。P 老师认为，在组建小组过程中，要以开放性原则进行小组合作学习。开放性主要体现在三个方面：一是小组成员的组成不受限制；二是小组的研究主题具有一定的开放性；三是小组的实验过程和结果具有开放性。

初中阶段的学生小团体现象比较明显，教师可以充分利用这种现象，把学生们聚集在一个研究小组中。在学生组建小组的过程中，只要学生能够提出小组组建的原因，比如在研究校园中的动植物调查试验中，班上足球队的几位同学希望组成一个小组，调查操场及附近的动植物，这样的组建值得鼓励。

另一方面，小组的组成需要根据一定的研究主题进行，而研究主题也具有开放性。例如在测算空气中的尘埃粒子实验中，某小组希望研究一个小区内同一时间不同楼层的尘埃粒子数，那么班上住得比较近的学生可以组成一个小组。研究主题与小组组成是相互作用的关系。

小组实验的实施过程和结果具有开放性，主要是指在实验设计中，小组遵循实验设计的原则，可以多样进行实验方案设计，并且提出一些新的研究方法；对实验结果，教师鼓励学生关注实验中"与众不同"的实验现象，记录下小组成员在实验中遇到的疑问。

（3）学生自主设计方案

在确定研究主题和小组成员之后，小组内部进行协商，根据教师对实验的基本要求，初步提出实验设计方案。以《调查校园中的动植物》为例，自主设计方案主要包含以下几个步骤，(1)明确小组成员的分工；(2)讨论观察记录的方法；(3)设计观察记录表；(4)绘制观察路线图。根据学校的平面图，在所有小组的谈论之后，学校的区域被划分为六大区域，之后由小组长带队在课后对这一块区域进行初步的观察，确立某个区域重点的观察点和观察的路线。在实施之前，小组讨论观察记录的方法，小组需自行设计观察记录表和绘制观察路线图。

（4）教师持续指导促进

教师的指导贯穿于整个教学中，在实验设计阶段，各小组完成小组实验设计方案之后，由小组长在课间与教师讨论方案的可行性，避免实验中出现重大的纰漏。

在小组进行实验的过程中,小组成员也可随时与教师交流实验中的进展,讨论实验过程中的一些疑惑与新的发现。在实验过程中,教师会对小组提出一定的要求,如做好观察记录表,用照片或文字记录下实验过程等。

在小组汇报阶段,教师鼓励学生记录下实验过程中新奇的实验现象,小组成员遇到的问题,教师对某些疑惑可以适当进行引导,对于某些有价值的问题,可以拿到课堂上让全班同学进行讨论,还可以鼓励某些学生对一些研究问题进行深入的研究。

(5) 分享成果鼓励创新

这一过程主要分为三个阶段:(1)整理调查结果,进行交流讨论;(2)统计分析结果,进行汇报交流;(3)提出问题与纠错。

在交流汇报时,师生共同评价分类中的错误。如 D 组同学的分类记录表中,存在一些错误,教师会要求其他小组成员指出:

表 7.2　示例:D 组植物分类记录表

序号	分类标准	类别	代表植物
1	是否落叶	不落叶植物	白皮树
		落叶植物	柳树
2	叶的形状	针叶树	油松、白皮松
		阔叶树	泡桐
3	性别	雌株	杨、柳、银杏
		雄株	

D 组记录表中(划线处),虽然白皮松看上去四季常青,但它的叶也会脱落,只不过是分批脱落。不像落叶植物,到了冬天叶子就全部脱落了。所以,白皮松属于常绿植物。常绿植物和落叶植物均会落叶,只是叶的脱落方式不同。因此可将分类标准更改为:根据叶的脱落方式分为:落叶植物和常绿植物。

通过交流,学生能够纠正分类中的错误并了解错误的原因,同时发现生物分类的方法有很多种,根据不同的分类标准可以将生物分为不同的类别。

最后,鼓励提出更多的问题,在课余时间进行进一步的研究。发现问题是科学探究能力的一种体现,因此,在实验过程中,引导和鼓励小组发现问题。在此探究活动中,学生们从发现的现象中还提出很多问题。前文已列出,在此不再赘述。

(6)多样评价有效反馈

评价在一定程度上影响着教学的有效性,生物探究的评价应以多样的形式展开。

从整体上来看,教师采用"4+4+2"的评价模式。期末笔试成绩占学期总成绩的40%,这部分以纸笔测验的形式展开,主要考查学生的生物学基本知识,如基本概念、原理、规律等;第二部分,则是教师指导下的探究性实验,占总成绩的40%,每学期有两次探究性实验,以小组核算成绩,具体评价指标如下表,小组成员所有得分一致,取决于小组实验完成的质量;第三部分是20%的额外加分,正常情况下是指学生的课堂表现,如出勤,课堂发言,平时作业完成情况等,另为鼓励学生进行创新,教师可视情况在某些方面给学生进行额外加分。"各个小组的组员得分一致。这一评价方式对整个团队的要求较高,每位小组成员的得分与团队的得分一致,因此,要想获得较好的成绩,小组各位成员都必须作出贡献。"

表7.3 教师使用的课程评价指标表

一级评价指标	二级评价指标	三级评价指标	所占比例
期末笔试测验成绩(学校统一测验)			40%
探究性实验 (每学期两次探究性实验,以实验完成的质量进行评定)	发现问题	能清楚地描述问题	
		研究问题的价值性	
		问题的合理性	
	查找信息、资源	能多种渠道查找信息	
		能正确地处理文献信息的处理	
	提出假设	能假设合理的假设	

一级评价指标	二级评价指标	三级评价指标	所占比例
	制定研究计划	计划的可行性	
		计划的科学性,如控制变量,控制误差等	
	计划实施	正确使用仪器设备的能力	
		小组合作分工明确,互帮互助	
		实验具体的操作能力,如实施实验,记录数据等	
	处理数据	是否正确收集数据	40%
		对数据的分析全面细致	
		得出适当的结论	
	汇报交流	制作PPT	
		清晰地汇报研究结果	
		对班级其他成员提出的问题进行答疑	
	报告撰写	报告撰写的格式规范、完整	
		报告结合教师、学生的意见进行修改	
		报告逻辑清晰,结论清楚	
		进行反思和总结	
其他指标 (以平时表现为主,课内外的创新为额外得分)	平时表现	考勤、作业完成情况、课堂表现、发言情况	
	课内外创新	对实验结果进行推广	20%
		在实验中发现新的问题,提出进一步研究的问题	
		课外进行自主探究	
		实事求是记录实验中的意外发现并作出假设	

　　初中生物课标也强调要注重学生在学习过程中的发展和变化,重视对学生的探究能力,重视对学生情感、态度和价值观的发展状况进行评价,重视检测学生知识目标的达成。校本化课程实施注重以学校为背景,重视学校资源在校本化课程中的开发和利用。P老师所实践的国家课程校本化以探究实验作为主线,重点考查学生科学素养,包括学生对基础知识的掌握、学生探究能力、学生科学的态度和

价值观的重要考量。

3. 反思教学的"灵魂"。在教学过程中,教师的主动改变表现为教师反思个人教学特色,P老师把这一特色称为教师个人教学的"灵魂"。通过自我反思,初步得出其个人教学"灵魂"主要表现在一个"活"字上。所谓"活",即活物、生活与活动。(1)活物,"生物教学中尽量给学生呈现活物,活物能引起学生更大的注意力。"(2)生活,"生物源自生活,生物教学也要回归生活。比如,学习酵母菌时我就给每位学生买来鲜酵母,让学生回家在父母的指导下,根据说明书发面蒸馒头。"(3)活动,如前文提到的常态化探究性活动。

教学是颇具个人特色的,正如P老师而言,"每个老师都应该有自己教学的'灵魂',这是每个老师之所以不同的原因"。"反思的实践者"[①]概念由来已久,"反思"也成为当下教师发展中经常被提及的词汇。对于一线教师而言,日常的教学工作占据了他们大部分的时间,似乎鲜有时间进行教学"反思";新手教师由于教学经验相对缺乏,也很难做到像P老师一样,总结出教学中的关键特点。但是,无论是新手教师还是专家教师,"反思"自身往往比"反思结果"更加重要。从P老师的个案中我们可以发现,教学反思不仅是动态的,同时也是循环的。在反思中不断提炼与改进自身的教学,并在实践中检验并进一步强化,这种教学"灵魂"便会逐渐凸显。

(三) 教师心理的改变

教师心理是复杂因素影响的结果,涉及教师态度、情绪、动机等问题。本文根据所获得的资料,只能简要说明教师的心理改变的主要表现。

1. 学生反馈作为动力。在实施探究教学之初,P老师也遇到了课时不足、无法有效完成课程内容等问题。笔者观察过P老师带领学生进行实验的场景。如《种子的萌发》一实验中,学生分组后进行实验设计,设计得到教师认可后开始实施,实验主要在实验室进行。虽然学生是实验的主人公,但P老师要对各个小组实验前后进行整体的监督,而且为了更好地记录下实验的过程,P老师在实验中还会给种子发芽照相。如玉米的种子需要七天的发芽时间,这七天中P老师每天都要到实验室观察几种不同的种子的发芽情况并照相,她到实验室的频率远远比学生

---

① Schon, D. The reflective practitioner [M]. London: Temple Smith, 1983:1.

高。因为理论上种子的发芽有一定的周期，所以在放置好种子之后，学生每隔两到三天进行一次观察。P老师日常的工作已经非常繁忙，但谈到这件事的时候，她说：

说实话，虽然这（每天都来）花的时间比较多，但我觉得这比开会什么的有意思多了（笑），尤其是当我带着学生做实验的时候，我看到他们认真的表情，我就觉得这些都很值得。我现在的主要工作是学校的教科研、课题等等，但我每学期都坚持要带几个教学班，保持一定的教学量，我觉得如果我脱离了学生，那么我这个老师是怎么都当不好的。

生物在初中属于副科，虽然在期末考试中也占据一定比例，但学生们普遍把时间花在了语数英这些科目上，许多老师抱怨其他学科占据了学生太多的时间，开展生物实验教学成为一大难题。对于这个问题，P老师说：

确实如此，有时候你也会觉得无奈，并没有那么多学生喜欢生物。但是，每一次做实验，总会有三四组同学是做得比较出彩的，然后十多个孩子中又有那么一两个是很喜欢做探究的，他们甚至会在实验结束后继续来找我说要继续做他发现的问题。但如果我做一次实验我就能发现一个这样的孩子，鼓励他去做探究，认认真真地做，去激发他的潜能，这个过程对这个孩子来说无疑是非常宝贵的经验。即使每次只有一个这样的孩子，我这个实验教学就是非常成功的。你算一下，我一学期至少做两次这样的实验，一年四次，一年就能发现四个孩子有这样的潜能，我这20多年教下来就80多个了，这多好啊！你知道，初中阶段的孩子如果有人能这样鼓励你去做探究，对他们的一生都是有很积极的影响的。

正是这样的观念让P老师坚持自己的实验教学。面临冲突，P老师进行适度的调试，这一调试主要来自学生的反馈。在P老师所教过的学生中，有学生通过探究性实验，自主发现并继续探究问题，在北京市甚至国际性的科技比赛中获得了奖项，这也是对P老师最大的一种回馈，也让她更加坚定地在生物教学中落实实验教学。

P老师的生物教学，首先保证了教学质量，其所教班级的生物成绩一直名列前茅；其次，部分学生对问题的探索并取得成绩也是P老师能够坚持把实验当成生物教学重要部分的原因。

2. 关键事件影响。在师生互动中，一些关键事件对P老师也产生了一种情感强化。例如她谈到的其中一个关键事件：

当时讲河蚌的时候，我就带着孩子们去河里抓河蚌。当时天气特别凉，河蚌在水里面，能看得着，所以得下水去抓。我当时把鞋脱了光着脚就下去了，上来之后，我的脚都冻红了。当时让我特别感动的是，我带的一个学生，看到我的脚冻红了，马上把他的外套脱下来包在我的脚上给我擦脚，当时我的脚上全是泥，我当时别提有多幸福了，就感到学生把我当妈妈一样。那时候我觉得，当老师自己热爱生物，他是能够感染学生去热爱生物的。在这个过程中，师生的感情也会变得越来越好。所以，后来我教学用的材料，都是尽量我们自己去采集。

五、课程实施中教师主动改变：为何及何为？

促进教师积极改变的因素是复杂且多维的。科勒克斯和霍林斯沃斯（Clarks & Hollingsworth）在探索教师专业发展模型中，提出了影响教师改变的四类主要因素，(1)个人领域，即个人的知识、信念及态度；(2)外部领域，即外在的支持，如信息技术、其他人员的督促等；(3)实践领域，教师在实践中开始发生变化并进行专业性实验；(4)结果领域，指教师在实践之后带来的一些结果的影响，如学生成绩是否变化等等。如下图所示：

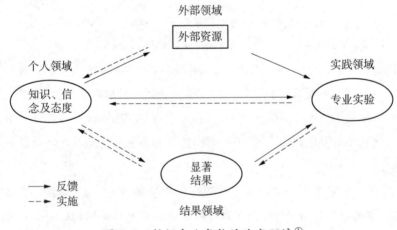

图 7.1　教师专业成长的改变环境①

———————

① Clarke, D., & Hollingsworth, H. Elaborating a model of teacher professional growth [J]. Teaching and Teacher Education, 2002,18(8):947-967.

结合个案,本文试图归纳促进教师主动改变的原因。需要强调的是,正如上图所示,很难把影响教师改变的因素完全独立起来分析,因为这些因素之间是互相影响的。

(一) 教师赋权与教师专业自主

从外部领域来看,P老师能够实现并坚持改变,一个重要因素是:学校赋予老师改变的权力与途径,使得教师在专业上有较大的专业自主性。

"学校对教师的教学抓得紧,但对老师还是很尊重,给了老师很多权力。比如老师想要进行教学实验,只要想法成熟,教研组和校长都会很支持;又如老师想申报一个课题,学校会很支持,也会给很多的帮助。"在生物课程评价中,学校统一测试占学生学期成绩的40%,其余60%的成绩由教师决定。这给予了教师极大的空间,也给了教师很大的专业认可与尊重。

随着我国课程改革中的"三级课程"管理的实施与推进,我国教师在课程决策方面拥有的权力越来越大。从学校层面上来说,要实现教师地位的改变,进而促进教师的积极改变,首先要对教师赋权,让教师在课程实施中具有更多的专业权力。教师实际上是具有不断改变来促进自我发展与教学效能的需求的,而在这一过程中,组织需要更多地赋予教师这种"求变"的权力,以实现这种"变"的可能。教师在专业或学科上有更多的自主权,也能满足他们在专业发展上的心理需要。①

学校的教师文化是影响教师或教师群体行为的一个重要方面。A中学的学校文化强调教师的角色是"教育创新的主体,要培养学生的创新精神,教师必须具备创新精神,而要培养教师的创新意识和能力,需要有效的机制和持续不断的活动作为载体。"②A中学具备完善的人事管理制度,并且注重教师的专业发展,不断提高教师的专业素养,提供如校本培训的多种途径。从教师制定个性化课程目标的过程可以看出,在保障教学质量的前提下,学校给予了教师较大的发挥空间,教师可以根据自身的需求和不同班级学生的特点,制定相应的课程实施计划。这也为教师课程实施能动性发挥提供了良好的环境氛围。

教师的进修也是影响教师发挥能动性的一个重要因素。在2006—2008年,P

---

① 康晓伟. 西方教师赋权增能研究的内涵及其发展探究[J]. 比较教育研究,2010,32(12):86—90.

② 郭涵. 在求实创新中推动学校的内涵发展[J]. 基础教育参考,2008(12):74—78.

老师到北京师范大学进修，并获得了学科教学（生物）的教育硕士学位。她硕士阶段所研究的课题是有关课程资源的开发与利用。这一研究方向是基于她多年生物教学的资源积累，期望对这一部分课程资源进行开发利用。在这个进修过程中，P 老师系统地学习了课程及课程开发的有关理论。选择继续攻读教育硕士的原因，P 老师谈到了几个方面：

> 在我这个年纪还去攻读硕士，其实是有很多困难的，但我还是去读了。有几个方面的原因，一种是外部的压力，就是现在学校对教师的学历还是有要求的，所以期望老教师们有机会还是能够去进修；一种是内发的，我也感到有必要再去学习学习，尤其是校长这么重视课程发展，我们学校好几个与课程有关的课题，我在这个课题里面又是主要负责人，所以我觉得有必要去进修一下，这样不仅可以更好地了解课程发展，还能够给学校部分老师一些指导。还有一个原因，我感到自己教学教了这么多年，我不想就这么当一辈子的教书匠，我希望自己通过学习能把自己的一些东西提炼，写文章也好，出书也好，都是对自己这几十年教学的一个交代。

（二）导师与教师专业群体的指导

从实践领域来看，促进教师主动改变的主要因素，是导师和教师群体的指导作用。

博伊尔（Boyle）等人在一项研究中发现，在教师专业发展诸多活动中，日常观察（听课）与课堂经验分享是中小学教师最常见，也是持续最长的专业发展活动，但"导师"的指导是其中最有效的。[①] 在我国中小学，新手教师在实习期间或正式入职的前期，一般都会有教学经验丰富的"师傅"。"师傅"在指导和改善新手教师的教学通常会起到重要的作用。如 P 老师所说：

> "我得感谢我的师傅在实验教学中给予我的帮助。王老师有一次讲'鼠妇'的时候，他亲自带着学生去抓鼠妇，她说，学生应该要在大自然中学习生物。这个观念对我后来的影响很大，于是我也慢慢地改变，尽可能多带孩子们到大自然中学习生物。所以，现在一般我们做实验的素材多数都是自己去采集的。"

---

① Boyle, B., Lamprianou, I., & Boyle, T. A longitudinal study of teacher change: What makes professional development effective? Report of the second year of the study [J]. School Effectiveness and School Improvement, 2005, 16(1): 1-27.

此外,教师专业群体对个人改变的促进作用也很重要。

黄与叶(Huang & Yeh)归纳出了高效教师专业共同体的几个特征:(1)小组中普遍性开展反思性实践;(2)分享教学性知识;(3)共同设计教学活动;(4)教学活动的自主评价。[1] 博尔科(Borko)提出,专业学习共同体能够有效促进教师学习和教学改进。教师普遍喜欢交流与他们的工作有关的想法,但教师群体中对同事教学进行的批判性对话却很少。然而这样的对话恰恰是教师学习共同体的重要特征之一。[2]

我国中小学教研组、备课组等教师群体是普遍存在的。在这些群体中,应该鼓励对话与批评,加强经验分享,这些对教师改变有积极作用。如P老师所说:"有时候就容易把课上得太'探究'了,缺乏知识性。这时候,我们生物教研组的老师会提出一些意见,后来我自己也通过看录像,慢慢地意识到这个问题:教学方法应该多样,不能全是探究,也不能一味地讲授。"

教师开展教学实验活动时,导师及专业群体能够促进教师主动改变。教师群体需要建立一种对话协商、批判反思的群体文化,为教师实践提供反馈意见,促使教师更有效地改变。

(三) 认识与理解学生反馈

从结果领域看,学生的反馈是促进教师改变,也是维持教师改变的最主要的因素之一。

古斯基(Guskey)认为,教师改变是一个有序的过程,专业发展带来教师在课堂实践中的改变,随之是学生学习结果的改变,最后教师信念和态度的变革。[3] P老师的个案也印证了古斯基的观点,当学生的反馈给教师一种持续的强化之后,教师的信念和态度会由内改变。

谈起一直坚持实验教学的原因,P老师说:"首先,过去指导的学生在课内外都取得了很多出乎意料的成绩,如有些学生的探究成果在一些科技比赛中获奖。其

---

[1] Hung, H.T., & Yeh, H.C. Forming a change environment to encourage professional development through a teacher study group [J]. Teaching and Teacher Education, 2013, 36: 153 - 165.

[2] Borko, H. Professional development and teacher learning: Mapping the terrain [J]. Educational Researcher, 2004, 33(8): 3 - 15.

[3] Guskey, T.R. Professional development and teacher change [J]. Teachers and Teaching: Theory and Practice, 2002, 8(3), 381 - 391.

次,学生的生物成绩一直较好。"前文已经提到了一些实例也是例证。

P老师的校本化课程实施取得了良好的效果,在学生身上的显性表现主要有:(1)在历年的期末考试中,所教班级的生物成绩在同类型班级中一直保持名列前茅。这说明,学生对初中生物的知识掌握较好,保障了学生对国家课程规定内容的习得。(2)形成成果集。每次在学生交流汇报,小组成员对小组的总结材料进行修改之后,由教师对这些成果汇编成册,形成研究成果集。(3)所指导的学生多次公开发表研究成果,并多次获奖。如2006年8月,P老师指导的学生获全国青少年科技创新大赛一等奖、第21届全国青少年科技创新大赛英特尔英才奖。2007年3月,所辅导的学生获北京市青少年科技创新大赛一等奖、美国心理学会奖。2008年3月辅导三位学生获"北京市青少年科技创新大赛"一等奖。

学生反馈能有效促进教师改变,这得益于教师对学生的成果和反馈有正确的理解。有些教师在学生反馈的观念上仍然存在偏差,如仅把学生的考试成绩作为反馈。因此,理解学生反馈,教师需要真正关注到个人的发展。学生反馈不仅仅是看到学生成绩的提高,更要以发展性、形成性的评价方式来看待学生;不仅仅关注学生的智力因素,也要关注学生非智力因素的发展。

(四) 作为实践者的教师知识反思

从个人领域来看,教师改变如何由内而外地发生? 个案表明,当教师能够进行持续的专业反思,成为"反思的实践者"时,这种内在改变更容易发生。教师反思已经是当前教师专业发展的重要途径,但教师反思什么、如何反思? 教师知识研究为这一问题提供了一条可供借鉴的思路。

首先是关于学生的知识。P老师2002年调任到A中学,一所优质中学。P老师不仅继续担任生物教学的工作,也主要负责了学校教研室的工作,负责管理学校的有关课题、科研活动等。与之前的学生相比,A中学的学生资质相对较好,P老师面临着一个新的问题:如何教聪明的学生?

2002年,我来到了A中学。这所学校的学生基础更好,学生们非常聪明。面对好学生,我想的是,这么好的学生,在我手里,我不能把他教傻了,所以我的教学就要有几个原则:不能限制学生的思维,不能扼杀他的创造性,允许他的实验和书上不一样,允许他犯错误。我看重学生的奇思妙想、设计实验的能力。我得从整体上去考虑,面对那么好的群体,那么好的学生。评价上,得有个性的、有创造性的,给学生更多思维的空间。

市级公开课的经历让P老师的教学观念发生了很大的变化,她此时已经把教学的重心转向了学生,真正把学生当成了课堂的中心,课程设计随着学生的思维活动而展开。学生的课堂行为成为了她课程设计的重要资源。

其次是学科相关知识及学科内容知识。教师改变与教师知识关系密切。本-佩雷兹(Ben-Peretz)在回顾近年来9篇有关教师知识的文章之后,认为两类教师知识最重要,一是教师实践知识,二是学科内容知识。前者揭示了教学生活的复杂性、情境性,这与教师个人的生活经历、性格特点有关;后者即学科知识,包括内容知识和教学知识。[①] 教师如何理解所教的学科?从"教什么"到"如何教"、"为什么这么教"是一个关键变革。"教什么"是对学科教学本质的回答,也是很多教师在进入一线教学后首先要回答的一个问题。

很多教师糊里糊涂地拿着教材、教参就去上课了,照着书本上一遍遍教,学生学得也枯燥,我认为他们就没有想清楚一个问题:你要教什么?每个学科都有自己的特点,比如语文,学生通过学习,你是就让他们认识几千个字,还是让他们形成一种语言能力,比如写作的能力、语言表达的能力,这两种取向肯定会带来不同的教学的。

诚如P老师所提及的,学科教学的本质思考是教师亟须回答的一个关键问题。关于学科教学到底该教什么,这个问题在语文学科上长期存在争论。我们暂且不管这个问题的答案是什么,对教师而言,这个回答可能伴有很重的个人色彩。但思考并且想清楚这个学科应该"教什么"是一个重要的前提,如果这个问题想都不想,那么教师的教学必然失去重心,在实践中也会找不到支撑自己教学的一条主线。对于生物教学的思考,P老师在前文的访谈中已经多次提及,最终是希望学生能提高他们的科学探究能力,比如发现问题的能力、查找资料阅读文献的能力、解决问题的能力,而这些能力的提高必须要通过"做中学"的方式来达到。

以生物教学为例,是探究法还是讲授法更有利学生科学能力的提高,不同的教师可能持不同的观点。P老师始终坚持把实验当作生物教学中不可或缺的部

---

① Ben-Peretz, M. Teacher knowledge: What is it? How do we uncover it? What are its implications for schooling? [J]. Teaching and Teacher Education, 2011, 27(1):3 - 9.

分,学生的科学素养是通过观察自然现象或亲身操作实验,在发现与解决"活"问题中提高的。她认为,生物教学着重培养学生的科学探究能力,而实验与探究是生物教学的重要内容与手段。

有些老师忽视实验,认为它费时费力;有些老师不喜欢探究,因为他们觉得学生不太喜欢探究。我觉得这些观点都是不太正确的,实验是自然科学里最重要的一种研究方式,即使在初中阶段,孩子们的思维方式比较具体的时候,更应该以实地的实验,他们可以感知的过程来引导他们去观察、去调查、去实验;学生其实是喜欢探究的,只是有些老师没有意识到,学生一个突然的发问就是他探究的开始,可能这个问题你不清楚你也就不会意识到这是学生的探究了。总之,我认为,初中阶段,只有通过合理地引导学生做实验,他们的科学素养才会有一个好的基础;好好认识学生,真正地关注学生的思维,才会发现,探究其实是很适合这个阶段的一种教学方式。

作为反思的实践者,任何一个学科的教师都需要在教学中不断思考教师应该"教什么"与"怎么教"的问题。但对教师而言,持续思考这个问题对其自身的专业成长来说十分重要。对这两个问题的思考,可以帮助教师逐渐认识到,在改革情境中什么是该坚持的、什么是需要改变的。

对教师改变的研究一再表明,教师并非总是抵制改革,相反,他们无时无刻不在改变着自己的实践。他们不断地重新组织课堂,展开不同的教学活动,变换教学内容及其呈现次序,尝试不同的交流和沟通技巧。事实上,教师时刻都在按照他们对学生需要什么、什么是有效教学的理解进行着自愿改革。教师改变具有复杂性与多样性,是一个细微渐变的过程,这使得教师改变受到组织、个人、内部、外部等多重因素的影响。促进教师的主动改变,需要从多个方面付诸努力,以期通过改变实现教师专业成长。

第八章
小学新手教师专业学习的叙事研究

　　新手教师是学校教师群体中重要的组成部分。新手阶段的专业学习直接影响他们在教师职业道路上的长期发展,而这一阶段的专业学习受到多个维度的复杂影响。本章运用叙事研究法,以 4 名小学新手教师为研究对象,探究新手教师入职后的经历与感受,关注新手教师在专业学习上遇到的挑战和困难以及对挑战的回应,并分析新手教师在三个层面的专业学习。叙事研究方法,能够揭露出新手教师专业学习的真实图景,呈现出情境性、复杂性和独特性,同时反映出不同因素对新手教师学习的影响。

一、问题提出:新手教师专业学习为何重要

　　教师作为学校教育的核心要素之一,其对教育质量的影响显而易见。与此同时,教师作为从事教育教学的专业人员,他们的专业化更是直接影响着学校教育的质量和水平。如何提高教师队伍的质量,专业学习是一条重要的途径。我国的教师专业学习粗略可分为职前阶段与在职阶段的学习,而新手教师是连接这两个阶段的关键主体。根据师范生培养标准,新手教师除少量的见习和实习经历外,更多以理论学习为主。新手教师进入学校表现出较为明显的特征,如工作积极,充满热情;以适应环境为目标,关注生存;缺乏经验等。由于新手教师缺乏实践经验,因此他们理想中的教师工作和实际有较大的差异,往往会面临许多的困境和问题,如课堂教学问题、班级管理问题、家校沟通问题等。克服这一系列问题是新手教师学习的过程,也是教师专业发展的必经之路。对他们的专业学习进行深度的、全方位的研究,既可以检验职业阶段的学习成果,亦可以揭示新手教师专业学

习的困难与挑战。

二、新手教师与教师专业学习的研究综述

本文的文献回顾主要分为两大部分,一是梳理已有研究对新手教师的特征描述以及新手教师的现实困境与问题;二是梳理国内外有关教师学习的研究,主要围绕教师知识研究、教师学习的影响因素以及教师学习的策略研究三个方面展开。

(一) 新手教师的研究

1. 新手教师的特征

根据富勒等人[①]提出的教师专业发展三阶段论,新手教师处于关注生存阶段这一阶段新手教师十分关注自己如何幸存。同时在关注生存阶段的新手教师面临着骤变。这个"骤变"体现在新手教师面临从学生到教师的角色转变,以及从大学到中小学的环境变化。这种环境与角色的骤变使得新手教师有较强的忧患意识。同时,新手教师在师范教育中对真实的中小学了解较少,他们的认识只是理想中的学校,而突然真正进入现实中的学校,新手教师需要一段适应期。因为现实与理想的差距,让新手教师感到困扰。赵昌木基于教师成长,提出新手阶段教师面临的现实是:职业理想与现实从浪漫到复杂、从缺乏实践知识智慧到能够主动探求教学应对策略。最后,他强调适应阶段是教师成长的一个关键期。新手教师最初几年的教学情境和达到的教学水平对其后来的专业发展和成长有重要影响。明新对国外 8 个不同学者提出的新手教师的特征整理,结合中国特色的教育传统与文化,总结出中国小学新手教师的表现特征。[②]

以上研究帮助我们了解新手教师的典型特征。研究者主要关注新手教师的共性,尤其关注新手教师专业能力、专业态度和动机、角色转换,但对于新手教师的个体特征、组织文化特征,以及新手教师特征背后的影响因素缺乏关注。

2. 新手教师的困境与问题

新手教师对学校和教师工作充满期待,由于实践中缺乏经验,因此他们理想

---

① Fuller, F.F., & Bown, O.H. Becoming a teacher [J]. Teachers College Record, 1975,76(6):25 – 52.

② 明新. 中国小学新手教师的表现特征研究[D]. 上海:华东师范大学,2017:53—56.

中的教师职业和实际有较大的差异,往往会面临许多的困境和问题。这种理想与实际差异所产生的困扰被学者称为"现实的冲击"。通过梳理过往相关的实证研究,分析总结出新手教师面临的困境和问题,不同研究的研究结果如表8.1。

表 8.1　新手教师的困境与问题研究

研究者	新手教师的困境与问题
约翰斯顿和赖安(Johnston & Ryan)[1]	新手教师遇到的 4 个问题领域:(1)计划和组织;(2)学生的学业评价;(3)学生动机的激发;(4)如何适应教学环境。
赵昌木(2004)[2]	经常遇到的困难和问题是:教材不熟;教法不灵活;教学管理能力差;不了解学生。
杨翠娥(2013)[3]	理论知识与实践脱节、缺少社会阅历、职业信念不稳定、工作压力大、教育教学经验欠缺等适应性问题

通过以上研究可以看出,研究者们认为新手教师面临的困境和问题主要体现在教学、班级管理、人际关系、角色调整和心理适应问题等方面。已有研究为本研究提供了新手教师所面临的问题和困境的基本了解。但以上研究主要采用量化研究的方式进行统计分析,不能具体了解新手教师遇到问题背后真正的原因,缺少对问题解决的关注。因此本研究以已有研究的结论作为基础,采用质性研究方法深入探讨新时代新手教师在专业学习方面面临的困难和挑战。

(二) 教师专业学习的分析框架

教师专业学习最初内嵌于教师发展研究中,没有明确的研究框架和理论。随着教师教育的改革,教师专业学习逐渐成为相对独立的研究领域,相比于教师教育、教师专业发展,教师学习更加突出教师学习的主动性、自主性。

1. 教师专业学习的内容

有关教师专业学习内容的研究以教师知识研究为主。关于教师知识的研究

---

[1] Johnston, J. M., & Ryan, K. Research on the beginning teacher: Implications for teacher education. Columbus: Ohio State University, 1980:47.

[2] 赵昌木. 教师成长研究[D]. 兰州:西北师范大学,2003.

[3] 杨翠娥. 师范毕业生向教师转变的适应性问题及对策[J]. 教育探索,2013(11):108.

存在一个明显的趋势转变,前期关注教师专业的知识基础,后期转向关注教师的实践性知识。

舒尔曼通过对新手教师和专家教师的比较研究,将教师知识结构分为七类:学科知识、一般教学法知识、学科教学法知识、课程知识、学习者的知识、教育环境的知识、有关教育目标和价值的知识。① 在舒尔曼之后,更多研究者开始研究和探索教师知识的概念和结构,研究结果丰硕。但是基于教师专业发展的理智取向对结构化的公共知识过于依赖,而在教学实践中经常被证明是不恰当的:教师很难把公共知识作为"实践推理"的基础,而且很多教师从一开始就对这样的公共知识表示怀疑。正是如此,催生了教师专业发展的反思取向和生态取向。

此后,研究者逐渐意识到教师实践问题的复杂性和情境性。艾尔贝兹(Elbaz)首次提出教师实践性知识。之后,更多研究者认识到教师知识的情境性、个体性和缄默性。除此之外,舍恩以"在行动中反思"的实践认识论为基础提出反思行动的教师实践性知识是教师专业实践的知识基础。② 我国关于教师实践性知识的研究最早出现在 20 世纪 90 年代。陈向明对教师实践性知识的内涵进行研究,提出教师实践性知识分为:关于自我的知识(自我概念、身份认同、情感归属、效能感等)、关于学生的知识(学生的需求、兴趣、能力、学习风格、学习策略等)、关于教育情境的知识[教师文化、学校文化、社会环境、学生家庭、家校关系、师生关系等和关于学科的知识(学科知识、教学化内容知识、学科教学法、教学策略、教学机智等)]。③

有关教师知识的研究呈现出从应然到实然的转变,即前期关注教师发展应该需要的知识结构,后期转向由内而外关注教师的实际拥有的知识。

2. 影响教师专业学习的因素

教师学习的影响因素主要指激励或者制约教师学习的因素。教师学习受到社会、学校和个人等诸多方面的影响,不同的因素在教师的整个职业生涯发展过程发挥不同的作用。研究者选择具有不同特点的教师,研究其专业学习的影响因

---

① 韩继伟,林智中,黄毅英 等.西方国家教师知识研究的演变与启示[J].教育研究,2008(01):88—92.

② 邹斌,陈向明.教师知识概念的溯源[J].课程·教材·教法,2005(06):85—89.

③ 陈向明.教师实践性知识再审视——对若干疑问的回应[J].北京大学教育评论,2018,16(04):19—33+184.

素,得出的研究结果见表8.2。

表8.2 教师专业学习的影响因素研究

研究者	教师专业学习的影响因素
张敏[1]	个人内部因素:如自我效能感、动机目标和人格; 外部环境因素:如社会期望、竞争压力。
刘洁[2]	社会因素(社会地位与职业吸引力和教师管理制度)、学校(校长的引领、合作性教师文化的激励和民主管理制度的保障)、个人(家庭因素、知识结构、能力素养、从业动机与态度、专业发展需要与意识)。
刘建新[3]	工作量大、工作压力重、培训内容不符合工作需要、教师自身惰性、缺乏激励机制是阻碍教师学习的重要因素。
杨芮涵[4]	教师的自我成长与发展意识、学校的学习文化、学校的条件资源、校内外资源、学习的管理与引导。
刘胜男[5]	教师学习的主要影响因素包含:重要他人与关键事件;现实打磨与实践修正;矛盾冲突与博弈互动;教学研究与反思批判;自主学习与主动发展。
程耀忠[6]	教师在日常专业活动中所遇到的不得不解决的现实问题和矛盾冲突;在自主学习、自我实现需求、意识与动力的引导下,教师自身对专业发展的主观追求与主动行为;外界教师教育的挑战与支持。

　　以上研究选择农村小学教师、身份转换期的教师等为研究对象提出了教师学习的各方面的影响因素。总结来看,可分为个人因素与组织因素,其中个人因素主要指教师个人的学习态度、成长意识以及知识结构等,而组织因素包含学校文化氛围、学校资源的支持以及教育培训的体系。这些教师学习的影响因素,有利于本研究找到关于新手教师专业学习的切入点,从而更高效、更有针对性地研究新手小学教师的专业学习。

① 张敏.教师学习的理论与实证研究.[M].杭州:浙江大学出版社,2008:18—19.
② 刘洁.试析影响教师专业发展的基本因素[J].东北师大学报,2004,(06):15—22.
③ 刘建新.试论教师学习的问题行为[J].中小学教师培训,2006,(06):3—6.
④ 杨芮涵.农村小学教师学习的学校支持研究[D].扬州:扬州大学,2017.
⑤ 刘胜男.教师专业学习影响因素及其作用机制研究[D].上海:华东师范大学,2016.
⑥ 程耀忠.身份转换期的教师学习研究[D].长春:东北师范大学,2021.

三、叙事研究方法与设计

（一）叙事研究

教师专业学习是一个连续性和主动性的动态过程，具有个体差异性和独特性，涉及人物、环境、文化等多种因素的相互影响。教育叙事研究要求研究者不能忽视教师个体的生活经验和撇开其真实的教育生活情境去研究。由于教师专业学习的个体性和复杂性，本研究主要采用质性研究中的叙事研究方法。叙事研究是通过故事的形式呈现出个体的经历或个体对经历的反思。本研究对4位新手教师入职生活和专业学习的典型故事描述，呈现不同新手教师在专业学习上遇到的困惑和挑战以及他们对此的回应。通过与叙事对象互动对其经历的建构进行解释性理解，以制度、人际以及个人三个维度形成分析框架，分析讨论小学新手教师专业学习的真实样态。

（二）研究对象的选择

本研究以4名小学新手教师的专业学习作为研究对象。由于叙事研究需要收集研究对象深入全面的信息，故研究对象与研究者之间要充分信任。本研究通过目的性抽样，根据学校类型、教师所教学段等方面选择从事小学教师职业的4名合作教师。他们的基本信息如下表8.3所示：

（三）资料收集与分析

访谈法是获取质性研究资料的重要手段。本研究以提前制定的访谈提纲为基础，主要通过正式的半结构性访谈的方式，与合作教师进行多次线上、线下的深入交谈，引导其讲述自己的专业发展成长故事、印象深刻的关键事件和重要冲突等。在访谈过程中，经同意后使用手机帮助记录，除了进行录音，也会记录被访者相应的一些非言语行为。在每一次访谈结束后，即刻将录音转化为文字材料，对转录文字进行编码标记，并撰写当天的访谈日记。

表 8.3　研究对象基本信息

成员	性别	教龄	从教学科	教学年级	学校类型
A 老师	女	0.5 年	数学	一年级	民办学校①
B 老师	女	0.5 年	语文	一年级	两自一包②
C 老师	男	0.5 年	数学	五年级	公办学校③
D 老师	女	1.5 年	语文	二年级	公办学校

四、新手教师专业学习：四个不同的故事

（一）令人羡慕的 A 老师

1."被羡慕"的入职

A 老师是省重点师范大学 2021 届本科毕业生，在 2020 年秋招过程中签约 X 学校。X 学校是 C 市 J 区一所由某教育集团公司创办的民办十二年一贯制、寄宿制学校。通过 X 学校官网发现，学校为助力教师专业成长，打造学习型教师队伍，先后组织"教师清北研修班"、"公费送培南洋理工大学国立教育学院教育管理硕士"等长短期培训。

X 学校是 A 老师面试的第一个学校，也是唯一一所学校。当谈到进入 X 学校，A 老师特别骄傲。

"我只面试了这一所学校，然后三轮面试下来，当场就被录取了。那么多人想来，来不了。那么多人过关斩将，和我一起竞争的还有在职的老师，我都把他 PK 下去了，我干嘛不来。"（A 访谈）

---

① 民办学校：《中华人民共和国民办教育促进法》第一章第二条对民办学校做出了概念界定：民办学校即"国家机构以外的社会组织或者个人，利用非国家财政性经费，面向社会依法举办的学校或其他教育机构"。

② 两自一包：四川省某市教育主办部门对区域内公办学校进行的"学校自主管理、教师自主招聘、经费使用包干"的"两自一包"体制改革的试点学校。

③ 公办学校：在中国教育制度中，根据学校的财产归属来区分不同学校类别和性质。一般在义务教育阶段，可以分为民办学校和公办学校。其中公办学校指由国家政府部门举办的学校，学校资金基本全部来源于政府财政拨款。

在毕业晚会上，A老师所在的师范学校领导听说她签约X学校，也连连称赞。正是大众对X学校的认可，以及A老师的面试感受，让她毅然决然放弃考研选择就业。

2."零经验"的教师共同体

A老师担任一年级两个班的数学老师，同时兼任其中一个班的副班主任。这是小学数学老师最常见的任务分配。任何新手老师的工作都不是容易的，A老师面临的第一个问题是她所在的一年级全是零经验的新老师。

学校为他们配备了一对一的师父，并安排一位高段教学的老教师作为一年级的备课组长。与此同时，A老师所在的一年级数学组也变成了校长直接关注的对象，因此A老师与校长之间的沟通增加了许多。记得A老师正在上一节练习课，遇到正副校长同时推门听课。课后校长问A老师为什么不带教案，"我不知道要带教案"，A老师说完这句话感觉有一场大风波即将来临。

"那个星期，我就被两个校长盯，轮番谈话，副校长谈完，备课组长谈，备课组长谈完，正校长谈；正校长谈完，整个小学数学组的组长谈，轮着谈话，疯狂地打击，简直黑暗。如果你太脆弱了，会大哭的。"(A访谈)

与此同时，校长要求全年级清查老师的教案是否写完，是不是手写，写得是否完美。而A老师上的练习课也成为全校数学组的研究问题，校长还邀请校外专家进行指导。这件事让A老师感到愧疚，因为她让整个年级组都被"盯上了"。同时在与校长的谈话过程中，A老师感受到校长对她的器重，而这一次上课没带教案，让校长有些失望。但此事之后，A老师重新认识了教案，意识到教案的重要性，也慢慢开始思考如何上好一堂练习课。

X学校一年级有9个班，5名数学老师，其中一名老师教一个班的数学，同时兼任道德与法治课程老师，其余老师分别负责2个班的数学教学工作。幸运的是，5名数学老师中有3人与A老师都是校友，最让人惊喜的是其中2人与A老师是大学同班同学。这样的教学团体让A老师觉得不是一个人在战斗。他们合理地分配任务，比如A老师负责准备每周的实践作业。对于备课，他们先分工备课，然后在年级组的教研活动时，在备课组长的领导下进行集体备课。A老师与这四位老师的关系不只是如此，他们一起参加J区叫作"新苗计划"的新教师培训，进行分组时，恰好同办公室的5人组成"数学2组"，经常进行组内学习，一起过级(新苗培训为两年制的新教师培训,目的是让新手教师两年内完成快速成长,并将新手教师分为三级:适应级、胜任级、创优级)。因此,可以说他们这个共同体有着千丝万缕的关系,在不断的合作交流中形成了默契的配合。

3."想办法学习"

在 A 老师的日常工作中,除了常规的教学和批改作业,她会听很多的课。提前与师父联系,提前备课然后去听师父的课;听同年级老师的数学课,学习他们的优点;听班主任的课,学习课堂管理和如何管理班级。当 A 老师遇到棘手的问题,她也有较为明确的思路。

"但凡遇到什么比较棘手的问题,赶紧联系师父,联系备课组长,联系段长(学段段长)。他们就会层层把消息往上递,甚至棘手到他们要去问校长、副校长。然后再层层往下达,达到我这来。"(A 访谈)

对于教学能力的提升,A 老师也有一套自己的办法:网上的一师一优课、网络云平台可以自学,有问题针对性地阅读书籍。同时 A 老师很幸运有一位在教学方面十分优秀的师父。

"我跟岗实习是跟的她,变更一次之后还是她。我上完课她真的是一句话一句话地抠,告诉我这个流程应该怎么做,这句话应该怎么说,过渡应该怎么过,然后该怎么写,应该用哪句话说……很详细地给我弄出来。听课的时候,她还会告诉我,这节课你哪个地方什么做得不对,你可以怎么做,就是照顾到你点点滴滴。"(A 访谈)

正是师父细致入微的指导让 A 老师也学会了尊重与感恩。

"自己遇到了问题,还可以主动去问她,带上一杯咖啡。因为你的师父不是说,她是你师父就得无条件为你付出,你还是要学会感恩,给她买杯咖啡啊、奶茶啊这样子。"(A 访谈)

(二)有教育情怀的 B 老师

1. 入职

B 老师是省重点师范大学 2021 届本科毕业生,在 2021 年考研失利后,在大学老师的推荐下签约 Q 学校。Q 学校是 C 市 L 区一所由省重点师范大学与 L 区教育局合办的"两自一包"学校。Q 学校 2019 年正式招生,现目前共 3 个年级,一年级 12 个班;二年级 6 个班;三年级 5 个班。B 老师担任一年级二班班主任,承担语文、道德与法治、书法课以及延时服务国画课、主持课教学任务。

2. "印象深刻"的职前培训

B老师签约时间较晚,仅参加一个月的跟岗实习就进入暑假。教育局为新进教师开展为期3天的线上培训,涉及内容包含先进教育理论、区教育发展趋势、师德师风3个板块。B老师对此次线上培训的印象不深,但B老师对于学校给予的一次校外学习机会却是印象深刻。

"八月份还没有开始正式入职,当时他们在群里面发了一个关于亲近母语的一个种子营……我当时就很想去,好像每个人的培训费都要几千吧。"(B访谈)

B老师担心自己还未入职,学校不会同意,但是内心对儿童阅读种子教师研习营非常感兴趣,因此主动询问校长助理,没想到学校同意了,并且为参营的每位老师提供了3天的食宿费。这场活动包括专题讲座,语文要素的探讨以及如何在儿童阅读中传承中华文化等内容,这让B老师从"对语文教学完全是一片空白"到"原来语文教学它并不是那么单一的教学或者教教材,它是有更多广泛的东西可以值得你去学习的"。与此同时,B老师在活动中认识了来自五湖四海的优秀老师,当得知一位老师是通过努力争取才作为学校唯一代表来参加活动时,B老师愈加珍惜此次学习的机会。

"我当时就是真的很认真很认真在听,很珍惜这样的学习机会,我觉得其他老师那么努力争取才来的,我们是报名就来的,而且我都没有开始上班。"(B访谈)

就这样,还没正式入职,B老师就对Q学校有了自己真实的感受。

"我就真的是感觉Q学校它对于教师的学习,只要你愿意学,只要你肯学,那就去,我们学校愿意出钱让你去培训。"(B访谈)

活动结束,B老师开始参加Q学校准备的为期20天的新教师培训,从团建到校长分享建校历史、学校文化,再到主题讲座。接着,老教师倾囊相授地分享治班经验、优秀教学设计以及教师一日工作,甚至细微的班级清洁岗位表都分享给新老师。这些实际的经验对B老师后续的工作的开展提供了很多的便利。最后以"我的教师梦"为主题的演讲活动更把教师们的理想信念拉到了高潮。B老师分享自己与高中英语老师的故事,来表达自己的教育梦。

"我一直觉得教育是一个可以改变人的职业,它真的很神圣很伟大。当后来慢慢去带班,去了解每一个孩子,去帮助每一个孩子成长的时候,我才真的明白这

句话。"（B访谈）

3. 教研与赛课带来"质的飞跃"

B老师所在的一年级语文组,有12名语文老师,其中3名零教龄的新手教师,1名从私立学校请来的有20多年教龄的吴教师,其他8名教师均有三到六年教龄。B老师的一对一师父是一年级语文组备课组长,拥有六年语文教学经验。

在完备的入职培训下,B老师真正开始上班仍然会遇到一些问题,其中最严重的是课堂管理困难和教学困惑。但同时,入职后的学习也未停止。单周进行年级组集体备课,双周进行专家进校,还有不定期开展的区上教研活动。除此之外,班主任技能大赛、赛课等比赛也成为B老师学习的重要方式。在入职第一学期,B老师主动请缨代表一年级上了一节教研课;第二学期B老师积极参加校内赛课。这种参与性较强的实践,让B老师感受到自己亲身经历磨课的过程,与指导教师的交流讨论的过程,能让自己的成长"更上一个阶梯"。

"通过上一周准备赛课的过程,我发现我对于语文教学有一个质的、一种认识的飞跃。"（B访谈）

教研和赛课一定程度解决了B老师面临的教学困惑。除此之外,B老师所在的区教育局建立"小语低段群"、"小语中段群"和"小语高段群",教研员会在群里分享很多有用的东西。

"他们会经常发一些专业的那种文献啊,有什么样的活动、比赛啊,他还会分享一些比较实际的东西。比如现在我们做ppt,小学语文一年级需要做拼音,有些拼音在ppt上不是标准的字体,当时我们教研员在群里发了一个标准的拼音字体的一个插件。"（B访谈）

"比如说我们现在学音序查字典的方法,就要让小朋友知道大写的和小写的音序,但是它跟英语的写法也有点不同,比如那个"J"就有点不同,我们老师也很困惑,到底是哪一个呢? 问教研员,他就会给我们解答。"（B访谈）

她由衷地感叹道"在这样一个教研共同体里面,自己是真的能够学东西,在成长"。

4. 温暖与亲切的领导与同事

在磨课的过程中,B老师再一次收获了温暖与感动。B老师磨课时,不仅邀请自己的师父听课,也要求教龄20多年的吴老师来听课。由于课后B老师忙于处理其他事务,没有及时请两位老师评课,当她得知吴老师主动找她进行评课时,她的心再一次被温暖了。B老师班级对面就是行政办公室,有一次学校主任主动找B老师聊天:

主任:"＊＊,你觉得你现在班上是遇到哪些困难呢? 哪些孩子是比较恼火的呢?"

主任:"只要你有需要,我们教育教学中心都会尽量帮忙,只要你提前给我们打电话,有什么事情我们都会一起解决,你不是一个人就是在管这个班"。(B访谈)

主任的关心,让B老师豁然开朗,曾经遇到问题只知道自己闷头解决,现在才知道还有那么多人愿意帮忙。这样的感动,让B老师下定决心要更加用心带好这个班。

在入职培训上,校长以"看见儿童"为主题,深入讨论教育,B老师正好读了柴静的《看见》,与校长产生了共鸣。开学不久,B老师班上常规不好,被请到校长办公室谈话。B老师做好被批评的准备,而校长很贴心地说"作为年轻的老师,我知道你们付出了很多,但是在常规纪律方面还需要改进"。同时,校长也给予B老师一些有用的建议。

"我很幸运,就是在我刚刚进入工作的时候呢,我能够遇到一位如此好的领导,她会很关心我们,她不会有领导范和架子,什么都不会有。有时候我们都亲切地称她为姐姐。"(B访谈)

"她也会很关心每一位老师,比如说有时候会在群里面招呼老师们吃饭啦,一定要去吃早餐呀。他说,也不要太辛苦了,要早点下班。然后有时候会亲自给我们送来水果,我就会感觉这个领导是真的很好。"(B访谈)

5. "一定要坚持下来"

身处在这样良好的氛围中,B老师感到很满足,但B老师也有自我怀疑的时候。

"我有时候就是太累了嘛,可能是班级上的事情太多了,我就会思考自己是否适合当教师,我是不是该换个工作。"(B访谈)

B老师偶尔会遇到这样的情绪,但她会在与家人分享的过程中慢慢深思。在这样的思想博弈中,B老师下定决心"一定要坚持下来"。与此同时,B老师在实践的过程中认识到自己知识的浅薄。以前参加教研活动，B老师几乎不提问题，不是胆怯，也不是没有问题，而是"自己知识太浅薄了，以至于没有问题可问"。

"后来自己慢慢经验发展起来之后呢，你发现，唉，有很多东西是可以值得去讨论和研究的，这可能需要一个经验的积累。"（B访谈）

B老师入职半年多的时间，看到了自己的改变，也逐渐认识自我，对未来也有了明确的规划。

"我可能三年之后满足了读非全日制研究生的一个条件之后，想要去更上一层楼地去学习，我感觉我自己现在的能力跟我的任务所需要的能力就不匹配，包括我们都知道教师要对孩子有爱，有耐心。但是在实际工作当中发现，我对于孩子的爱和耐心根本就不够。我自己认真反思了一下，可能去爱别人的这种能力也是需要慢慢培养的吧。"（B访谈）

（三）A、B两位教师的专业学习

A、B两位老师都有浓厚的教育情怀，对教育事业充满期待。A老师所在的X学校是一所发展成熟的"名校"，有完善的教师培训体系，用A老师的话说"在X学校能让我得到最快的成长，以后进入任何学校都能 hold 住"。（A老师访谈）B老师所在的Q学校虽然是一所才建校2年的学校，但从B老师的叙述中能感受到B学校重视教师的培养。两位老师都拥有一对一的师父，他们也都是教师学习共同体的一分子。A老师参加了区上为期两年的新手教师培训，A老师所在的一年级数学组的老师们作为一个共同体，一起备课、一起参加培训，他们围绕一致的目标进行合理的分工。B老师比A老师更幸运的是师父与自己在同一年级，交流更方便，同时B老师所在的学校教研组氛围好，学习气氛浓，有计划地邀请区教研员进行赛课、评课等活动。除此之外，A、B老师有很多可以参加公开课的机会，能让他们在更真实的教育教学活动中，在自己已有经验的基础上建构知识。

建构主义学习理论认为建构知识是在与他人、与社会的交往过程中实现的。正是学校对教师学习的重视，A、B老师才能够在很多正式的共同体中拥有合作学习的机会。如A老师所在的一年级数学组，他们对备课、作业设计等进行分工，然后在固定的时间邀请年级组长进行小组交流分享，在这个过程中，他们畅所欲言，分享自己的教学设计，提出自己的疑惑，因此他们有效的合作在提高教学效果的同时也提升了教师的个人教学能力。与此同时，A老师与师父的交流会更凸显中国传统的尊卑文化,师父丰富的经验能够帮助 A 老师从经验丰富的师父那获得间接经验。B 老师的学习突出表现在磨课和教研活动中。在磨课的过程中,不仅有师父进行指导,更有暖心的老教龄教师热情地建议。教研活动中,B 老师能以学习者的角色向教研员提出自己的疑惑,爱分享的教研员也会耐心地解答疑惑。除此之外,面对 B 老师班上的常规纪律问题,校长、主任更是主动分享经验,提供方法,让 B 老师能够感受到自己不是一个人在战斗。B 老师与同事、领导、家长的沟通与合作都十分有效,因此也成长更快。

在师范教育获得的知识基础上,A、B 老师在良好的学习共同体中进一步地建构知识。对于教学,他们以往很难做到真正的学情分析,而现在面对真实的教学情境,他们学会教学,学会了解学生。除此之外,A、B 老师入职前,对于家校沟通的知识像一张白纸,在高效的合作交流中,他们建构属于自己的有关家校沟通、班级管理等方面的知识。教师的学习除了知识与能力,更有对教育的理解。入职后,B 老师在实践中更深刻地理解了教育的力量,教育情怀不断深沉。与此同时,A、B 老师的学习力也在增强。A 老师知道该如何避免某些问题的发生,遇到问题能明确知道解决问题的思路;B 老师了解到更多学习的途径,能想办法寻找学习的资源进行自主的学习。

(四) 不断降低期待的 C 老师

1. “画饼”入职

C 老师是省重点师范大学 2021 届本科毕业生,在春招过程中签约 Y 学校。Y 学校是 C 市 D 区一所新办的公办学校。Y 学校现有 36 个班,46 名教职工。

C 老师谈及当初签约 Y 学校有两个原因,一是在“领导的画饼”下,认为该地区和学校规划有巨大的发展空间,另一方面 C 老师的大学室友已经签约 Y 学校。2021 年 9 月,C 老师正式成为一名新手老师,承担五年级两个班的数学教学工作,并主动申请成为了高段数学组教研组长。

2. 课堂胜任:“吃力”与“冲击”

C 老师刚从师范学校毕业,只有短暂的实习经历,而他现在面临的是有重要调考任务的五年级。更无奈的是,C 老师是五年级唯一一名数学老师,而他身边唯一一个有学校教学经验的数学老师兼任四年级和六年级数学的教学重任,C 老师与四六年级数学老师也不在一个办公室,因此,C 老师与他的交流也不多。对于五年级的教学,C老师感到有些吃力,遇到问题先记下来,有空再去问负责数学教学的主任。

"自己没有从一年级完整地带到六年级,对教材的熟悉程度与知识结构体系不熟悉,并不是说梳理一遍知识结构体系就能明白前后完整的知识逻辑,这是不可能的,仅仅是梳理是**没有用的**,你必须要从**实践**的过程中去发现哪些知识实际上是有联系的。"(C访谈)

对于教学方式,C老师有一次触底的冲击。那时候C老师正在上一堂练习课,因为学生错误较多,C老师决定"挨个"讲评作业,恰好赶上了总校长推门听课。在评课时,校长的一句话刺痛了C老师,"你这样的评讲方式在20多年前就已经没有用过了",第一次被校长听课得到这样的评价让C老师受到了打击,而他心中对这句话还有一些无奈的抵触。

"一个新老师刚出来,然后就被说这种方法20多年前就没有用过了,但其实自己当时也是这样过来的。可能觉得和自己以前经历的稍微有些不同吧。可能和自己当老师的世界观和方法论有冲突吧。"(C访谈)

在这之后,校长告诉了他一讲一练一总结的评讲方式。C老师很赞同这样的教学方法,并在之后的课堂中去大胆尝试。可惜结果并没有那么理想,尝试一两次发现这样的方式时间不够。然后向身边的数学老师"吐槽",这时候才得知大家都是按照C老师之前的方式来上课的。C老师分享了校长的建议,大家也开始效仿,结果也遇到和C老师相同的问题。本想着与校长再次交流,却很难有这样的机会,最后C老师选择将两种方法结合起来使用——讲重点题。

3. "头疼"的制度

Y学校针对每位老师安排每月一次汇报课。在这个过程中,C老师最头疼的问题就是磨课。因为五年级只有两个班,所以只能磨一次。那么剩下的时间就只能靠无声试讲。某次C老师准备以《三角形的面积》为主题进行汇报。在前期备课过程中,C老师在网上寻找优秀课例进行学习,设计了自己的教案。但由于时间关系,C老师只是匆匆准备了2个晚上,还没来得及进行无声试讲,就因教学进度迟缓而不得不在第二天上新课。C老师第二天上午第一节课在五(1)班完成了唯一一次磨课。C老师邀请高段教研组其他老师来听课提建议,但大家都因为时间匆忙来不及换课,因此C老师只能一个人应对。更为严重的是教学反思和修改时间只有大课间休息的 20 分钟,因为第二节课就是正式的汇报课了。C 老师争分夺秒调整教学流程,修改教案和 PPT,最终仓促地完成 11 月的汇报课。由于缺少与同事的交流学习,C 老师这次的汇报课从教学环节设计和课堂处理等方面都表现得令人失望。

C 老师所在的高段教研组由 3—6 年级,共 4 名数学老师组成。作为高段的教研组长,C 老师主要负责上传下达,在教研活动前收集教师们的问题。每周学校的教研活动有 10 人参加,包括全校 9 名数学老师和 1 名主任,教研内容围绕一周教学中最突出的问题展开,每位老师各抒己见,集思广益,最后由有学校教学经验的四六年级数学老师或主任进行总结发言。

C 老师也对学校的一些要求表示不理解,却感到无能为力。比如,午餐的纪律评比活动,C 老师认为完全没有任何意义,"本来吃午餐就是一个放松的时间"。C 老师的时间被重复性的工作,无意义的任务填满。

"这个本子要写听课记录,然后另一个本子还要写听课记录。写一模一样的,而且还是手写。"(C 访谈)

"晚上 12 点回去打扫宿舍的公共区域,教师宿舍是一排小房间,外面的楼梯和走廊就要我们来扫。"(C 访谈)

有的老师向领导反映问题,提出自己的想法,学校口头答应了,但却没有采取任何行动。

"我们学校有一个校长谈话,但是很多老师谈话之后,反映的诉求并没有得到妥善处理。"(C 访谈)

4. 令人失望的学生与家长

C 老师遇到的另一个问题是学生学习基础和家长素质的冲击。C 老师没有想到"整个学校的学生成绩会这么差,感觉学生品德也存在问题"。有的家长站在老师的对立面,帮着学生撒谎。C 老师班上有个学生不仅不完成作业,还装病请假,家长也配合学生装病请假。学生不完成作业,班主任请学生家长到学校监督、陪读。下课时,家长在众多同学面前,把手机拿给孩子,搜题抄答案。面对这一系列经历,C 老师对家校沟通失去了信心。他与家长的沟通,从之前的"很好相处"慢慢变成了说话"很硬气",这个转变有对家长的失望,同时也是向"很凶"的班主任学习的结果。从此,家校关系走向沟通与协作的对立面,而这直接加大了 C 老师工作的难度和挑战。学校要求每个月对班级文化建设墙进行一次主题更换,原本应该是学生、家长和老师之间的配合,却变成了 C 老师与班主任深夜加班的负担。学生没时间做,做得不符合色调,家长不愿意出钱,最后只能老师来做。每一次换主题都要花几个晚上,这让原本繁忙的工作,雪上加霜。对于班级文化建设,C 老师的看法是这样的:

"我觉得这个东西首先是有必要的,因为对学生的发展作用很大,或者说是一种隐性教育,所以我觉得搞肯定要搞,但是我觉得方式可以换一下。比如说良好的家校沟通,然后就会让家长来出面解决这样的事情,可能要稍微好一点。"(C 访谈)

每个月辛苦地完成班级文化建设,C 老师除了花费大量时间还会遇到"没有创意"的问题,而 C 老师从中得到只不过是慢慢提升的做手工能力。

(五)向内求己的 D 老师

1."很水"的入职培训

D 老师是省重点师范大学 2020 届本科毕业生。由于 2020 年疫情,选择在家备考当地教师编制。最终,D 老师成为 H 市 Y 区一所新建小学(S 学校)的带编教师。S 学校 2020 年建成,全校共 50 余名教师,其中包含零教龄教师和其他学校调来的有经验的教师。D 老师是该校第一批新教师,目前担任二年级某班的语文老师兼班主任。

"因为我们那一年很特殊,因为疫情不能大面积地聚集。同时,在上班的前一周我们区具体的名额和面试的成绩才定下来,所以只有半天的时间搞培训。"

由于各种原因,D 老师所在的教育办组织仅仅半天的培训,一场讲座作为入职的培训的全部内容。与此同时,半天的培训大部分时间都在处理新教师入职的一些档案资料。

2."形式化"的教研

S 学校的教研活动分为年级组的教研和学科的全校教研。刚入职的第一年,大家对待教研都比较认真,老师们针对近期遇到的问题进行提问交流,一起观摩名家课堂等。可是到了第二年,由于延时服务的安排占据了之前的教研时间,教师的任务也在不断加重,因此教研就"流于形式"。

"因为学校那边要求有教研的材料,所以现在的教研就变成了二年级语文的

（老师），全部都坐在那，然后拍一张照片解散"。

D老师入职一年多，S学校的制度体系也在不断完善，尤其表现在学校教研活动方面。

"以前教研，就是他（业务校长）想起来了就教研，他如果有事忙着，他就不会教研。但是现在教研会对口到人，每一次教研谁去负责，每一次教研哪个年级去负责，然后强行规定了时间，所以每一周到那个时间点的时候，一个学科组的就会集合在一起去教研。"

体系的完善并没有给教师带来很多的学习与成长，而是增加了任务。学校教研每周开展一次，由对应的年级和教师进行负责，时间大约一节课40分钟。教研开展的形式主要是由负责年级确定主题，找两名教师围绕该主题进行分享。

"因为很多教研，就比如整个学科组的教研，准备负责这次教研的那些老师，他不会认真去准备，因为他知道听的时候大家每个人都很忙，大家都抱着手机或者抱着作业，没有人会认真去听。相当于把它当成一个任务在完成了。"

听者无心听，准备者也以完成任务的心态对待，整个教研活动的效果就不尽如人意。除此之外，区上的教研主要是听课与评课。一般会将区上的公开课比赛作为教研，D老师参与的频率大约每学期一次。

入职近两年，D老师上过三次公开课。虽然有师父的指导，反复地磨课，但D老师认为"公开课对日常的教学帮助不是很大"。

3. 学校里的"门门道道"

真正成为老师之后，D老师才发现实习接触到的只是教师行业最表层的东西。而真正的教师行业也确实与预想的有很大的不同。

"当你还没有进入教师这个岗位的时候，你就会觉得教师这个岗位更多的是去关注你的课，但是当你当了老师之后，你会发现好像你在课程上面的精力投入还不如你在那些杂事上面投入的精力多。"

除此之外，学校中一些残酷的现实也冲击着D老师……

"我们根本没办法争取到赛课的机会。学校倾向把资源给颜值高、有背景的人，但那些人不一定实力强"。

D老师对学校两位重要领导的能力充满着质疑。用D老师的话说"为什么有那么简单快捷又高效的方式，而领导却要挑另外一种方式"。这些不合理的安排直接影响了教师学习的公平性和积极性。比如,S学校的公开课和赛课机会是直接"内定"的。面对这样残酷的现实,D老师认为领导的安排存在太多不合理的地方,但D老师能做的,只是把自己手里的工作做好,"其他的东西我们也顾不了"。

S学校的门门道道无时无刻不影响着D老师的工作开展。S学校的学生并不是随机分班,生源好的会组成一些特殊班,而D老师所在的班级属于生源比较差的班级。由于生源的不同,直接影响了D老师的教学与管理。

低段学生的教育非常重视行为习惯的培养,而习惯的培养需要家长与学校的有效协作。缺少家校协作,会导致孩子在学校和家里的表现明显不同。D老师所在班级的学生60%以上都是隔代教育,有的家长蛮不讲理,有的家长对孩子缺乏正确的教育。这一系列的现实情况,直接导致不同班级学生的习惯养成存在明显差距。

"比如一个作业,你在学校给学生教得好好的,然后回家之后他可能就不做作业了。然后你在跟他家长沟通的过程中,他的家长还会偏向孩子,然后还会说'这个孩子只听老师的什么什么',实际上这个孩子回家之后,他根本没有管,但是他跟你说,这个孩子不听他的,这个孩子他没法教育。"

正是每天面对着来自家长的挑战,D老师改变了对家长以往的态度,同时也改变了跟家长沟通的技巧。

4. 主动找资源学习

按照区上的要求,S学校为零教龄教师安排了教学经验丰富的师父进行指导。D老师的师父是一名有近30年教龄的老教师,她同时带2名新教师。很遗憾的是,这个一对二的带教指导只有一年,而且D老师的师父也因工作原因调到了其他的学校。

D老师所在的办公室包含了二年级的各科教师,这样就可以随时与自己班的各位科任老师进行交流。D老师遇到问题,会向办公室其他老师请教经验,在大家的交流分享中能得到一些不错的建议,而更多时候D老师选择自己主动进行学习。虽然学校没有要求写教学反思,但D老师在入职的第一学期会主动记录。

"今天班里发生的一些比较特殊的事情,发生在孩子身上的,然后我是怎么去解决的?我这个解决办法怎么样?有什么需要改变的地方?"(D文档)

专业书籍和网络课程资源是D老师认为对职业发展更有用的东西。比起学校"表演式"的公开课,网络上的千课万人、名师公开课对自己的教学有更大的帮助。

"学校里的安排你不喜欢,你觉得你收获不大的时候,你就要自己主动地去找一些资源。现在网络也很发达,资源也很多,而且网络资源可以根据自己的意愿去筛选"。(D文档)

(六) C、D 两位教师的专业学习

A、B两位老师的专业学习似乎是研究中常提到的新手教师专业学习应该有的样态:针对性的入职培训、一对一师傅、丰富的教研等。但C、D老师则呈现了另外的故事,这也让我们看到了与文献中不一样的教师专业学习。

C、D两位老师所在的学校都是新学校,但与Q学校不同,这两个学校对教师的专业成长没有引起足够的重视。C老师作为一名男老师,对教学充满了期待,也被身边的人委以重任。从师范生变成一名新老师后,C老师面临真实的教育教学情境,先后遇到教学、育人、家校等问题。C老师所处的学习环境受到学校文化的影响较大,学校对教师学习不够重视,教师学习的制度不完善,与此同时C老师所在的教研团队经验不足;也没有一对一师父;五年级只有他一个数学老师。这些现实的情境不利于C老师进行专业学习。D老师更是先后经历了很水的入职培训和很水的教研活动。虽然D老师有师父,但师父同时带多名新手老师,并且在D老师入职一年后,师父就离开S学校,S学校也没有再重新为D老师配师父。

受到以上现实情境的影响,C、D老师很难参与到有效的共同体学习中。C老师所在的教研团队由于教师任务繁重而缺少深度的合作,连听评课的时间也挤不出来。当C老师面对校长对自己的练习课教学方法的质疑时,一方面自己进行尝试改进,另一方面也与其他的数学老师在日常工作中进行"吐槽",在这种非正式的合作交流中进行学习。在这次的学习中,校长也是C老师交流的对象,而受到中国传统的上下级关系文化影响,C老师难以在交流中畅谈自己的意见,并且这样的交流机会也很少。除此之外,面对学生的育人问题,C老师需要与家长进行家校合作。但是由于家长的不理解、不配合,甚至拒绝沟通等行为,阻碍了C老师在家校沟通和育人这两方面能力的学习,甚至对此丧失信心。D老师所在学校的教研活动,更是直接拍照打卡流于形式。在这样的教研共同体中,老师们没有共同的目标,没有领导的有效支持。那么C、D老师的学习又是如何进行的呢? D老师遇

到问题,在日常教学的空闲时间,在与办公室老师的闲聊中得到了一定程度的解决。这种非正式的交流学习,一方面学习目标不够明确,同时学习的内容也不具有系统性。

由于学校文化、领导同事,以及家长等各方面因素的影响,C、D老师很难形成建构知识的闭环,收获的教育教学知识较为有限,同时在育人、班级管理、家校沟通等方面的学习以失败告终。由于这些专业学习的失败,导致C、D两位老师的教师信念、教学效能感也得不到良好的提升。

五、新手教师专业学习的三维度影响

教师的学习是多维度、多层次的。认知的、情感的和动机的因素相互交织影响着教师的学习过程。[1] 大多数教师专业学习领域的研究者认为教师学习受到三个维度的影响:制度、人际和个人。[2] 其中制度层面主要包含两个主要因素:制度的推动与支持和不同机构间的协同配合(这里的机构主要指教育局和学校)。人际间的学习是指在观察与交流中向同事、师父、领导等进行学习。其中个人维度包含教师个人专业发展的需要、个人的自主学习和实践的反思。[3] 通过上一部分四位新手教师故事的叙述,本文将围绕制度、人际和个人三个维度对进行新手教师专业学习的分析与讨论。

(一)制度层面:"形式都有,内容不一定都有"

近10年来,中共中央 国务院多次颁布有关教师队伍建设的相关文件,其中对培训方式、培训内容以及学习课时等都有明确的规定。由此可见国家及教育部对教师专业发展的重视程度。目前,入职培训、教研活动和导师制是新手教师的专业发展的主要途径,入职培训和教研活动的开展可分为区级和校级,除此之外,教学竞赛也是常见的教师专业学习的途径。

---

① Korthagen, F. Inconvenient truths about teacher learning: Towards professional development 3.0 [J]. Teachers and Teaching, 2017,23(4):387 – 405.

② Akkerman, S., & Bruining, T. Multilevel boundary crossing in a professional development school partnership [J]. Journal of the Learning Sciences, 2016,25(2):240 – 284.

③ Zheng, X., Zhang, J., & Wang, W. Teacher learning as boundary crossing: A case study of Master Teacher Studios in China [J]. Teachers and Teaching, 2019,25(7):837 – 854..

本研究中四位新手老师都参与了入职培训,培训形式以线下为主,线上为辅,主要采用主题讲座和经验分享等,围绕师风师德、教育教学等内容展开。A、B老师经历的培训以会议笔记作为培训的效果评价方式。其中D老师的入职培训存在培训制度的不完善,培训时间严重不足,培训内容缺乏针对性和实践性,"区里的培训只有半天的时间,而且大部分时间都在准备个人的档案材料"(D访谈)。

诸多文献都提到,中国特色的教研制度是我国基础教育发展的优势制度。教研制度对中小学教师的专业成长有重要作用,教研活动的安排已经成为我国中小学的普遍使用的制度。[①] 而本研究中来自不同情况学校的4位新手教师,他们所经历的教研活动差异较大。A、B两位新手教师的经历正如很多研究中所呈现的那样:区教研机构和学校重视教研制度的落实。但还有一类老师,正如本研究的C、D老师,学校制度并不完善。让新手教师担任教研组长、学校教研活动的形式化,区上教研活动频率低,这些因素导致了C、D老师的学习和发展受阻。

四位教师所在的地区和学校不同,教育局和学校对教师专业发展重视程度不同,因而教师学习与成长制度体系存在较大差异,从而直接影响新手教师的专业学习与发展。正如研究指出中国情境下,学校的组织环境对教育教学和教师有着重要影响。[②]

(二) 人际层面:共学适道的学习共同体

文化情境是影响教师学习的重要因素之一,强调集体性、人际间的学习是中国教师学习情境颇有特色的方式,例如教研组、年级组等。除此之外,很多的教师非正式群体之间的交流协作也具有学习共同体的性质,比如教师与自己要好的同事之间沟通交流频密;"共学适道"的办公室文化形成的教师学习共同体等。[③] 本研究中,A老师是学校内很多正式和非正式学习共同体的成员,同时一个学习共同体又有着不同的身份。"我们办公室的都是一个学校毕业的,而且还是同一个专业的,我们是一年级数学组的⋯⋯"(A访谈)。这些密切的联系让这群零教龄

① 汤立宏. 教研制度:我国基础教育发展之制度自信——兼议中国特色中小学教研制度对个人专业成长的影响[J]. 中小学校长,2019(10):8—11.
② Wang, D., Wang, J., Li, H., et al. School context and instructional capacity: A comparative study of professional learning communities in rural and urban schools in China [J]. International Journal of Educational Eevelopment, 2017,52:1–9.
③ 赵舒妮. 学习共同体:"交响乐团式"的办公室文化[J]. 福建教育,2021(05):11—12.

教师一起"摸爬滚打",从而形成良好的默契,一方面促进每个成员的专业发展,同时也使共同体更有凝聚力。D老师在一个大办公室里,"整个二年级的老师,语数英都在"。(D访谈)大的办公室为教师形成非正式共同体提供机会和平台,这让B老师在遇到问题能够及时找到同事进行交流请教。除此之外,新老师与班级各科老师、与师父、与学校领导等的交流沟通,也是新手教师的一种非正式学习方式。人际间的学习受到教师个体的性格观念的影响,同时学校的专业学习文化、学校领导、同事的支持等也是影响教师专业学习的因素。[1]

为满足义务教育的普及与发展需求,弥补师范教育理论与实践的割裂的缺陷,师徒制成为立足于学校培训教师、提升教师专业水平的典型教师培训方式。[2] 本研究中的四位老师,A老师的师父与A老师不在同一年级,B老师的师父与B老师在同一办公室,C老师没有师父,D老师与师父结对时长较短。通过A、B两位老师与师父的交流学习,可以印证诸多研究中关于师徒制对新手教师专业学习的重要影响,如避免了新手教师因社会阅历不足、教学经验不足而引发的一系列问题,显著提高了初任教师的专业发展效率。[3] 与此同时,师徒结对以行政分配为主,新手教师向师父学习有独立性,没有表现出过度依赖。

大量关于学校领导的研究与实践指出,学校领导者在促进教师专业学习方面发挥重要作用。学校领导能进行一系列的支持、引导、监督和管理行为。本研究中的四位老师,B老师所在学校的领导在工作氛围营造和工作支持方面有突出作为,比如B老师"亲切地称校长为姐姐","校长为他们买水果,在群里提醒老师吃饭"(B访谈)。相反,"这样的评讲方式在20多年前就已经没有用过了"(C访谈),C老师遇到的校长缺少对老师基于认同和认知的信任,不利于C老师的专业学习。A老师与校长的交流谈话后情绪失控,校长以亲身经历作为分享,"校长有时候受了委屈也会在办公室里偷偷难受,只是我们看不到而已"表达了对A老师情感的信任,让A老师从内心深处感受到来自学校领导的情感支持,加上A老师自

① Day, C. Developing teachers: The challenges of lifelong learning [M]. London: Falmer, 1999.
② 胡惠闵,王建军. 教师专业发展[M]. 上海:华东师范大学出版社,2014:205—208.
③ Chiyaka, E.T., Kibirige, J., Sithole, A., et al. Comparative analysis of participation of teachers of STEM and Non-STEM subjects in professional development [J]. Journal of Education & Training Studies, 2017,5(9):18.

身的学习主动性和教学效能感,促进了 A 老师的专业学习。

(三) 个人层面:实践反思进步,信息技术赋能

中国古语有言,"师父领进门,修行在个人"。这句话强调教师指导的效果在于个人的努力和勤奋。教师自主学习的前提是教师有专业学习与发展的需求。本研究中的四位新手老师在教育教学、班级管理、家校沟通等方面都遇到问题和困惑,从而形成教师学习的需求。通过观察和访谈发现新手教师的学习有其独特性:学习目的以适应和规范为主;学习内容主要围绕教育教学、班级管理和家校沟通。当学校提供的学习支持不足以解决问题时,新手教师会选择进行自主学习,因此要求新手教师有学习的能力。[①]

本研究的四位老师都会有意识通过自主的学习来解决遇到的实际问题。对于自主学习的方式,四位老师都采用了通过信息化技术搜索网络资源,尤其是教学设计和名师公开课。这在一定程度上说明教师在网络学习平台上使用各种资源对提高教学能力来说是有益的。[②] 除此之外,专业书籍阅读虽然不能立即解决某个特定问题,但能在长时间的积累中对教师的专业能力和思维有更深远的影响。B 老师希望能通过攻读非全日制研究生的方式来提高专业知识和技能。在访谈中,四位老师较少提到中小学教师的网络继续教育,并且对网络继续教育的满意度较低。在线下与 B 老师交流中,观察到 B 老师在出去游玩过程中,手机放在一旁播放学校要求学习的网络继续教育课程。就笔者访谈的四位新手教师对网络继续课程的态度和看法与很多研究中呈现的一致:中小学网络继续教育课程一方面时间安排不合理,另一方面课程内容缺乏实用性和针对性,培训理念过于理想与空洞。不论是网络课程学习还是书籍阅读都需要花费教师大量时间,而实践反思才是教师专业发展的重要途径。无论是 C 老师的必备的教学反思,还是 D 老师的日常反思记录,它们都是在具体的教学实践中进行的,对自我进行多层次、全方位的思量。四位老师的磨课是反思性实践的典型代表,它正好印证了舍恩提出的"在行动中反思"和"对行动的反思"。

需要指出的是,新手教师专业学习的三个维度并不是相互独立的,而是相互

---

① 崔振成. 超越悲剧:教师学习力的退化与提振[J]. 东北师大学报(哲学社会科学版),2014(5):191—195.

② 汪晋. 教师网络学习采纳行为与教学能力提升的关系研究[J]. 高教学刊,2021,7(31):64—68.

影响和促进的。区域、学校的制度促使教师自发地或被动地建立、参与了学习共同体，这些共同体包括正式的，亦包括非正式的。同时，教师之间的集体活动与人际交往，也会因学校的制度不同而有所差别，如 Y 学校的校长谈话制度。任何一种学习，都离不开教师个人的实践与反思，这是教师能够持续进行专业学习的动力基础。此外，对信息技术的观念及其有效运用，在当前的教师专业学习中也发挥着重要作用。正如 D 老师提到"现在网络很发达，资源也很多，而且网络资源可以根据自己的意愿去筛选"。（D 访谈）

总的来说，新手教师的专业学习受到制度、情境、人际和自我等多维因素的交互影响；本章试图通过深度叙事，揭示出这些复杂的影响因素，也期冀区域、学校层面能够意识到，区域、学校的制度对于新手教师而言至关重要，这不仅仅关乎教师能否较快地习得知识和技能，度过教学生涯的"生存期"，亦可能影响他们对学校和教学专业的整体感知，影响到他们从教的意愿。

第九章

优秀教师反思的层次：基于六位名师的生涯反思的个案研究

一、反思与教师专业成长

反思，是教师成长过程中听到的最频繁的词汇之一。对于一线教师而言，在他们职业生涯初期，师傅要求他们写教学反思；即便他们有了丰富的教学经验，专家会告诉他们，要实现进一步的专业成长还是得靠反思。我国著名学者叶澜认为：一个教师写一辈子教案不一定成为名师，但一个教师写三年反思有可能成为名师。[①] 随手翻开我国一些名师的成长经历，反思也随处可见：生涯的反思，课堂教学的反思等等。有学者对我国 36 位特级教师经历分析发现，94.4％的教师都把其职业成功的个人因素归因为"反思与研究"。[②] 这种理论与实践的多番"轰炸"，似乎让教师感到"反思促进教师成长"似乎是一条铁律。无独有偶，在 2012 年 9 月教育部发布《幼儿园教师专业标准（试行）》《小学教师专业标准（试行）》和《中学教师专业标准（试行）》，都将"不断进行反思，改进教育教学工作"作为教师专业能力标准之一。

事实上，教师知道反思的重要性，也将反思作为他们日常工作的重要内容。然而，我们也看到，教师经常进行教学反思，但不见实效，也不见显著成长。[③] 在笔者看来，这与教师反思的内容、方法和层次都有关。如果一个教师的反思只是狭

---

① 胡惠闵，王建军编著. 教师专业发展[M]. 上海：华东师范大学出版社，2014：149.
② 胡定荣. 影响优秀教师成长的因素——对特级教师人生经历的样本分析[J]. 教师教育研究，2006（4）：65—70.
③ 胡定荣. 教师的教学反思为何不见效——以一位中学教师的教学反思经历为例[J]. 教育科学研究，2013（1）：74—77＋80.

隘地聚焦自己的教案,那么尽管教案再完美,也很难达到我们理想中师生共同成长的模样。鉴于此,本章期望为教师们提供一种理解教师反思的新视角,即反思是有层次的。这个观点在现有的研究中已有一些理论研究,如丁道勇就对教师反思的层次进行过系统的梳理。① 但实证研究相对还比较缺乏,我们希望研究那些优秀教师的生涯经历,分析他们生涯中反思的不同指向、内容和层次,希望对于教师,尤其是新教师的成长能够有所启发。

二、理论基础和分析框架

(一) 教师生涯阶段理论

教师作为专业工作者,我们对于其专业成长的基本假设是从新手教师到专家教师。这在任何国家都是如此,英、美、澳等发达国家的教师专业发展阶段中,优秀教师都作为教师专业发展的目标。如美国的教师专业标准体系中,将在职教师的发展阶段分为新教师(beginning teacher)、成熟教师(accomplished teacher)和卓越教师(distinguished teacher);英国把教师不同发展阶段分为合格教师、入职教师、成熟教师、优秀教师和专家教师。② 我国也类似,朱旭东和宋萑描绘的我国教师专业发展的轨迹中,教师的职称从三级、二级、一级、高级到正高级,荣誉则从骨干、学科带头人到特级教师不等。③

不过,作为一个研究议题,我们有必要区分新教师、新手教师、有经验教师和专家教师这几个词语。新教师和有经验的教师更多的是指教师的从教时间,即教龄;新手教师和专家教师的主要区别在于教师的专长。实际上,教了几十年书不一定是专家教师,他可能只是一个"教书匠",而一个教龄不长的教师也有可能在短时间内成长为专家型教师。

1. 新教师和有经验的教师

本文区分的第一组概念是新教师(beginning teacher)与经验教师(experienced

---

① 丁道勇. 教师反思的水平模型及其应用[J]. 教育发展研究,2012,32(22):31—35.
② 周文叶,崔允漷. 何为教师之专业:教师专业标准比较的视角[J]. 全球教育展望,2012,41(4):31—37.
③ 朱旭东,宋萑. 论教师培训的核心要素[J]. 教师教育研究,2013,25(3):1—8.

teacher)，笔者认为，这一对概念主要是就教师的教龄而言。研究中对教师教龄阶段的划分不尽相同。就教师的从业年限来说，较为有影响的是休伯曼（Huberman）的研究，他将教师生涯发展分为五阶段：(1)生涯进入期，教师从业的1—3年，是教师的生存和探索阶段。(2)稳定期（stabilization），教龄4—6年。教师取得长期任用后确定投入教学生涯，并且熟悉教学事务。(3)试验与再评估期，教龄7—18年。此时教师的生涯出现两个可能的发展方向，一种是教学能力逐渐强化，充满自信，愿意尝试不同的教材教法和教学策略，用实验和积极行动的策略来解决现实中的困惑。另一种则是对自我专业能力产生怀疑，对教学例行工作感到乏味，面临"中年危机"，教师重新评估自己之后，适应则顺利进入平淡期，不顺利则成为保守主义。(4)安全和保守主义期（security & conservatism），教龄19—30年，一类教师充满活力，以积极态度自我接纳；另一类教师则由于与学生年龄差距大，在心理上与学生产生疏远，进入保守状态。(5)清闲期（Disengagement），教龄31年以上，教师处于职业生涯末期，或平静，或痛苦。①

戴杰斯和顾青（Day & Gu）借鉴休伯曼的研究，②通过对英国教师的研究，进一步综合了教师职业生涯的认知、情绪、个人和教学投入等因素，并采用了"专业生活（professional life)"这一词。他们也发现，教师在职业生涯发展中体现出一定的阶段特征。他们根据教师的教学年限把教师专业生活分为六个阶段：(1)0—3年，投入（commitment）教学任务中，教学效能感建立的初期；(2)4—7年，在教师中建立身份和效能感的关键期；(3)8—15年，体验角色变化，面临多种张力和过渡期；(4)16—23年，工作-生活的张力对教师教学动机和承诺带来挑战；(5)24—30年，维持动机阶段；(6)31年以上，维持或减弱教学动机，能够处理各类变化情境，准备退休。

因此，教龄是区分新教师和有经验教师（experienced teacher）或熟练教师（veteran teacher）的主要指标。在英文文献中，经验教师和熟练教师常常可以互换（Feiman-Nemser，2003）。熟练教师可以被定义为"从事教学职业一定时间以上的人"。对教师而言，可称之为熟练教师的年限也不尽相同，有的研究认为，教师至少从事教学七年，也有研究指出，教师需要从教15年以上。③ 教师专业发展阶段

① Huberman, A.M. The lives of yeachers [M]. New York, NY: Teachers College Press, 1993.
② Day, C. & Gu, Q. The new lives of teachers [M]. London, UK: Routledge, 2010.
③ Day, C. & Gu, Q. The new lives of teachers [M]. London, UK: Routledge, 2010:105.

理论(stage theory)因其假定教师的成长是一系列线性的技能增长阶段受到了广泛的批评。休伯曼也意识到,"教师职业生涯并非一定是线性发展的……教师发展在许多时候呈现出不持续性(discontinuous)和不可预知性(unpredictable)"。[①] 学者们普遍意识到,有经验的教师或者熟练教师,并不意味着他们一定是教学领域的专家(expert)。教学时间或教学经验是教师专业发展中的重要指标,但并不是唯一的指标。在实际中,有着 20 年以上教龄的老教师,其对教材、学科的理解、课堂上的表现甚至不如教龄只有不到十年的教师,这样的现象并不鲜见。因此,这衍生出的另一个研究主题——教学专长(teaching expert)。

2. 新手教师和专家教师

教学专长(expertise)通常是指在教学领域表现出突出能力的一群人,拥有教学专长的教师常被称为专家教师(expert teacher)。教学专长常常与特定的学科有关,如数学教学专长[②]、外语教学专长[③]等。教学专长研究可追溯至上世纪 60 年代。这一时期的专长研究可以分为两个阶段,第一阶段是六七十年代对各领域专家的特质(traits)研究;第二阶段则是 80 年代盛行的专长发展阶段研究,如德芙莱斯兄弟的专长发展五阶段理论就是其中的经典之作。这一时期的专长研究主要通过"新手—专家"的比较,认为专长知识是专家的行为、意识、默会的、非反思性的知识和自动化的,是通过特定领域多年经验可以获得的。总的来说,这一时期的研究多受当时的认知心理学影响,把专长知识视为一种"状态(state)"。[④] 随着教学专长研究深入课堂中,研究者越来越意识到专长或教师知识与情境有关,专家知识的形成受到教师参与社会实践的影响,专长逐渐被理解为一种过程,而非一种状态[⑤]。徐碧美(2003)对专家教师与新手教师的比较发现:(1)反思和思考是专家知识与技能的重要特征;(2)专家教师在课堂上的"即兴表演"能力,能够根据

---

① Huberman, A.M. The lives of yeachers [M]. New York, NY: Teachers College Press, 1993.

② Li, Y., & Kaiser, G. Expertise in mathematics instruction: Advancing research and practice from an international perspective [M]. New York, NY: Springer, 2011.

③ Tsui, B. M. Distinctive qualities of expert teachers [J]. Teachers and Teaching: Theory and Practice, 2009,15(4),421 – 439.

④ Tsui, B. M. Expertise in teaching: Perspectives and issues [M]. London, Palgrave Macmillan, 2005:167 – 189.

⑤ Berliner, D. C. Learning about and learning from expert teachers [J]. International Journal of Educational Research, 2001,35(5):463 – 482.

课堂的各种情况做出精彩的应变,教师能够根据学生的回答做出有效的回应。[①]

　　相比早期专长研究把专家视为一种静态特质或者天赋,近十年来关于专长的研究有三个主要的议题:(1)专长的获得可以通过刻意练习(deliberate practice)而达成,用以区别特定领域的专家和平庸者的不同。这一概念由埃里克森(Ericsson)提出,是指个体通过集中的、结构良好的、项目化和目标定向的实践,不断付诸的努力以达成更好的成就。[②] (2)适应性专长(adaptive expertise)。这一概念是相对常规性专长(routine expertise)而提出。[③] 常规性专长是指个体能快速而准确地解决问题,而适应性专长则是个体能够采取灵活而创造性的方式应用于解决多样的情境问题。(3)团队专长。这一概念着眼于带领团队的表现。尽管某些个体在特定的领域能够有独到的表现,但是当他们在团队的时候,有些专家能够把团队带领得更为出色。蔡永红和申晓月(2014)对几类专长进行了比较,如下表所示(有所删减):

表9.1　三种教学专长的比较[④]

方面	常规性专长	适应性专长	团队专长
本质	相似问题情境的纵向技能	不同问题情境的横向技能	团队成员已拥有的教育和职业经验
视角	个体/认知心理学	个体/文化-认知心理学	群体/组织
假设	专长来自认知积累	专长来自认知冲突	专长的差异性和优化组合
表现特征	速度、准确性和自动性	灵活性、适应性和创造性	深度、广度及差异性
专长发展	观察和模仿,经验和在可控条件下的反复练习	概念性知识的精深理解,对多变情境的探究适应,明确的学习目标和追求自我改进的意图	专长知识的广度与深度的合理搭配,核心成员的作用

① 徐碧美.追求卓越:教师专业发展案例研究[M].北京:人民教育出版社,2003.

② Ericsson, K. A. The influence of experience and deliberate practice on the development of superior expert performance [M]. Cambridge, UK: Cambridge University Press, 2006:683 – 703.

③ Hatano, G., & Oura, Y. Commentary: Reconceptualizing school learning using insight from expertise research [J]. Educational Researcher, 2003, 32(8), 26 – 29.

④ 蔡永红,申晓月.教师的教学专长——研究缘起,争议与整合[J].北京师范大学学报(社会科学版),2014(2):15—23.

一般来说,专家教师拥有着丰富的教学知识(如 Shulman 提出的教师知识)和灵活的教学技能(教学计划、课堂管理、提问、课堂反馈等方面的策略与技能,水平更高的教师能够灵活处理教学情境,和学生进行有效的互动和反馈),并且这些知识与技能经历了一定教学时间(教龄、经验)的积累而形成。

(二) 反思的理论基础及模型

1. 反思的理论基础

在教育领域,反思可以追溯至约翰·杜威(John Dewey),在杜威看来,"反思性思考,区别于被冠以'思考'之名的其他行动,它包含(1)一种能引发思考的状态,即处于怀疑、犹豫、困惑之中;(2)一种主动地搜索、寻觅、探究的行动,目的是寻找能够化解疑虑、解决和应对困惑的素材"[①]。杜威将反思视为对传统教师灌输式教学模式的挑战,学校高质量学习并非在学生独立状态下产生的,教师应该通过反思,创造能够支持此种学习的条件。他进一步提出,反思自身是一系列事件的结果,包括:初步思考、建立问题、提出假设、推理分析和检验假设。[②] 在杜威之后,唐纳德·舍恩(1983)从一个全新的视角阐释反思,在学术界掀起研究反思性实践的新热潮。舍恩描述了两种反思类型:对实践的反思和实践中的反思。前者与杜威的反思概念相似,它是一种带有目的性、有意识的行为,用于重新思考已有知识、观念、可能性、想法和行动。而后者是下意识的心理活动,在一些学者看来,此类心理活动是经验学习的结果。在实践中反思不仅能够解释反思在具体实践情境中如何发挥作用,还使我们看到有关实践的隐性知识。[③]

教育界对舍恩的反思性实践反响较为强烈,佐藤学极力倡导教师从技术熟练者到反思性实践家转变,范梅南从舍恩的概念出发,从现象学的角度对反思性实践的教育性特征做了阐述。[④] 我国学者 20 世纪 90 年代末开始关注这一领域,总的来说,学者们虽然一致认可反思在教师专业成长中的积极作用,但反思的定义

---

① Dewey, J. How we think: A restatement of the relation of reflective thingking to the educative process [M]. Boston: Heath, 1933:12.

② Dewey, J. How we think: A restatement of the relation of reflective thingking to the educative process [M]. Boston: Heath, 1933:114.

③ [澳]约翰·洛克伦. 专家型教师做什么[M]. 李琼,张弘治 译. 上海:华东师范大学出版社,2012:171—172.

④ 李莉春. 教师在行动中反思的层次与能力[J]. 北京大学教育评论,2008,21(1):92—105 + 190.

尚未统一，教师反思的内容也呈现出多样化特点。[①]

2. 反思的类型与层次

正如前文所言，教师教学反思的内容、层次都影响着反思的质量。就反思的层次而言，受启发于哈贝马斯的三种认知旨趣，范梅南提出过教学反思的三个取向[②]：(1)技术取向的反思指向效率，关注结果表现，焦点在于是否达到预先设定的目的和效率，主要通过控制的方式达到目的。(2)实践取向则关注实践中的对话、沟通与互动，关注意义的形成，试图理解个人及其所处的历史文化环境。(3)批判取向指向解放学生，通过批判、审视权力关系追求社会正义与公平。此后，不少学者在后续的研究中提出了反思的不同层次与类型，丁道勇(2008)对不同类型的反思进行了归纳，下表截取了其中的几种：[③]

表9.2 教师反思类型的三种观点

Calderhead 三类型说	Grimmett 三类型说	Valli 五类型说
1. 技术反思：对教学过程的思考，接受经验研究的检验。 2. 慎思：反思实践中暗含的价值。 3. 个人教学哲学：检验自己、他人的教育信念，发展一致、明确的教学观念。	1. 行动的工具性调节：通过反思带来更深思熟虑的行为，包括研究发现和教育理论的实践应用。 2. 对多种观点的慎思：对各种"好教学"的观点进行慎思。 3. 经验重构：重构一些理所当然的假设，包括行动背景、教师身份、教学观念等。	1. 技术反思：对教学领域的技术、能力的反思。 2. 基于行动的反思，对行动的反思：前者是教师在课后的回顾性思考，后者是在教学行动中的决定。 3. 慎思：强调教师决策应该基于多种资源。 4. 个人反思：个人成长及其与专业生活的关系。 5. 批判反思：促进理解，提升弱势群体的生活质量。

近年来，关于实践反思颇有影响力的模型之一是科瑟根提出的反思层次的洋

---

① 胡惠闵，王建军 编著. 教师专业发展[M]. 上海：华东师范大学出版社，2014：151—153.

② Van Manen, M. Linking ways of knowing with ways of being practical [J]. Curriculum Inquiry, 1977, 6(3)：205-228.

③ 丁道勇. 教师反思的水平模型及其应用[J]. 教育发展研究，2012，32(22)：31—35.

葱模型①。"洋葱模型"的外层包括环境（所有外在于教师的内容）、教师行为、能力；内层包含信念（belief）、身份认同（identity）、使命（mission）。这一模型背后包含了"内层决定个体外层次的表现，外层对内层有相对影响"的内涵。自杜威以来的大多数反思观都有一个共同的取向：对经验的理性分析，强调问题情境和反思过程中的理性思考和行动改变。这一反思取向也因过分强调理性思维的重要性，忽略了教师在成长为教学专家过程中的认知、情感、社会和个人发展的需要。科瑟根所提倡的核心反思，提倡转向对认知、情感和动机多方面的关注。教师不仅仅是对专业从业者的身份进行理性反思，他们更是一个"人"从情绪、需求和思维的维度进行反思。②

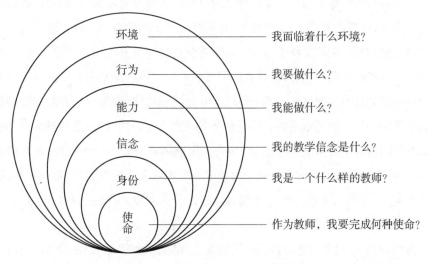

图 9.1　科瑟根的反思"洋葱"模型

　　综上，范梅南的反思取向、科瑟根的洋葱模型都为本研究教师的反思提供了一个分析框架。因此，文章讨论部分将对休伯曼（1993）、戴和顾青（2010）等人的教师职业发展阶段进行讨论。

① Korthagen, F., & Vasalos, A. Levels in reflection: Core reflection as a means to enhance professional growth [J]. Teachers and Teaching, 2005, 11(1): 47 - 71.
② 周钧，张正慈. 从对经验的理性反思到基于核心品质的反思——评科萨根反思观的变革[J]. 比较教育研究，2017，39(11)：63—69.

三、个案研究方法与设计

（一）个案研究的选择

优秀教师的涵义广泛，从不同的主题来看会有不同的界定。在笔者选择本研究的个案时，我国近年来在许多地区兴起的名师工作室为本研究提供了一个较好的切入口。以往的研究关注过特级教师的成长经历，然而，特级教师毕竟是少数，尤其是在一定区域范围内。而区域型名师，一方面是由政府鉴定、筛选的，一般来说，取得了一定的教学与科研的成就；另一方面，名师也是被一线教师广泛接受和认可的。名师的影响力高于一定区域范围（校级、区级和省市级）内的骨干教师或学科带头人；这意味着，这一荣誉称号，首先有层级上的区分，如校级名师、区级名师、省市级名师和国家级名师；另外，名师需要在学科上有一定的经验和成绩，是作为"名"的基础。此外，名师至少有以下几层内涵：（1）名师是拥有一定教学经验（教龄）的教师；（2）名师有着相对成熟的专业知识和技能（即至少拥有常规的知识和教学技能专长），更高水平的名师则是拥有适应性专长的专家，能够灵活而创造性处理不同情境中的问题；（3）名师，是在一定范围内有知名度的教师；在本研究中，名师的头衔是教育行政部门授予的。区域范围可分为区级名师、市级名师、国家级名师等。因此，本研究把区域型名师作为研究对象，分析他们的专业成长生涯中的关键事件。

因此，本研究对象的选择遵循以下原则。首先，该教师是区域型名师，是由本地的教育行政部门正式授予名师头衔的教师。其次，教师在教学、科研上都有着突出的成就，如获得过高水平的教学竞赛奖励、在高水平的期刊上发表过论文或者独立主持过市级以上的课题。值得一提的是，教龄并非本研究选择对象的依据，因为从专长的视角来看，年轻教师也有可能在短时间内成长为一名专家型教师。最终，本研究在广东省经济较为发达的一线城市 Z 市范围内，根据目的性取样的原则，选取了该市六名市级名师或区域型名师。六位研究对象涵盖经验丰富教师和年轻教师，学段涵盖小学、中学各学段，学科涵盖语文、数学、历史、化学四个学科。其中两位是特级教师，另有一位是仅有九年教龄的青年教师，不过她已经成长为区域型名师，是区域内成长的典型。

表 9.3　教师反思研究对象的基本信息

代号	性别	学段/学科	教龄	备注
T1	男	初中数学	27	Z 市名师,学校教研主任
T2	女	小学语文	24	Z 市 A 区首席教师
T3	女	小学数学	19	Z 市 A 区小学教学副校长
T4	女	高中历史	21	特级教师,Z 市名师
T5	男	高中语文	31	特级教师,Z 市名师
T6	女	高中化学	9	Z 市 A 区名师

(二) 资料收集与分析方法

访谈、文件、文档材料是质性研究中最为常用的三种收集资料的方式。一般来说,采访则具有见解深刻、针对性的优点;文件和档案记录具有稳定、自然、真实、覆盖面广、精确的优势。本研究收集资料的主要方法为访谈和文件资料。

1. 文件档案类资料

文档类的证据资料可以表现为多种形式,在本研究中,具体可以呈现为:(1)公开文件资料,包括区域教育部门对名师工作室的相关报道、政策文件,教师发表的文章,撰写的公开博客(Bolg)、日志等,工作室网站上公布的资料等可公开查询的文件资料。在进行正式访谈之前,笔者会就这些公开文件进行了解,尤其是教师在文章或博客中关于参与工作室的表述,如有需要,会在访谈中进行追问。(2)访谈对象提供的文件资料,如教师自己的反思日志、成长日记等等。

2. 访谈

访谈是一种有目的的对话,是研究者期望了解访谈对象所想或所认为的事物,目的是让我们得以理解他人的观点。如帕顿所言:[1]"我们通过访谈来发现我们无法直接观察到的事……我们无法观察感觉、思想与意图;我们无法观察在某个早先时刻所发生的行为;我们无法观察排除观察者在场的状况;我们无法观察

---

① Patton, M. Q. Qualitative research and evaluation methods [M]. 3rd ed. Thousand Oaks, CA: Sage, 2002:341.

人们如何组织世界，以及他们赋予世界上发生事情的意义。我们必须问人们这些问题。"关于访谈的类型，一般来说有三种：高度结构的访谈、半结构访谈和非结构访谈。本研究主要采取的是半结构访谈，时长为 60 分钟到 100 分钟不等。研究者预设了一些基本的问题，如教师的基本信息（教龄、所教学科、工作经历等），成长生涯中有哪些关键的事或人，理想中的教师或课堂是什么样子？这些预设问题一方面是为了了解访谈对象的基本信息，另一方面是为了让研究能够打开"话匣子"，以便对访谈对象描述的事件进行追问。在追问过程中，笔者首先注重对"关键事件"的把握，因此在访谈过程中会利用"＊老师在指导你的过程中你印象最深的一件事"或"这些活动中你最为感兴趣、收获最大的是哪件事？"其次，把握一些案例、比喻的重要作用。如教师有着各自的学科背景，在谈及相关主题时笔者会用"能不能（结合学科）举个例子"等策略。在正式访谈中，征得教师同意的基础上进行录音，并在访谈结束后将录音内容转录为文字。

访谈分为两个不同的周期，在首轮访谈中，笔者主要是了解受访者的基本信息。在首轮访谈资料的整理上，为了更好地回应本研究的理论框架（即生涯阶段理论和反思理论），笔者会根据实际情况对部分受访者进行二次回访，或者针对首轮访谈中一些不够深入的问题，通过网络的方式进行追问，以便获得更翔实的结果。

3. 资料编码

在对所有文字资料进行初步整理之后，对文本进行开放式编码（coding），寻找类属（category）。笔者认为，分析资料时首次建立的编码通常是一个初步尝试，不必是"唯一的、正确的，甚至不必是最好的选择"。[①] 萨达纳区分了编码（codes）、类属（category）和概念（concepts）的区别：资料编码分析是通过单词或短语来概括数据中呈现的语言的总结性的、显著的（salient）、抓本质的（essence-capturing）、生成性的特质。[②] 类属则是将多样的资料和编码进行归类整理，呈现出展现的共性的东西，类属帮助我们从大量原始数据材料中抽离出来。概念则是更为概括性的、抽象的建构，通常是与一定的理论观点或框架联系在一起的。这几类编码的关系可见于萨达纳（Saldaña）的编码流程图。对于资料的分析过程，质性资料的编码、

---

① 陈向明. 质的研究方法与社会科学研究［M］.北京：教育科学出版社，2000：287.

② Saldaña. J. The coding manual for qualitative researchers［M］. 2nd ed. London: Sage, 2013:13.

分类和主题之间是一个互动的、进化的过程。因此,在图9.2的流程图中,笔者认为类属、概念、理论三者之间是一个双向互动的关系。

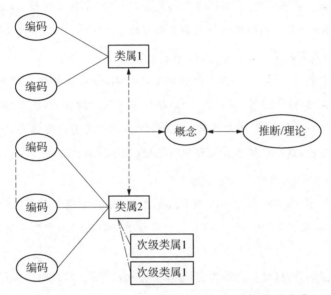

图9.2　资料分析中编码、类属、概念之间的关系[1]

四、研究发现

研究共归纳了教师三种反思层次,分别是技术水平的反思、实践水平的反思和批判性的反思。

(一) 技术水平的反思:"教"好以"安身立命"

笔者把教师生涯初期的反思归纳为聚焦于"教"的反思,这体现在教师的反思多聚焦于教材、教学设计、教案的反思。

1. 聚焦于"教"的反思

(1)教材反思。T2老师谈到了她在从教生涯初期的教材准备工作,反复琢磨教材是生涯初期的典型特征。

---

① Richards, L. , & Morse, J. Read me first for an introduction to qualitative methods [M]. Newbury Park, CA: Sage, 2007.

每一学期开学就跟学校要两本三本教材,自己备课时每篇课文要读一遍,直到一个地方都没有读错的地方。你自己读的过程,每一遍都有更深刻的理解。独立备完了再去看参考资料,什么地方我想到了,哪些地方我没有想到,这样不会让教参先入为主,而是把你的想法与教参里面好的进行融合。(T2 访谈)

(2)教学设计反思。

有时候参加公开课,我的教案会推翻了八九次,每次设计和试讲要经得起全校的老师的批评,每个老师,提不同意见,把你批得遍体鳞伤的,优点都不要说了。这个过程中,你也要想,老师们说的有没有道理,你认为有道理你要改;你认为没道理的你要坚持,这个时候怎么融合就很关键。(T3 访谈)

(3)课是在"演"教案

刚开始教学时,你不敢轻易地离开你的教案,你属于在背教案,演教案,我就是一个演员,我要把它"演"好,我要在这个舞台上把好的理念和想法演出来。(T2 访谈)

需要注意的是,这种反思的内容,教师只是关注单向的教,而较少没有考虑学生的学。

2. 在控制之内的"教"

从方式上来看,这一段的反思都指向于一种能够控制的"教"。这种控制体现在"不敢让课出问题","只敢按照自己的剧本走"。如下两位老师说。

为了要上好公开课,会设计很多的方案,如果学生这么回答,就用方案1,那么回答,就用方案2。一旦学生(超)出了你的方案,学生课堂生成的东西,突然给你提问题,你不知道该怎么应答,很难应付。(T2 访谈)

我自己到第四年的时候,我觉得我进课堂的时候,我的心还是怦怦跳,至少要三分钟才能静下来。一节课想上得严丝合缝的,不让任何一个环节出问题。(T1 访谈)

3. 聚焦于成绩以"安身立命"

从反思的目的上来看,作为青年教师势必要经历一段生存期,而了了生存,必须把教的效率摆在首位,按照教师的说法,这是他们能够在学校"安身立命"的基础。

应试教育在作怪,老师一大部分精力还是把它放在如何提高学生的成绩之

上。这是他的生存之本,在期末的评比主要还是看成绩。(T1　访谈)

我们还有一个跨不过去的坎,我们要考试。历史老师是要有效的,就是你要在你规定的时间内高效地完成你的任务。(T4　访谈)

从受访者的反馈来看,所有教师都认同这一段时期的必然性,这是青年教师职业生涯的"沉淀"期,是教师进一步成长的基础。如访谈者所言,"年轻老师,首先要沉下去,然后他才能够起来。"(T4　访谈)、"青年教师是有沉淀的(T6　访谈)"。这种"沉淀"期一般需要经历三到六年不等,或一轮或两轮教学周期才能够完成。这时候,教师基本上能够掌控课堂,也逐渐有了自己的教学风格,度过了安身立命期。这与休伯曼(1993)、戴和顾青(2010)等人的发现相似,早期的3～6年是教师安全感、建立教学效能感的关键,也是教师能否持续投入到教学中的决定因素。

(二) 实践性反思:关于师生互动和学科意义的反思

从第一层次的反思到第二层次的反思,教师反思的内容、方式和指向都发生了明显的变化。第一层次的反思多是单向的教的反思,而第二层次的反思则更多地指向教师、学生和教材三者互动的反思。从资料分析结果来看,主要分为三个方面:一是从"教什么"到"为什么教"的反思;第二是反思课堂的互动;第三则是反思学科价值与学生成长的关系。

1. 从"教什么"到"为什么教"的反思

如下几位教师所言:

有些老师教一辈子,二三十年,就是拿着参考书,参考书上怎么教,他就怎么教。他没有自己的观念,没有自己的思想,他就是一个参考书的复制者。他不能离开参考书,更不知道为什么要这样教。(T2　访谈)

教学五到十年这一段,就多想一想为什么的问题,这个环节为什么这么设计?而不是像原来一样,我老师就是这么教我的,那我也这么教。自己的疑惑要慢慢解释清楚,而且要形成自己的体系。并且要慢慢知道,别人是怎么看这个问题的,我是怎么看这个问题,怎么解决这个问题的,哪种解决方式是最好的。(T1　访谈)

教师成长中,最忌讳的是,很多老师拼命地到外面去学习、去听课,去区里、市里看展示课,效果却不明显。原因是:有的人去听课,他却连好课的标准是什么都没思考过。带着目的和不带目的去听课的时候,回来的效果就不一样。有的人学回来的是，英语课上我可以唱点英语歌，其实这是表象。他学来的实际上是一种形式，我学来的东西在什么样的状态下使用的效果是最好呢？他没有带着这些问题去看，没有深入地思考。（T3　访谈）

2. 反思课堂互动

第二个特征是教师逐渐从关注自己的"教"到学生的"学"。

以前别人说，我的课讲得很好。那时候我总是从老师的角度去定义好课，去理解教育。现在，站在学生的角度去思考教育，这是我这些年最大的变革。如果你还总是从老师的角度，用教师的表达去评价一节课，这是不完整的。一堂好课一定是看一节课中学生的表现如何，学生的呼应、师生的互动是不是真正开启了学生的探究。你在上面讲得花里胡哨，但是学生没有进入状态，学生总是被动学习，是说不上一节好课的。（T3　访谈）

以前是教案牵着你，学生回答问题的时候，你还要想着你的教案，老师不会全心全意地去听学生在讲什么。随着你的知识储备、阅历、经验丰富了，灵活地驾驭课堂的能力也越来越强，你觉得自己的课堂游刃有余，越来越灵活，随便你学生怎么回答我都可以很好反馈。当你游刃有余的时候，你就会非常注意倾听学生说的是什么，而且会针对学生说的什么，搭一个梯子，让学生再往上一步、再深一步，这样，学生的思维也会发展得更好。（T2　访谈）

成长生涯中对我的反思促进，主要还是学生，学生一些问题促使我再做一些反思。比如，我们搞了很多伪阅读。过去我很喜欢不断提问，有一次学生就问："老师，你课堂上怎么会有这么多问题呢？我怎么一个问题都没有。另外，这个问题我还没想明白，你另外一个问题又来了！"学生的问题，对老师来说，是最有价值的问题。那我就在想：对啊，为什么是我的问题，到底问题应该谁提？不应该是我提问啊，传道授业解惑，是我解学生的惑，现在变成学生解我的惑。后来想想，事实上，我在教这篇文章之前，已经给了他太多的预设，而没有从学生的角度去看这些阅读材料。（T5　访谈）

3. 学科意义的反思

第三个特征，教师反思的是自己所教的学科对学生成长的价值到底有哪些独特性。如下两位教师所说：

我们的语文教育，很多教师没有分清楚，小学到底教什么，初中到底教什么，高中教什么？难道就是文章长一点，写作难度大一点？但这只是量的差别，知识的差别到底在什么地方？首先，听、说、读、写，我觉得这四个字不是随便说的，它比较准确地表达了语文基础教育发展阶段和过程。以写作为例，小学的写，主要是在写观察，你看到什么？你刚刚才学会写字嘛！到小学的高年级呢，重点是要把你的观察到的写出来，形成文字，而且是有序的观察。初中是以悟为主，初中生不仅仅是把你今天做了什么事情写下来，那没用，你今天悟到了什么，发现了什么。到高中，你不仅仅是悟到了一些什么，你还需要做一点研究，是基于研究的写作。换句话说，小学高年级的写作是基于观察的写作，初中的写作是基于感悟的写作，高中的写作是基于研究的写作。（T5　访谈）

学习历史的三个层次：了解、理解、见解。我觉得一个学生学习历史的最高境界，不是仅仅知道这些史实，关键是通过这些历史事件的梳理，通过对这些历史规律的探寻，你能有自己的见解。历史应该培养学生的批判性思维、逻辑能力、历史的概括能力以及对历史的甄别能力。我教的学生有一点什么好呢，就是不管他将来学文学理，很多学医的、学金融的，毕业以后会问我，老师最近有没有什么好书可以推荐。因为他不仅仅把历史当成应试的科目，他们听了我的课以后会觉得历史是一个很重要的学科。我觉得这是我最成功的（笑）。（T4　访谈）

在教师职业生涯发展阶段中，早期的沉淀有明显的时间周期特征，而在教师成长的中期，这种时间的界限变得不清楚：有的教师发展得快，有的教师则逐渐沦为"教书匠"。在休伯曼的成长生涯中，7—18年这段时间是教师成长的分化期，会出现两类不同的教师。而能够促使教师向专家型教师变革的反思，主要体现为三类：一是反思为什么，二是反思学生的"学"，三是反思学科价值与学生成长之间的联系。我们可以看到，这一层次的反思的方式已经不仅仅是"控制"，而是更多地通过互动的反思探寻学科的意义、学生学习的意义。

（三）批判性反思：超越学科的教育思考和指向教育公平的反思

第三个层次的反思，在哈贝马斯的认知旨趣里，是一种批判性的、指向解放的反思。通过批判性地审视学校、课堂、师生之间的权力关系，着眼于教育如何致力于社会公平与正义的问题。在资料分析中，笔者发现，并非所有教师都有这个层次的反思，少数教师能有这个层次的思考。在已有的资料中，笔者归纳了两种批判性的反思，一是超越学科的、定位为"培养什么样的人"的思考，另一种则是指向教育公平的反思。

1. 超越学科,反思"培养什么样的人"

有两位教师谈到了自己在职业生涯中后期思考的更多的问题是,教育如何为培养人服务。他们虽然都有特定的学科背景,但在这个问题的反思上却能够超越学科界定的范畴,在笔者看来,这比上一层次的学科价值又更进了一步。如下两位教师所言:

我自己有小孩,我一直强调,能力才是你未来的生存之道。什么是能力,比如说表达能力,解决问题能力。能力有很多面,这些东西,都是你未来需要努力的。这种对生活的感悟,也促使我对教育,有新的认识。己所不欲,勿施于人,对小孩也是一样,如果我们跳出那种对小孩的成人要求的时候,你才会看到他们每一点点的进步,你也很骄傲。(T3 访谈)

历史不仅要有趣、有料、有效,还要有人。有趣意味着史料在课堂呈现要鲜活起来,有料表明要"言之有据,论从史出",有效是不仅要让学生有思想,还要抓分数,掌握应试技巧。一个高中历史老师眼里需要有人的,生命课堂,让学生真正地活起来。历史教育,传递的是价值观。知识等其他一切都只是手段。教室不仅是一个物质性的空间,更应该是一方充满文化气息的生命发展场。(T4 访谈)

2. 关于教育公平的反思

教师与学生,实质上存在不平等的权力关系。尤其在中国文化中,"师"的权力地位高于"生"。而如何反思这种关系中的不平等,探索一种真正平等关系,对这些问题的思考,也显示了教师的批判性反思。

我们常说,要蹲下来、弯下腰来和学生对话。我们也看到很多公开课,老师蹲下来,面对面和学生对话,其实只是在形式上平等,只是表象。你有没有在他的需求上跟他平等,你有没有站在孩子的角度去思考他的需求。只有你站在孩子的角度看待他的需求的时候,你才会真正地把你的腰弯下来。在一次外国人的课堂上,我看到老师也没有形式上的低头弯腰,但是你能够感受到老师和学生是如此的平等。他就完全可以站在学生的角度去思考问题,理解学生为什么这么说,然后给出适当的引导,所以那些学生就会觉得,老师就是他的朋友,是一个很理解他们的朋友。(T3 访谈)

对自己教育影响最深刻的,是自己当了父亲以后,我的孩子新迁到一个小学,他插班加入一个腰鼓兴趣班。有一次我路过学校,发现我自己的孩子站在旁边,像罚站一样。当时有种冲动,给指导老师说,你怎么可以这么对我的孩子?我当时想,人家会给你很多理由,你是中途插班的,没法合练,会影响大家的进度。我自己也是教育教学工作者,自己在课堂中,我让学生站的时候,以后我就会多想一下,这个孩子如果是我的,我会怎么处理?如果对方孩子的父亲母亲看到了这样的情况作何感想?我的孩子没有考好,我讽刺挖苦他,人家父母怎么想?所以,有时候,我想要把别人的孩子当作自己的孩子的时候,一个老师才能称之为一个称职的老师或者优秀的老师。自己养儿养女不容易,自己的孩子受到不公平待遇的时候,自己才会多为孩子多想。(T1 访谈)

以上的反思是以一种批判性的视角,审视课堂中的师生权力关系,反思的主要内容是超越学科的教育理解,即教育应该培养什么样的人,以及如何培养人的问题,其指向是课堂中的公正,旨在解放学生。课程的主要目的是培养学生应对生活的能力。

表9.4 教师反思的水平、指向和内容

水平	反思指向	方式	教师反思的主要内容	课程与学生的地位
技术性反思	指向效率,以结果表现为主	控制	教材反思,教学设计的反思,课是否达到预期要求,是否获得良好的成绩	学生与课程均是被教师"控制"的对象,学生是被单向"教授"的对象,是台下的观众;课程是材料,规定了一系列教师需要达到的教学目标
实践性反思	指向深刻的意义,理解经验与价值	对话,交流与互动	对课堂互动(如学生反馈)的反思;形成学生学习的深刻理解;对学科价值的理解	学生与课程均是教师互动的重要资源;学生课堂互动是教师反思的重要资源,"理解"学生学习;学科的深刻理解,展现不同学科的价值
批判性反思	指向解放学生,追求社会正义与公平	批判,审视权力关系视	超越学科,对教育的理解;深刻理解师生关系的生态,师生之间的平等	教师与学生是课堂生态中平等的双方,处于权力强势的教师如何才能真正对待每一个学生;课程是为了解放学生,培养学生应对生活的能力

综上所述，在教师的生涯反思中，三种反思体现出不同的内容、方式和指向，课程与学生在其中都体现出不同的地位。下表归纳了这三种层次的反思。

需要指出的是，教师反思虽然在概念上可以分成不同的层次，这并非意味着某一层次高于另一层次。每一层次都有其价值和功能，而技术性取向的反思起着重要的基础作用。

五、影响教师反思的因素："个人—人际—社会结构"的交互作用

个体的人格特征或特质、人际互动和社会结构之间的互动是影响人行动的重要因素。本研究从这三个方面分析了个人因素、人际因素及结构因素对教师反思的影响。

(一) 个人因素

在杜威看来，三种能够促进个体进行反思的态度是：思想开放，全身心投入，富有责任感。这三种态度之所以重要，是因为它们使得人们"知道"反思，还能进一步去"运用"反思。思想开放表现为乐于接受新的观点和机会，具备这种态度的个体能够做好准备聆听各方、各个视角的观点，尤其是在这些观点与自身想法发生冲突时，能够承认此前的观点可能是错误。全身心投入指受观点和想法所吸引，"一个老师如果能在学生之中激发出这样的热情，那么他所达到的成就是再多按部就班地教学也无法比拟的"。[1] 责任感是指从所学之中探寻意义。这涉及思考某种行为的潜在结果，以及探寻持有某种想法、理念的价值所在。这三种态度是反思的基础。[2]

在本研究中，几位教师的这种特质也表现得很明显，教师能够持续投入反思，出于他们对教学的热爱，以及在教学中持续获得的责任感。如下几位老师所说，"那时候就是一门心思扑在教学上。真的是热爱教学，对教学充满热情。"(T2)"现在年龄大了，好像做其他事情都没有在教学上给我带来这么大的成就感"(T1)。

---

① Dewey, J. How we think: A restatement of the relation of reflective thingking to the educative process [M]. Boston: Heath, 1933:32.
② [澳]约翰·洛克伦. 专家型教师做什么[M]. 李琼，张弘治 译. 上海：华东师范大学出版社，2012:171—172.

"我很享受课堂,享受跟学生在一起"(T4)。

此外,五位教师也体现出对学习的开放态度。他们愿意接纳新事物,对教学的不知足,并愿意接受原有知识、经验的不足,改进自身。

(二) 人际互动的影响

个人特质是一个方面,然而,教师能够持续进行反思必然受到周遭情境的影响。分析发现,教师生涯中人际互动对教师的反思促进作用也非常明显。人际互动可分为两个层面,一个是校内的人际互动,另一是校外的人际互动。

1. 校内人际互动:教学师傅、教研组同事及学校领导的影响

学校是教师学习的主要场所。从教师生涯的反思来看,学校中的师傅、学科教研组的同事以及学校领导的支持都对教师的生涯发展起到了重要的作用。

我的师傅很好,他是帮助你打基本功的。做个不太恰当的比喻吧,比如一个小宝宝,学校里的师傅就像是一个精心的"月嫂",他要时刻关注到你的吃喝拉撒睡。师傅的课我得去听一轮,我自己上课之前也得听一下我师傅是怎么讲的吧。最基本的教学和技巧,都是跟着师傅磨出来的,这就是一个打基础的过程。(T6 访谈)

刚工作的时候,教研组里的老师,对我的帮助是非常大的。当时我们有三个老教师,非常非常敬业,他们的教学技艺、为人处世的道理、人格魅力对我影响都很大。身边有这些优秀的老教师,我自己就想,老教师都教了这么多年了,还这么敬业,还这么一丝不苟,我们那么年轻,没有资格,也没有理由不做好工作。……他的人格魅力也影响到你,你看他这么认真地做事情,陪着你,你的课要是上不好,不光是为了自己,我都觉得对不起他。(T2 访谈)

学校领导觉得你有潜质,很赏识,就会给你很多平台去展示,领导的支持和鼓励作用也很大。(T1、T2 访谈)

2. 校外:区域教研员、名师等更高水平教师的影响

校内的师傅对一个新教师而言,有着不可或缺的作用,他对新教师的基本技能、适应学校情境都起到了关键的作用。而当教师熟悉了基本的教学、学生和学校环境以后,在教研组中的磨砺也有可能进一步促进教师的学习。在温格看来,一个成熟的、边界清晰的共同体,有可能不利于知识的创新,可能会妨碍成员的学习。得益于我国教师专业成长的多层多级系统,除了学校之外,区域甚至高级别

的培训让教师们有机会"走出去看一看"。如下几位教师就提到了他们校外的"贵人"在她们职业生涯中的影响。

（Z老师是区教研员，成立了名师工作室，T6老师是其中一员）在你成长的过程中，需要有人逼你，让你写东西、干点这个、干点那个，让你参加各种比赛，给你创造非常多的机会。跟同龄人一比，为什么你10年发展的会比较突出。这一比较我就知道，没有人领着你、逼你做、逼你学、没有人骂你（笑），在你做不好的时候说你，当时你会觉得很舒服，上完课就没什么事，到最后你确实是什么都没有。所以我们一直在讲一句话，虽然我们不是千里马，但也希望有伯乐能带一带我。（T6　访谈）

参与名师工作室，对我最大的促进，就是让我知道了一些问题的价值。这也让我明白，提出问题比解决问题有价值得多。老师习惯低着头做一些具体的事情，有一些问题没有想，但是有人突然把这个问题抛出来之后，它好像把很多零散的东西给串起来了。有一天，（名师工作室的主持人）突然问了一个问题，是语文老师价值危机的问题，你有没有意识到语文老师的价值危机？如果语文老师是专业的，所谓专业，就是没有经过训练的人无法从事的行业。可是我们现在的语文老师，有些政治老师也可以来教语文，教的还很好！有的老师，教不了数学，教不了英语，那过来教语文呗！那语文教师的独特价值在哪里？这就是语文学科老师的专业价值问题，专业价值在哪里？我觉得这个问题是促进我们老师专业发展的一个根本问题。我觉得我如果把这个问题想明白，我也算得上是个语文专家。（T5　访谈）

从人际因素来看，学校的师傅和校外高水平的专家起着不同的作用。前者多为经验丰富的老教师，师傅在新教师打基础的作用上十分明显，正如T6所比喻的那样，"师傅就像保姆，管你的吃喝拉撒睡！"；而更高水平的教师，比如区域的教研员，他们更倾向于是专家型教师。如T6把名师比喻成他成长路上的"伯乐"："我虽然不是千里马，但也希望有伯乐来带领我跑得更快、更远！"。"伯乐"和"保姆"这两种比喻道出了教师在成长过程中所需人际互动的差异，师傅则是"打基础"，尤其是新手教师成长初期起到重要作用；后者则更倾向于基于现有需求，开发教师的潜能，让教师突破自己的最近发展区。

（三）结构因素：学校与区域结构、文化的作用

除去人际互动的因素，教师所处的学校及区域的结构安排也是促进教师不断

反思,改进教学的关键。学校和区域的结构性安排为教师职业生涯初期的基本功打下基础。其次,学校的文化促进教师反思,让教师突破已有知识成为可能。

首先,学校或区域结构的安排为教师的教学基本质量打下基础。学校的结构性安排,如师徒带教、日常教研活动(集体备课、听评课等)等活动为教师的教学基本功打下了良好的基础,而这些基础也是教师能够进一步持续成长的"地基"。

青年教师是需要沉淀的。这种沉淀需要学校教研组帮助青年教师熟悉教材、教学设计,保障课堂质量基本过关。(T6 访谈)

其次,学校、区域的各级各类专业发展活动,如教学竞赛、更高级别的公开课等,也是促进教师能够反思并改进教学的重要因素。此外,学校对职称考核的一些要求,教师的反思也可能将这些压力变为动力:

以前我会觉得,老师评职称为什么一定要有文章啊? 我们的工作已经那么辛苦了,为什么要拿这些要求来卡我们? 但是我现在觉得,你不写、不发,别人认识不到你做了什么。写出来,说明你自己总结了,思考了;发出来说明你得到了社会的认可。这就是一个积累反思的过程,是一个提升的过程。(T6 访谈)

在教师职业生涯发展的阶段中,有两种维度的专长发展[1],横向维度专长(horizontal expertise)的发展依赖于时间和经验的积累,这些时间和经验对新手教师而言非常关键,即本研究中教师提到的"沉淀"、"基本功"等,这些是教师能否成为优秀教师的基础。在一些学者看来,这一时期需要经过3—6年的时间,戴杰斯和顾青(Day & Gu)认为这是教师熟悉教学事务,获得教学效能感和安全感的时期。本研究教师们所谓的"安身立命"期即呈现出这种特点。然后,当教师积累了一定的教学经验,教师的专长发展呈现出分化,这也是为什么有的教师可以在短时间内迅速成长,而有的教师"教了几十年书,只是一个教书匠"?"教书匠"型教师与研究型教师的区别在一定程度上取决于教师纵向维度(vertical)专长发展,这一维度强调的是教师实践经验的系统思考和反思。教师专长横向维度的发展,一方面依赖于教师对自我整体经验的反思,另一方面取决于人际互动和结构因素,这些因素起到脚手架的作用,促进教师跨越已有知识的边界,达成最近发展区

---

[1] Dall'Alba, G., & Sandberg, J. Unveiling professional development: A critical review of stage models [J]. Review of Educational Research, 2006, 76(3):383-412.

目标。

第三,学校结构可能带来限制。同一学校教师之间水平的同质性,可能会对教师学习有着不利的影响。在本研究中,我们发现两个关键因素,一是学校领导的支持力度。"不同学校的领导对教师专业发展的支持不同,有的不愿意老师出去,有的很愿意把老师送出去"。另一个因素是学校的同僚文化。如某位教师所说,"同事之间抬头不见低头见,所以平时保持和谐很重要"。

从结构因素来看,我国教师专业学习的主要场所是以学校为本,然而,我们也需要意识到校本可能带来的消极因素。因为"同一学校的教师水平差异不会太大""彼此很熟悉,有些话当面又不好说""人外有人,天外有天"这些结构的反思,让教师们想"走出去看一看""走出学校,看看不同的学校、教师都在做什么,这能够打开你的新视野(T6 访谈)""我去外地支教的经历打开了自己的新视角,跟那些不发达的地方相比,我们才会意识到自己现在的工作环境多么幸福"(T3 访谈)。得益于我国教师的多层多级教研系统,让教师不断地有机会"走出去",向更高水平的教师学习。从本研究六位教师的成长来看,这些外部人士在他们教师专业的进一步发展中,也起到了重要的作用。

结语:本章运用范梅南的三个反思的水平作为分析框架,通过对六位名师的生涯回顾,归纳了他们教学生涯中各个阶段反思的不同内容、层次及指向。对于新手教师而言,一至两轮(一般 3—6 年)的教学经验是帮助教师打基本功的阶段,这一时期的教师反思多集中于"教",如教材、教学设计等,是一种单向的反思。教学师傅、教研组或区域公开课等结构性安排,是教师前期的"沉淀"阶段的重要影响因素。在教师生涯的试验再评估期,教师的专长发展出现速度差异,有的教师成长得快,有的教师成长较慢。这一阶段教师的反思多集中于师生互动和学科意义的反思,教师通过与学生、教材的互动,寻找教学的价值与意义。这一阶段的反思也是专长发展的分化期,教师能否发展出适应性或流动性的专长,是区别专家教师和有经验教师的重要特征。在教师反思的第三个水平,教师往往能够超越学科,更多定位于"培养人"的思考;在课堂实践中能够批判师生权力的不平等。在一些教师的成长经历中,学校的文化,如"和谐"甚至有可能阻碍教师的学习,这一观点我们在第四章的讨论中已有所提及。因此,教师如何寻找机会,向学校外寻找支持,与更高水平的教师,如教研员、名师的互动,也是促进教师持续成长的关键要素。得益于我国多级多层的教研体系,教师若有足够自主性,他们能够获得充足的机会。最后,尽管这三个层次没有优劣之分,但我们期望本研究能够帮助教师,反思自己的反思处在何种水平,意识到日常教学反思中的问题,真正实现以反思促进教学;此外,本研究中教师的故事及诸多本土语言,诸如"安身立命""月嫂""伯乐"等,期望能够引起一线教师的共鸣,为教师们提供一些启发。

第十章
教师跨界学习的理论基础与实证研究

一、复杂情境中的边界与教师跨界学习

在教育改革时代,提高教师素质已经成为发展知识经济的重要政策手段。[①] 为了提高教学质量,许多国家都在寻求有效的教师专业发展体系或制度,以促进教师专业学习。[②] 过去的 20 年中,研究者明确提出了能使教师达到良好学习效果的教师专业发展项目特征,[③]但这些特征并不适用于所有的教师专业发展项目。[④] 一些研究者指出教师的专业学习受到情境和社会因素的影响[⑤],是在复杂的环境中以多种方式塑造而成。[⑥]

回顾已有文献发现,教师的学习情境主要被分为了两大类:校内和校外学习。校内的教师学习包括:师徒带教、听评课、教师合作。校外的教师学习包括:大学课程、区域教师培训、学校访问和研讨会。[⑦] 当教师在不同的学习情境转换时,教

① Paine, L., & Zeichner, K. The local and the global in reforming teaching and teacher education [J]. Comparative Education Review, 2012,56:4.
② Darling-Hammond, L., Wei, R. C., Andree, A., Richardson, N., & Orphanos, S. (2009). Professional learning in the learning profession [J]. Washington, DC: National Staff Development Council. 2009:12
③ Desimone, L. M. (2009). Improving impact studies of teachers' professional development: Toward better conceptualizations and measures. Educational Researcher, 38(3), 181 – 199.
④ Hill, H. C., Beisiegel, M., & Jacob R. Professional development research: Consensus, crossroads, and challenges [J]. Educational Researcher, 2013,42(9):476 – 487.
⑤ Putnam, R. T., & Borko, H. What do new views of knowledge and thinking have to say about research on teacher learning? [J]. Educational Researcher, 2000,29(1):4 – 15.
⑥ Borko, H. Professional development and teacher learning: Mapping the terrain [J]. Educational Researcher, 2004,33(8):3 – 15.
⑦ 朱旭东,裴淼. 教师学习模式研究:中国的经验[M]. 北京:北京师范大学出版社,2017.

师不仅面临着传统上的地理和组织边界，更面临着社会文化和知识的边界。以往，边界被视为一种消极的存在，阻碍了双方的沟通与学习，但今天人们逐渐认识到，边界隐含着学习的潜质。这意味着当教师在不同情境之间移动时，学习也会发生，[①]即当教师跨越不同的学习环境或情境时，教师的知识、能力、态度和身份会发生变化。[②] 以往的研究主要探讨了教师在校内情境的学习，而很少探讨教师在跨越校内和校外两种不同情境时是如何学习的。

在中国，这种现象非常突出。正如前文所述，中国教师的学习情境主要分为两类，校内情境和校外情境。在校内，中国教师被要求参加制度化的校本活动，例如：集体备课、听评课、公开课等。[③] 同时，他们还参与各种校外活动，例如：校外的教师专业发展项目、教学竞赛和区市级公共课。[④] 教师参与校内和校外两种不同情境的活动时，总会遇到边界，边界亦蕴含着丰富的学习资源。在过去的几年里，学校内的教师学习得到了大量的关注。例如，有研究者探讨了教师在教研组中的学习，[⑤]师徒制的教师学习[⑥]以及公共课中的教师学习。[⑦] 然而，中国教师在跨越校内和校外两种不同情境时是如何学习的却少有探究。

基于此，本章从学习理论的视角出发，从理论上分析教师学习的边界为何存在？边界成为教师学习的资源何以成为可能？跨界学习的机制是什么？并以教师参与名师工作室的专业学习过程的个案研究为例，探讨教师在跨越校内和校外

① Akkerman, S. F., & Bakker, A. Boundary crossing and boundary objects [J]. Review of Educational Research, 2011, 81(2): 132 - 169.

② Opfer, V. D., & Pedder, D. Conceptualizing teacher professional learning [J]. Review of Educational Research, 2011, 81(3): 376 - 407.

③ Wang, D., Wang, J., Li, H., & Li, L. School context and instructional capacity: A comparative study of professional learning communities in rural and urban schools in China [J]. International journal of educational development, 2017, 52: 1 - 9.

④ Tan, C. Learning from Shanghai: Lessons on achieving educational success [M]. Springer Science & Business Media, 2012.

⑤ Wong, J. L. N. Searching for good practice in teaching: A comparison of two subject-based professional learning communities in a secondary school in Shanghai [J]. Compare, 2010, 40(5): 623 - 639.

⑥ Wang, J., Strong, M., & Odell S J. Mentor-novice conversations about teaching: A comparison of two US and two Chinese cases [J]. Teachers College Record, 2004, 106(4): 775 - 813.

⑦ Han, X., & Paine, L. Teaching mathematics as deliberate practice through public lessons [J]. The Elementary School Journal, 2010, 110(4): 519 - 541.

两种情境中是如何跨界学习的。

二、教师跨界学习的理论基础①

（一）教师的边界及跨越

边界广泛存在于社会现象中。阿克曼和贝克(Akkerman & Bakker)从学习理论的视角全面阐述了边界研究，他们指出：边界是导致行动或互动中导致中断(discontinuity)的社会文化差异。这一概念看似简单，内涵却十分丰富。从中可以看出：(1)边界出现在双方或多方(个人、集体或组织)的互动中。(2)边界源于社会文化差异。这里的社会文化可以指双方的社会规范、结构、价值观、行为方式等。(3)中断(discontinuity)具有两面性。一是由于差异所造成的互动非连续性，二是双方存在联结的可能。中断并不等于分裂，双方可以通过寻找边界中的联系，以避免互动的完全断裂。

在教师学习中，边界之所以普遍存在，至少有三方面原因：首先，教学是一门专业。"专门职业"要求从业者经过长期的专业训练来掌握系统的专业知识和技能，从而提供不可或缺的服务，并拥有专业自主权。专门化(specialization)使边界变得越来越清晰。作为专业的教师，它所具备的专业知识、技能、社会功能等都区别于其他职业，因此，教师与律师、医生等职业存在明显的边界。第二，教师工作的实践性。尽管每个教师拥有相似的学科知识或技能基础，但其过往经验、实施方式或效果在课堂中千差万别，更重要的是，实践中所蕴含的差异往往导致边界的产生。第三，当前教师工作环境的复杂性。职前教师培训、在职教师专业发展都需要教师与不同的人或组织实体互动。概言之，专业属性的不同、个人所处文化历史经验的不同、现实情境的不同、实践的不同等"差异"都导致了边界的产生。

差异导致边界普遍存在，然而，人们在差异中寻找关联的过程，又使边界跨越发展为一项研究议题。社会科学领域对边界跨越的兴趣兴起于斯塔尔和格里斯

---

① 本部分内容在以下发表文章的基础上有所增删、修改：郑鑫,尹弘飚,王晓芳. 跨越教师学习的边界
[J]. 教育发展研究,2015,35(10):59—65.

莫(Star & Griesemer)于 20 世纪 80 年代末的研究,他们观察了不同职业的新手和专家,比较他们在不同社会或工作情境中的合作活动,辨别哪些机制可以提高协作的效率。他们提出了边界物件(boundary object)的概念。研究发现,当一些活动目标可以反映不同主体的声音,且所使用的边界物尽可能满足不同成员的需求时,小组协作的成效往往更高效。[①]

斯塔尔和格里斯莫(Star & Griesemer)的研究被广泛借鉴。从 1995 年开始,边界跨越研究受到广泛关注。边界研究与学习理论的结合,也使边界及跨界成为学习领域关注的问题之一,边界中的学习"潜质"逐渐被意识到。近 20 年学习理论的发展指出,学习不仅仅是单一领域知识纵向增长的过程(如从新手教师变成专家教师),也是横向发展的过程,横向学习发生在不同领域的跨越过程中。跨界研究与两种学习理论相结合,一是文化历史活动理论(Cultural Historical Activity Theory),它把跨界学习视为两个不同活动系统的互动过程;二是实践共同体理论,强调跨界学习是两个实践共同体的相互参与和协作。两者都强调边界及跨界安排中所隐藏的学习的潜能。这两种理论视角提供了两种分析跨界学习的框架,可以帮助我们理解和分析跨界活动中的教师学习问题。

(二) 实践共同体理论中的边界及跨界学习

实践共同体是指一群人持续的互动,通过分享利害与共的事情、探讨共同的问题,以获得某领域更深入的知识和专长技能。实践共同体的概念源自情境学习理论,受到列昂·维果斯基最近发展区观点的启发,莱夫和温格意识到,个体的问题解决能力存在最近发展区,一方面体现在当他与更有经验的人合作时,另一方面体现在个体的日常经验与他所处社会文化知识之间存在差距时。他们考察了不同职业的新手如何通过参与共同体成为某领域的胜任的专业人员的过程,并提出了情境学习理论。该理论认为:学习与特定的情境有关,不能将学习者与其所处的历史和文化环境脱离开来。学习发生的方式与过程是"合法的边缘参与"的过程。"合法"意味着学习者是实践共同体的成员,而"边缘性参与"暗指学习是通过参与,从共同体的边缘发展到中心的过程。在此过程中,他们对共同体的理解、

---

① Star, S. L. , & Griesemer J R. Institutional ecology, translations' and boundary objects: Amateurs and professionals in Berkeley's Museum of Vertebrate Zoology, 1907 - 39 [J]. Social Studies of Science, 1989,19(3):387 - 420.

在其中的行动和身份变化都是学习的过程。

1. 教师跨界学习在哪里发生

实践共同体理论指出实践共同体是个体发生社会学习的场所，也是个体学习的最小分析单位。实践共同体包含三个要素：（1）针对某些议题的知识领域（domain），指社群成员所专注的主题。（2）关心这个领域的人组成的共同体（community）。（3）有共享的实践（practice），即共同体成员所共享的结构、工具、语言、故事和文件等。[①] 不同的实践共同体将组成不同的社会学习系统。社会学习系统的三大要素是：实践共同体、共同体的边界、身份。[②] 实践共同体的划分必然导致边界的出现。而每个个体都可以同时属于多个实践共同体、拥有多重身份。身份决定了学习者认识什么以及将怎么吸收知识，它是多重身份的总和。边界连接了不同的实践共同体，它是流动性的，不同共同体通过相互参与，使双方成员的历史经验、资源实现流动，从而建立起两个共同体之间的联系。

2. 教师在跨界学习中学到了什么

实践共同体理论指出，学习的产物是个体意义和身份（identity）的变化，这种变化发生于参与共同的意义协商过程。身份的基本问题是"我是谁"，关注是个体的自我与社会、文化之间的关系。身份决定了其行为、价值判断及选择。[③] 如新教师和老教师的称谓，指的不仅仅是教师的教龄，更包含着一种身份认同。与老教师相比，新手教师对整个学科组、行动规则与价值的了解，以及对共同体改变的影响都是不同的。

3. 教师跨界学习如何发生

在单一实践共同体中，学习是个体社会性参与实践共同体的过程。三种不同的参与模式分别是：（1）投入（engagement），与共同体成员一起共事；（2）想象（imagination），把自己视为共同体的一员，逐渐了解共同体的价值、理念等；（3）一致（alignment），充分了解共同体的行为规范及其背后的意义，按照共同体的原则

---

① Wenger, E., McDermott, R. A., & Snyder, W. Cultivating Communities of Practice: A Guide to Managing Knowledge [M]. Boston, MA: Harvard Business Press, 2002. 23 - 47.

② Wenger, E. Communities of Practice and Social Learning Systems [J]. Organization, 2000, 7(2): 226.

③ 叶菊艳. 叙述在教师身份研究中的运用——方法论上的考量[J]. 北京大学教育评论, 2013, 11(01): 83—94 + 191.

行动,并可对行动进行反思,甚至是改进共同体的行动。①

不同实践共同体之间都存在边界,跨界活动往往发生在两个或两个以上的实践共同体之间。温格提出了跨界学习发生的三种机制:(1)协作行动(coordination),双方的行动与实施是跨界学习关键的开始。(2)行动透明(transparency),提供行动背后的原因。(3)相互协商(negotiability),双方通过沟通改进协作方案与行动。一个行动方案具体描述了如何实施(coordination),阐述了方案的意图(transparency),但如果没有协商空间的话,跨界学习的深入将十分困难。②

4. 促进跨界学习的两种策略:跨界者与跨界物

在不同实践共同体的跨界中,温格强调边界跨越者及边界物的作用。

(1) 边界跨越者(boundary crosser)

边界跨越者(broker)是实践共同体跨界的核心。边界跨越者之所以能在不同实践共同体之间使边界学习发生,一般来说需要满足以下条件:首先,从属不同共同体的多重身份。作为社会学习系统的个体从属于不同的实践共同体,拥有多重身份,这种多重身份属性共同构成个体的社会身份(social identity)。多重身份赋予跨界者在不同共同体之间建立联系的合法性。其次,知识的流动性。两个共同体边界的产生源于双方的差异,但这种差异又存在联系的可能。如语文教师与英语教师存在知识的差异,但当他们共同聚焦于学生的语言学习问题时,共通知识就产生了。第三,跨界实践。多重身份赋予共同体成员之间以联系的合法性,知识的流动性促使共同交流得以可能,而实践则是发生边界学习的关键。学习是在两个不同共同体的实践中发生的,实践是创造、维持以及打破共同体边界的关键。

(2) 边界物(boundary object)

受到斯塔尔与格里斯莫(Star & Griesemer)研究的影响,实践共同体非常强调边界物在不同边界跨越时的作用。实践共同体学习不仅强调参与、意义协商与身份的转化,也强调实践共同体是文化、价值观、规范等的载体,而这些形式往往以物化(reification)的方式呈现,如语言、工具、规则等等。边界物具有意图性和沟

---

① Wenger, E. Communities of Practice: Learning, Meaning, and Identity [M]. Cambridge: UK: Cambridge University Press, 1998:173.

② Wenger, E. Communities of Practice and Social Learning Systems [J]. Organization, 2000,7(2): 234.

通性,可以被设计。温格提出了几种边界物:(1)人工物,如工具、文件、学习模范。例如,我国教研组集体创造的集体备课活动就可视为一种工具,它反映了集体学习的需求。(2)话语(discourse),共通的语言作为边界物,使实践共同体之间可以进行沟通和协商。(3)过程,如对常规活动的规定、程序,允许成员之间相互协商等。[①]

(三) 活动系统中的边界及跨界学习

文化历史活动理论(简称"活动理论")源自维果斯基。他指出,个体不仅是特定历史时期的产物,也是文化和历史的积极创造者。个体的学习既不可能脱离他所处的文化情境,也与他的历史密切相关。中介工具(mediation tools)是维果斯基理论的核心概念。学习是个体通过创造、改造中介工具,实现不同目标的过程,而中介工具承载着个体所处的社会历史,影响着个体的行动。[②] 以维果斯基的观点为基础,其追随者列昂节夫(Alexei Leont' ev)发展了活动理论,他把人类行动(human action)拓展为活动系统(activity system),将分析单位从个体层面延伸到集体层面,被称为第二代活动理论。第三代活动理论的代表人物约尔·恩格斯托姆(Y. Engeström)进一步发展了活动系统理论,提出在社会活动网络系统中,两个互动的活动系统是最小的分析单位。[③]

1. 教师跨界学习在哪里发生

活动系统是学习发生的地方,也是分析人类活动的基本单位,每个活动系统都包含六个元素:主体(subject)、对象/目标(object)、共同体(community)、中介工具(artifact/tools)、规则、分工。以学校教研组为例,活动主体是教研组长和教师,他们共同组成共同体,为了达成教学目标,创造了集体备课活动作为中介工具,并据此制定相关规则和分工,如备课的时间、方式、承担的职责等。

2. 教师跨界学习如何发生

与温格的社会学习系统相似,活动理论把活动系统作为人类行动的最小分析

---

① Wenger, E. Communities of Practice and Social Learning Systems [J]. Organization, 2000,7(2): 234.

② Vygotsky, L. S. Mind in Society: The Development of Higher Psychological Processes [M]. Cambridge, MA: Harvard University Press, 1978:87.

③ Engeström, Y. Learning by Expanding: An Activity-theoretical Approach to Developmental Research [M]. Helsinki, Finland: Orienta-Konsultit, 1987:251,315.

单位,不同的活动系统共同组成人类行动的活动网络(activity network)。人在不同的时间从属于不同的活动系统,而不同的活动系统之间又以网状的形式存在着复杂的联系。边界广泛存在于不同的活动系统中,这种社会文化差异体现在活动系统的主体、客体/目标、文化中介、价值规范与劳动分工中。

两个互动活动系统间的跨界学习体现在两个方面:一是寻找边界目标及中介物的设计或改造,二是活动系统中矛盾的意识、协商与解决。

活动理论指出,目标是活动的基本特征。列昂节夫指出,任何活动本身都已经隐含了目标;"无目标的活动"一词是没有意义的。活动(activity)是动机(motive)驱动的,是集体的目标(object);行动(action)是目的(goals)驱动的,是个人或小组的(group)。活动目标通过运用不同的中介工具,如语言、符号等来实现;而中介工具的创造、应用就是人类内在心智(mind)的外显化过程。因此,人类行动都具有目标性,而达成目标的过程就是运用多种中介工具的过程。当有差异的两个活动系统在互动中找到共通的目标,且这一边界目标能够反映双方共同的需求和动机时,两个活动系统之间的连结便成为可能;而为了达成这一目标,设计相应的中介工具,实施分工、制定规则的过程就成为学习的过程。

第二,矛盾在活动系统发展中具有重要作用,是促进活动系统学习的关键动力,学习体现在矛盾的协商与解决过程中。跨界发生在两个不同的活动系统中,意味着两个系统的历史、文化不同,这种不同会导致多方面的矛盾。一方面体现在活动系统之间,如在大学与中小学的合作中,双方对合作活动有不同的目标;另一方面体现在活动系统内部,如在学校内部的学习系统中,校长和教师之间的观点不同,以及他们由于分工态度不同所造成的矛盾等。矛盾并不等同于冲突(conflict),它是理性张力的积累,具有历史性,是历史积累的结果。[①] 矛盾的意识、协商与解决就是活动系统不断改变和发展的过程,也即学习发生的过程。[②]

3. 跨界学习中教师学到了什么

活动理论注重学习者在活动系统中的学习过程,但就跨界学习的产物而言,

① Engeström, Y. Expansive learning at work: Toward an activity theoretical reconceptualization [J]. Journal of Education and Work, 2001, 14(1): 133 – 156.
② Roth, W.M., & Lee, Y.J. "Vygotsky's neglected legacy": Cultural-historical activity theory [J]. Review of Educational Research, 2007, 77(2): 186 – 232.

如上文提及的两种学习过程,体现出两种学习产物,一是双方寻找到合适的边界目标,制定或改造能够反映双方共同需求的中介物。其次,活动系统间或活动系统内部矛盾的解决,这既是活动系统发展的过程,也是活动系统中主体学习的结果。可以说,矛盾的解决正是不同活动系统间跨界学习的关键产物之一。

4. 促进活动系统跨界学习的策略

在两个活动系统的互动中,促进跨界学习的策略主要体现为两种方式:一是通过设计达成任务的工具,实现活动系统的边界目标;二是利用活动系统中的多元声音,促进矛盾的意识、协商与解决。

(1) 边界任务目标及人工物的利用

活动理论强调干涉性策略,它受维果斯基双重刺激(double stimulation)概念的影响,强调促进活动系统的跨界学习,首先是给予主体有关的任务要求(第一重刺激),这反映了双方共通的目标和行动动机。其次是利用中介物(第二重刺激)。中介物是为了完成任务要求,反映实施行动的具体工具,要求主体在运用工具的过程中理解目标的意义。[1] 中介物的设计可借鉴恩托斯托姆提出的四种不同功能的中介物:(1)关于"什么的"(what)人工物,用以辨别和描述目标。"什么的"人工物可以是物质的工具,如大学与中小学合作中引入的课例研究,也可以是概念化的工具,如想法、口号、理念等等。(2)"如何的"(how)人工物,用以指导达成目标的过程和程度,可以是一些规划、安排、进程等。(3)"为什么"(why)的人工物,用以诊断和解释达成目标的行为和特质,如采取数据证明课例研究可以促进学生学习。(4)"去哪里"(where to)的人工物,用以描画达成目标以后的未来发展状态,如活动系统的愿景或树立活动学习的榜样。[2] 围绕新的目标设计、改造中介工具是学习发生的关键。例如,在大学-中小学合作活动中,如图 10.1 所示,为达成提升集体的教学质量的目的,大学活动系统和中小学活动系统寻找到双方共通的目标"教学改进",这样新的活动目标就促成了新的活动系统。为了达成新的目标,主体又设计了相应的中介工具"课例研究",这是大学研究者和教师共同运用的具

---

① Engeström, Y., & Sannino, A. Studies of expansive learning: Foundations, findings and future challenges [J]. Educational Research Review, 2010, 5(1):1-24.

② Engeström, Y. Enriching the theory of expansive learning: Lessons from journeys toward coconfiguration [J]. Mind, Culture, and Activity, 2007, 14(1-2):23-39.

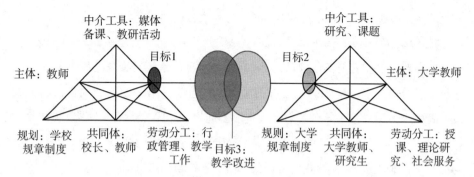

图 10.1　大学活动系统与中小学活动系统互动生成的边界目标

体实施工具,与之相应活动系统的规则、分工也发生改变。

(2)矛盾的意识、协商与解决

在新的活动系统中,矛盾的张力无处不在,这是活动系统学习的动力。矛盾的意识、协商与解决就是活动系统改变和发展的过程,也即学习发生的过程。促进矛盾的学习策略就体现在充分检视、审视和利用活动系统中的多元声音(multi-voicedness),包括冲突性的声音和互补的声音。[①]

两种跨界学习理论在分析当前多种跨界活动,如校际间合作、大学与中小学合作中都有重要的价值,也各具优势。概言之,实践共同体理论把两个不同组织视为不同的实践共同体,描述实践共同体的人如何参与和获得身份转化的过程。跨界学习发生在两个或多个共同体协作行动、行动透明化、协商的过程中。其中,边界打破者起着关键作用,它促进了两个共同体之间的联系和流动。实践共同体经常运用于分析不同学习主体参与跨界活动时的意义协商与身份变化过程。与之相对,活动理论区分了不同的活动系统,侧重于从集体层面分析教师的学习。它侧重于干涉性策略,即通过设计或改造边界物、协商矛盾以实施新的目标和活动,来实现学习的过程。

(四)跨界学习的机制

2011 年,阿克曼和贝克对边界及跨界进行了系统地回顾,对跨界学习提出了

① Engeström, Y. Learning by expanding: An activity-theoretical approach to developmental research [M]. Helsinki, Finland: Orienta-Konsultit, 1987:251-315.

一个完整的分类,并归纳出了四类不同的跨界学习机制。[①]

1. 辨认(identification)

边界跨越是相互分离的实践之间的辨认(或身份差异),将自己所处的实践本质与他人分离开来。辨认的过程有两个共同的过程。第一种是区别自己与他人或他者(othering),是区分自己与他人实践不同之处。第二种则是对"合法共存性(legitimating coexistence)"的内在需求。当个体由一个机构到另一个机构时,其参与的合法性非常重要,也即我们常说的,如何变成"自己人"。

2. 协调(coordination)

边界跨越带来的协调过程,使得双方的实践以最小的常规化的交流得以建立,使得两个共同体之间的联系建立,并且可以流畅地过渡。在协调行动中,对话的作用至关重要。协调行动可以分为四个步骤:首先是不同观点和多样实践实体之间对话的联系,可以通过产生由不同实践体共享的不同的工具;二是协调承载着一种转译(translation)的努力,如从自己的角度解读他者的身份,这种转译可以通过建立共同目标来实现。转译意味着主体间性和对多样性可能的理解;三是协调意味着加强边界的渗透,这意味着协调不仅只是意识到不同而已,开始采取行动或互动使得不同实体之间产生实在性的联系。四是常规化,协调的活动成为一种自动的、操作性的实践方式。

3. 反思(reflection)

边界跨越更进一步,不同的实践主体可以从对方的角度来反思不同。辨认意味着在意识层面注意到与他者的不同;协调是在打破这种不同中显性出来的语言、文本或者行动形式,而反思则意味着对他们自己的实践和他人实践的一种思考,进而产生一些新的想法。反思分为两个方面,首先是视角制造(perspective making),即就特定的实践表示某人的立场和知识;二是反思意味着"接受不同的立场(perspective taking)",但这并不意味着从他人立场考虑一定带来积极的效果,也可能会造成误解。接触不同的立场和接受不同的立场的结果之一是个人现有身份的超越。辨认同样强调不同身份的意识但辨认更加强调的是对过去的身

---

① Akkerman, S. F., & Bakker, A. Boundary crossing and boundary objects [J]. Review of Educational Research, 2011, 81(2): 132 – 169.

份在当前情境的反应,而反思则是一种新的身份建构,它所指向的是未来。

4. 转化(transformation)

转化是实践的改变,或是新的实践形式的产生。转化意味着实践的深刻变化转化开始于碰撞,当两个共同体发生关联,需要重新考虑他们当下的实践和相连性的时候。在此基础上,认识到共通的问题,是对遭遇的回应。活动理论把其称之为两个活动系统中"共通建构的、有连接潜力的物件"。结晶强调融合产生的新实践所带来的结果,即新实践的效果和影响力。维持独立的交互实践指在开拓新实践领域的同时,跨界者仍然应当维持边界两边领域的完整性和独立性。在边界的持续共同工作通过长期在新领域的实践将跨界学习的成果保留下来。

这四个学习机制并没有优劣,也并非按顺序或是在一个学习过程中全部出现。同时,跨界不仅可以发生在个人层面,也发生于制度、机制层面。

三、名师工作室中的教师跨界学习研究:一项实证研究①

本研究选取了名师工作室作为研究对象,因为名师工作室是典型的校外教师专业发展项目,教师需要在名师工作室和学校情境中来回穿梭。那么,教师在跨越学校和名师工作室两种不同情境时是如何学习的?影响教师有效跨界学习的因素有哪些?这是本研究期望回答的两个核心问题。

(一) 名师工作室:起源、发展与特点

名师工作室是一个典型的校外教师专业发展项目,其成立可以追溯到2002年。通常,名师工作室由一个名师领导和管理,他通常是某个学科中有名气和声望的专家教师;大约有10—15名来自不同学校的教师参加名师工作室。② 名师工作室由当地政府赞助,因此它需要完成三方面的任务:开展研究项目、提高参与教

---

① 本部分内容在以下发表文章的基础上有所增删、修改:Zheng, X., Zhang, J., & Wang, W. Teacher learning as boundary crossing: a case study of Master Teacher Studios in China [J]. Teachers and Teaching, 2019, 25(7):837–854.

② Cheng, X., & Wu, L. Y. The affordances of teacher professional learning communities: A case study of a Chinese secondary school [J]. Teaching and Teacher Education, 2016, 58:54–67.

师的教学能力和培训该地的教师。在名师工作室中,教师与来自不同学校的参与者合作,朝着一个由名师指导的共同目标前进,因此名师工作室也被认为是一个"跨校际学习共同体"。[①]

作为教师学习的一种模式,名师工作室包含了三个教师专业发展项目有效的特征。[②] 首先,教师专业发展应该是可持续的。名师工作室的开展时间通常超过三年。第二,教师专业发展项目应直接涉及到教师的实践和需求。名师工作室中的名师是具有丰富教学实践经验的教师,其主要关心的是课堂教学的实际问题,且名师工作室的目标、规则、内容和时间安排等均由名师进行把控。第三,教师可以向学习共同体中的同伴和专家学习。名师工作室不同于一次性的研讨会,参与教师可以与名师和其他来自不同学校的教师建立长期的联系。

此外,与校内的教师培训和其他教师专业发展项目相比,名师工作室有一些优势。首先,名师工作室的时间安排是灵活的,参与者是自愿参加名师工作室活动的。对于一些在职教师来说,教研组中的制度化活动由部门领导决定,[③]而名师工作室中活动的内容和频率是由名师和参与教师协调共同决定的。其次,传统的校外教师专业发展活动安排在教师有足够的时间时,如大学课程,一般安排在暑假或寒假。而名师工作室建立在参与教师方便的城市或地区内,参与教师可以在任何适当的时间向他们的名师和同伴寻求帮助。

(二) 研究设计

本研究调查了广东省 S 市多位参与了 3 年名师工作室的教师。2011 年,S 市教育局启动了名师工作室项目,并根据一定的标准选择出了名师,例如:名师应该具有 8 年及以上教学经验、至少是市级骨干教师;在过去 5 年里获得省级教学竞赛奖并发表过研究文章。2012 年 1 月,28 个名师工作室在 S 市正式成立。每个名师

① Zheng, X., Yin, H., & Wang, X. "Doing authentic research" with artifacts to facilitate teacher learning across multiple communities [J]. Teaching and Teacher Education, 2021,105:103394.

② Darling-Hammond, L., Wei, R.C., Andree, A., Richardson, N., & Orphanos, S. Professional learning in the learning profession [R]. Washington, DC: National Staff Development Council, 2009:3 - 17.

③ Zhang, X., & Wong, J.L.N. How do teachers learn together? A study of school-based teacher learning in China from the perspective of organisational learning [J]. Teachers and Teaching: Theory and Practice, 2018,24(2):119 - 134.

工作室从不同的学校招募了 10—15 名学科教师。有的名师选择招募同一学科的教师,而有的名师则招募来自不同学科的教师,这完全是由名师决定的。教育局为名师工作室提供财政支持,并赋予名师工作室中的名师专业自主权。名师工作室亦需要完成教育局的要求,例如:提高参与名师工作室教师的课堂教学质量,组织专家讲座,以及开展研究项目。教育局会选出一组专家对名师工作室的开展情况进行中期和最终考核。在 2014 年的第一轮名师工作室评估中,有 3 个名师工作室被评为"优秀",其余工作室被评为"合格"。

本研究采用"嵌入式案例研究",①采用目的性取样的方法,在 S 市选择了两个名师工作室。这两个名师工作室成立于 2012 年,选择它们的原因是:(1)在第一轮名师工作室评估中被教育局评为"优秀",(2)参与这两个名师工作室的教师均获得了很大的专业成长(例如:发表期刊文章、出版书籍、在教学比赛中获奖)。共有来自 9 所学校的 2 名名师(Zhang 和 Wu)和 13 名教师参与了这项研究。表 10.1 显示了参与者的基本信息。

本研究包括了多种数据来源,例如:深度访谈、实地观察和文本资料(教师的自我反思日记、博客和已发表的文章)。针对不同的关注点,一共进行了两轮半结构化访谈。所有的访谈都是在参与者认为方便和舒适的地点(主要是学校或工作室)面对面进行的,每次访谈时间为 60—120 分钟。第一轮访谈(访谈 1)主要聚焦于参与者自加入名师工作室以来的经历和关键事件。第二轮访谈(访谈 2)是在项目结束一年后进行的。这一轮访谈更多地关注名师工作室对教师实践的影响以及他们对名师工作室经历的整体回顾。此外,这一轮的访谈主要集中在与跨界学习相关的主题上。在数据收集过程中,本研究的其中一名研究者参与了名师工作室举办的一些关键活动,如公开课和名师工作室年会。该研究者还在这些活动结束后对教师进行了非正式的访谈(通常为 15 分钟)。

这些资料由笔者转录,用质性归纳的程序进行分析。② 作者反复阅读转录文稿,以找寻能反映名师工作室中教师学习经验的主题和本土概念。许多本土概

---

① Yin, R.K. Case study research: Design and methods [M]. 4th ed. Thonsand Oaks, CA: Sage, 2009.

② Strauss, A., & Corbin, J. Basics of qualitative research [M]. Thousand Oaks, CA: Sage, 1998.

表 10.1　参与者的基本信息

工作室序号	姓名(假名)	性别	教龄	主科	学校类型/学校序号
M1	Zhang/名师	男	29	化学	高中/教学研究所
	Han	男	27	数学	中学/S1
	Kang	女	19	数学	小学/S2
	Bai	女	24	语文	小学/S2
	Hong	女	10	化学	高中/S3
	Hui	女	9	地理	高中/S3
	Liu	女	26	英语	中学/S1
M2	Wu/名师	女	21	历史	高中/S4
	Chen	女	20	历史	高中/S5
	Lynn	男	15	历史	高中/S6
	Zhou	男	15	历史	高中/S7
	Feng	男	12	历史	高中/S7
	Yin	女	19	历史	高中/S4
	Jing	女	8	历史	高中/S8
	Meng	女	3	历史	高中/S4

念,[1]如"求同存异"和"教学的魂",都来自参与者自己的语言。我们还进行了交叉案例比较,[2]以检查、丰富和修改主题类别,最终确定了对资料的解释。

　　在资料收集和分析的过程中,所有参与者都清楚地了解了该研究项目的目的,并自愿参与该研究。访谈录音前已得到了受访者的允许,并对参与者的信息进行了匿名处理。

---

[1] Patton, M. Qualitative research and evaluation methods [M]. 3rd ed. Thousand Oaks, CA: Sage, 2002.

[2] Merriam, S. B. Qualitative research: A guide to design and interpretation [M]. San Francisco, CA: Jossey-Bass, 2009.

四、研究发现与讨论

(一) 教师的跨界学习的经验与过程

1. 带着复杂的动机进入名师工作室

研究发现,教师加入名师工作室的动机很复杂,因为参与该项目的教师除了学校工作外,还需要付出额外的精力和时间。大多数的参与教师(11/13 人)是自愿申请加入的,自愿参与的教师将她们的动机描述为:"我需要学习,不然感觉自己会落后"(Jing)、"我总觉得现在自己进入了舒适区,感觉到这非常危险,所以我逼着自己参与名师工作室以学习新东西"。只有两名教师参与者,Liu 和 Hui,被他们的校长要求参加。

我在学校的工作很忙,所以我没有申请名师工作室,但我的校长认为这是我专业发展的一个好机会,所以他推荐了我,然后我申请了。(Liu,访谈 1)

虽然是非自愿的参与者,但随着时间推移,Hui 和 Liu 参与名师工作室的态度逐渐变得积极。大多数教师参与名师工作室的另一个原因是学校内的专业学习具有局限性。正如 Hui 所说:

我在这所学校教了 7 年了。我对这里的教材、同事、学生和氛围都很熟悉。我有一些优秀的同事,但我知道他们和我专业知识上的差距并不大。如果我想提升我的专业知识,我需要向比我更有能力的人学习。名师工作室是我走出学校的一个机会。当你走出学校时,你会学到更多。(Hui,访谈 1)

根据列昂捷夫(Leont'ev)的说法,参与活动的动机便是目的。教师们加入名师工作室有他们自己的目的或目标。[1] 这些目的可以通过名师工作室活动开展本身的目标以及教师加入名师工作室的动机来识别。[2] 该工作室有一个"筛选机制","只有那些想提升自己专业能力的人才可以在工作室待很长时间,否则她们会退出"。(Zhang,访谈 1)

---

[1] Leont'ev, A. N. Problems of the development of the mind [J]. Moscow: Progress, 1981.

[2] Engeström, Y., & Sannino, A. Studies of expansive learning: Foundations, findings and future challenges [J]. Educational Research Review, 2010,5(1):1-24.

2. 求同存异

第一个与跨界学习机制相契合的主题是"求同存异"。当教师与来自其他学校的教师互动时,出现了三种差异:学校差异(Hong, Kang, Chen, Jing, Meng)、学科差异(Han, Bai, Hui, Jing)和学段差异(Han, Bai, Kang)。如 Hong 所述:

我们来自不同地区的不同学校。每一所学校都有自己的教学风格。通常情况下,同一所学校的老师的教学风格会是一样的,但来自不同学校的老师会表现出不同的风格。他们(Jing 的学校 S8)教学比较保守,更注重知识传授;我们的学校环境更开放,更注重创新的教学方法。(Feng,访谈 1)

我发现文科老师上课时说话总是很优雅,学生们也很喜欢这些课。但像我这样的数学老师,我们强调逻辑和理性,学生总是觉得这很枯燥。我想科学和数学老师可以向文科老师学习如何能够让课受学生喜欢。(Han,访谈 1)

这些差异对应于阿克曼和贝克的区分"他者"(othering),①它区分了一个人与其他人的核心身份。工作室成员们一开始就意识到他们之间存在差异,但很快他们也发现他们之间具有两大共同点,一是"教师是我们共同的身份"(Kang、Chen 和 Bai 的访谈),二是"有共同的专业追求"。正如名师 Wu 所说:

俗话说,"物以类聚,人以群分"。老师们自愿参与工作室,如果她不喜欢工作室,可以退出。只要她留下来了,她就与小组成员有同样的追求,这代表她想要提高她的专业知识。(名师 Wu,访谈 1)

好的教学总是相通的。我们聚在这里是为学生追求更好的教学方式。名师 Wu 是"好教学"的楷模。(Chen,访谈 1)

上面提到的差异暂时导致了教师们在互动中的"中断"。为了在来自不同学校的教师之间建立连续的互动,政府建立了名师工作室,以此将具有相同专业追求的教师聚集在一起。因此,政府是制度层面的跨界者,其促进了多个组织之间的互动。② 在像中国这样的等级社会中,政府赋予的合法性至关重要,一些教师称他们参与名师工作室为"终于名正言顺地拜师了"(Chen, Jing, Hong, 年

---

① Akkerman, S. F., & Bakker, A. Boundary crossing and boundary objects [J]. Review of Educational Research, 2011,81(2):132-169.

② Akkerman, S. F., & Bakker, A. Boundary crossing and boundary objects [J]. Review of Educational Research, 2011,81(2):132-169.

度总结报告）。此外，名师的作用是"搭建桥梁"①或"代理人"①，他们将不同的成员聚集在一起。

3. 在正式与非正式的协作中成长

阿克曼和贝克指出，成员之间的协作需要可沟通的联系性，这可以由边界物来实现。② 名师工作室主要包括两类常规活动：与研究有关的活动和与教学有关的活动。研究项目是中国教师职业晋升的重要指标。③ 教育局要求每个名师工作室完成一个研究项目，着重关注当地的教学实践问题。教学活动包括：上公开课、观课和参加教学比赛。偶尔也会举办诸如专家讲座、参加学术会议等的其他活动。许多中国教育者认为，教学和研究是相互影响和促进的。④ 例如，在名师工作室1中，名师更多地引导教师参加研究活动，其主要目的是让教师"使用科学的方法来改善教学"（名师 Zhang，访谈1）。在名师工作室2中，教学活动更多，同时，名师 Wu 也会鼓励成员写文章（关于教学的文章）发表。写作（被视为研究成果的一部分）可以促进教师对教学的反思和概括。虽然每个工作室的活动频率和内容各不相同，但其主要目的都是通过教学和研究来促进教师的发展。这两种活动都是作为"边界物"，将来自不同背景的人联系起来。

我赞成 Zhang 的研究主题，我认为这个项目试图解决一线教师面临的"真实"问题。学生们喜欢新的学习方式，比如合作学习吗？我们需要用确凿的证据来回答这个问题。（Hong，访谈1）

通过开展项目研究和教学活动，教师们开始相互协作。协作主要有两种模式：正式协作和非正式协作。正式协作是指教师与工作室成员一起完成名师分配的任务。两位名师在开始阶段都提到了"规则和制度"的重要性。例如，"老带青组队"是工作室1的规则，而"每两周聚会一次"是工作室2的规则。非正式协作则更多指的是教师之间的私下沟通。如 Bai 老师所说，

---

① Bronkhorst, L. H., & Akkerman, S. F. At the boundary of school: Continuity and discontinuity in learning across contexts [J]. Educational Research Review, 2016, 19:18 – 35.

② Akkerman, S. F., & Bakker, A. Boundary crossing and boundary objects [J]. Review of Educational Research, 2011, 81(2):132 – 169.

③ Tan, C. Learning from Shanghai: Lessons on achieving educational success [M]. Springer, 2012.

④ Yuan, R., & Burns, A. Teacher identity development through action research: A Chinese experience [J]. Teachers and Teaching, 2017, 23(6):729 – 749.

Zhang 老师要求我们组队工作,通常由一位有经验的老师和一位年轻的老师组队。年长的教师会帮助年轻的教师,帮助不局限于工作室指定的任务上,还包括了其他专业问题(Bai,访谈 1)

通过工作室,我认识了 Zhou(一个更有经验的老师),他擅长将技术整合到历史教学中。所以当果我遇到一些技术问题时,我会私下向 Zhou 请教,他总能给我提供很多有用的资源。(Jing,访谈 1)

这种不同教师之间的常规合作给一部分老师带来了刺激,这种促进教师进一步对教师之间的差异进行思考。研究发现,名师是边界的转化者,特别是当矛盾出现时。下面是名师 Wu 如何在教学讨论活动中转化矛盾的一个例子。Wu 老师邀请了一位小学教师 Jenny,到工作室上写作课。上完课后,工作室的成员开始讨论,内容如下:

名师 Wu:你们认为这节课怎么样?

Feng:我喜欢 Jenny 的课!坦白地说,一开始,我不明白为什么我们(高中老师)会在这里听小学语文课。我们是历史老师!但是 Jenny 的写作课非常有趣,它激发了我思考自己的课:我怎样才能设计出如此有趣的历史课,能够在整堂课中吸引学生的注意力呢?

Meng:我和 Feng 的感觉一样。我只教了三年书。在过去的三年里,我只听过历史课。我从没想过小学语文课能教我这么多。我想,无论你教什么科目,好的课堂总是相似的!

名师 Wu(总结):Feng 和 Meng 抓住了今天活动的重点。我总觉得高中老师太沉迷于他们的学科知识和教学技能了。有时我们需要考虑在我们的学科之外的教育。Jenny 给出了一个很好的例子,她让我们更多地思考如何为不同层次的学生设计一个有趣的课堂。(现场观察)

当教师面对边界区域的差异或者矛盾时,他们试图将边界实践与自己的知识和经验联系起来。[1] 转换既需要"主体间性的基础,也需要各种可能的认知"。[2] 通

① Tuomi-Gröhn, T., & Engeström, Y. Between school and work: New perspectives on transfer and boundary-crossing [M]. Pergamon Press, 2003.
② Akkerman, S. F., & Bakker, A. Boundary crossing and boundary objects [J]. Review of Educational Research, 2011, 81(2): 132 - 169.

过将两种实践中的元素进行链接、转换和整合，[①]名师 Wu 帮助教师利用他们的专长将矛盾转化为学习资源。[②]

4. 暴露差距，反思不足

反思意味着一个人不仅能意识到自己与他人实践之间的差异，而且能从中学习到新东西。[②]研究发现教师在协作过程中经常被"暴露"，这种暴露促进了他们对自己知识和实践的反思。正如 Jing 所说：

许多活动给我留下了深刻印象，并令我感到震惊。在进入工作室之前，我觉得我在学校做得很好。有一次，名师 Wu 邀请了一名大学历史学教授就唐朝的研究问题做讲座。然后，我们的成员开始讨论，但我不能加入他们，因为我对他们所谈论的历史知识知之甚少。我开始意识到我的学科知识不足，因为我只关注教科书中的历史内容。这还不够！（Jing，访谈 1）

"暴露"意味着一个人意识到自己的专业知识和其他教师之间的差距。研究发现，这些差距不仅在于专业知识和技能，还在于学习态度。

有时我会抱怨我的日程安排很繁忙。Han 是工作室里经验丰富的老师，他的上课次数和我一样，他还有一些额外的行政工作。然而，他却总能专注于最新的教学研究。例如，他今年录制了一个微课的在线视频。他一定比我忙，但他在教学上付出的比我多得多。有这样的学习榜样，我怎么敢抱怨我的教学工作！有时你会被他们在工作室里的态度所感染，而感染会推动你前进。（Hui，访谈 2）

边界实践可以帮助成员认识和解释实践之间的差异。[②]一些成员提到，他们持续留在名师工作室的原因是：他们"总是可以从自己和他人的实践中学习到一些新的东西"（Jing、Chen、Hong、Kang，年度总结报告）。"视角生成"和"视角转换"[③]在名师工作室中持续并广泛地发生。讨论、协商甚至教学实验都促进了教师对自己的反思。

① Suchman, L. Working relations of technology production and use [J]. Computer Supported Cooperative Work, 1993, 2:21 - 39.

② Engeström, Y., & Sannino, A. Studies of expansive learning: Foundations, findings and future challenges [J]. Educational Research Review, 2010, 5(1):1 - 24.

③ Akkerman, S. F., & Bakker, A. Boundary crossing and boundary objects [J]. Review of Educational Research, 2011, 81(2):132 - 169.

5. 转变教学实践:寻找教学的"魂"

转变指的是实践的改变,或是产生了一种新的实践形式。[1]教师在知识、信念和教学实践(行为)方面的变化可以被视为教师学习的结果。[1] 研究揭示了教师的两类变化。一是一些教师改变了他们对研究和学习的信念。例如,

我以前很讨厌写作。我太忙了没有时间去写作! 在名师工作室中,名师 Zhang 总是督促我写报告或期刊文章。我逐渐意识到写作是一个反思的过程,它可以帮助你总结教学中好的或坏的经历。我还学到,写作应该建立在理论框架和证据的基础上,这反过来又以一种更科学的方式改善了我的教学。(Hong,访谈 2)

第二类变化是指实践中的变化。例如,一些老师在自己的课堂上借鉴了别人的教学思想(Meng、Jing、Yin、Feng 的访谈)。"借鉴"的过程将来自不同情境的材料结合成了新的东西,通过这样的方式,教师将新的元素整合到他们的教学中,并找到他们教学的"魂"。

我们听了很多教师的课。有时你会对她教学的艺术感到惊讶。当我回到我自己的课堂上时,我会模仿她的教学方式。比如,我借用了 Feng 的"游戏教学方法"…(Meng,访谈 2)

有些教学方法是可借鉴的,而有些则不是。我的学生的背景与其他人学生的背景不同。我只是借用了适合我自己课堂的教学理念。(Yin、Feng,访谈 2)

Yin 和 Feng 将来自不同背景的材料组合成了新的东西,这与阿克曼和贝克的术语"融合"(hybridization)相对应。[1]此外,我们还发现了另一个转换过程:在交叉实践中保持独特。Chen 和 Jing 称之为"个人教学的灵'魂'":

我们可以向别人学习,但对于一个好老师,你应该有你自己的教学灵魂,这代表了你的独特性。教学灵魂并不容易找到,但向不同的人学习更容易让你发现哪个是你的,哪个不是你的。(Chen 和 Jing,访谈 2)

上述变化并不是一次就发生了,而是在很长一段时间内形成的。根据资料分析显示,长期参与名师工作室可以不断地将这些新想法与教师的日常实践联系起

---

[1] Bakkenes, I., Vermunt, J. D., & Wubbels, T. Teacher learning in the context of educational innovation: Learning activities and learning outcomes of experienced teachers [J]. Learning and Instruction, 2010,20(6):533-548.

来。Hui举了一个例子：

名师工作室不同于一次性的研讨会。当我从工作室里的某个老师那里学到一些新的教学策略时，我可以在自己的学校里做试验。然后我可以和她讨论，甚至邀请她去看我的课，以更好地使教学策略适应我的课堂。这个"学习-实验-讨论-改进"的过程太棒了！（Hong，访谈2）

综上所述，教师持续参与名师工作室的一个原因是，她们总能获得对教学的新看法。当这些新的观点通过试验和借鉴被证明对他们的日常教学实践有益时，往往会带来信念和实践的持续变化。[①] 对于教师在多层级系统中的专业学习，教师可能需要"平衡从外部接受的新观点与内在对教学实践、信念和价值的反思"。[②] 在这种情况下，名师工作室不仅为教师提供了外部来源或刺激，而且还为专业试验、反思和改变提供了时间。

(二) 促进教师跨界学习的因素

教师学习是多维和多层次的，认知、情感和动机交织影响着教师的学习过程。[③] 本研究发现了三个促进教师跨界学习的因素，分别是：个人层面、人际层面和制度层面。[④]

1. 个人层面：需求、自主性和反思

在个人层面，有三个因素，即(1)教师自身对专业发展的需求；(2)个人学习的自主权；(3)对边界实践的反思。

首先，根据文化历史活动理论，学习的前提是个人要有对自己专业发展的需求或目标。[⑤] 尽管每个老师加入工作室的动机都不同，但参与者对专业发展表现出了一个共同的目标。第二，两位名师都引用了一句中国谚语，"师傅领进门，修

[①] Clarke, D., & Hollingsworth, H. Elaborating a model of teacher professional growth [J]. Teaching and Teacher Education, 2002,18(8):947-967.

[②] Opfer, V. D., & Pedder, D. Conceptualizing teacher professional learning [J]. Review of Educational Research, 2011,81(3):376-407.

[③] Korthagen, F. Inconvenient truths about teacher learning: Towards professional development 3.0 [J]. Teachers and Teaching, 2017,23(4):387-405.

[④] Akkerman, S., & Bruining, T. Multilevel boundary crossing in a professional development school partnership [J]. Journal of the Learning Sciences, 2016,25(2):240-284.

[⑤] Engeström, Y,, & Sannino, A. Studies of expansive learning: Foundations, findings and future challenges [J]. Educational Research Review, 2010,5(1):1-24.

行在个人"。这句谚语强调了专家提供指导的重要性,同时也表明了个人努力和勤奋的重要作用。[①] 正如一位老师所说,

> 你应该在名师工作室中保持自主性。当我对我的教学感到困惑时,我会和名师 Zhang 谈谈;当我需要一些资源或专业支持时,我会向他寻求帮助。但如果你什么也不说,他就永远不会知道你需要什么了!(Hong,访谈 1)。

第三个重要的因素是个人反思,几乎每个老师都提到了这一点。在名师工作室中,教师面临着许多差异,有时还会因不同学科和学校产生矛盾。对边界实践差异的反思链接了他们过去和未来的实践。[②] 反思使边界差异成为学习资源,并帮助参与者在看待过去的实践时采取不同的视角,这对他们未来的实践也会产生影响。

2. 制度层面:制度支持与多方一致性

在制度层面,有两个利于教师学习的因素,即制度的推动和支持,以及不同机构间为达成目标的一致性。

首先,教育局保证了工作室的合法性,从而使一系列的活动顺利举办并得到财政支持。因此,政府建立起了不同学校的不同教师之间互动的可能,政府的举措推动了这种边界重新联结的制度。同时,学校也支持教师加入名师工作室,因为工作室的地位得到了教育局的认可。每位参与名师工作室的教师都可以获得教育局认可的继续教育学分。对于一些教师来说,制度或行政方面的推动有时是他们跨界学习的必要条件;正如 Hong 所说,"教师们将在任教 7 年多后进入自己的舒适区"。研究发现,尽管一开始有两名教师是非自愿参与者,但现在她们变得非常积极,这是因为新环境可以为他们的学习带来新的内容。

其次,教师参与名师工作室项目的目标和政府要求的一致促进了他们持续参与边界实践。以研究项目为例,在刚进入名师工作室的时候,一些教师害怕做研究,因为"研究属于大学学者,这和教师的实践相距甚远"(Feng,访谈 1)。教育局

---

① Tsui, B. M., & Wong, J. L. N. In search of a third space: Teacher development in China [M]// Chan, C. K. K., & Rao, N. Revisiting The Chinese Learner: Changing Contexts, Changing Education. Springer, 2010:281 - 311.

② Akkerman, S. F., & Bakker, A. Boundary crossing and boundary objects [J]. Review of Educational Research, 2011, 81(2):132 - 169.

要求每个名师工作室进行一个可以解决实际问题的研究项目。因此,工作室中的研究项目主要聚焦于教学问题、课堂管理、课堂数据使用等方面,这受到了教师和校长们的欢迎。名师们可以帮助教师和学校在实践中应用研究,并解决实践中的问题。这两个名师工作室的研究项目被参与教师描述为"真实的问题",这些问题与一线教师的需求相契合。这种为教师提供了跨学校学习的机会,和与不同实践社区进行互动的机会。①

3. 人际层面:向更有能力的榜样学习

在人际关系层面,研究发现名师们和同伴都影响了教师的专业学习。名师们主要通过两种方式影响教师的跨界学习。首先,他们是教师的榜样。这有两个含义:名师和一些有经验的同行(例如:S1 的 Chen 和 S2 中的 Han)对教学更有经验,他们可以为名师工作室中的学员树立教学实践的榜样。在名师工作室开展的初始阶段,名师起到了桥梁的作用,他们连接了工作室中的各个成员。② 此外,名师们也是道德典范,因为他们具有很多优点,例如勤奋、刻苦和严格。这两个方面意味着教师们可以在很长一段时间内向他们学习。另一方面,名师的"跨越边界的能力"即"跨越、管理和整合多种不同的社会资源和实践的能力"是至关重要的。③ 规则和制度的设计对于名师工作室的运行是非常必要的,尤其是在早期阶段。名师不仅是专家教师,他们也是团队的领导者,她们需要采取多样的领导措施,例如:鼓励合作、转化矛盾、提供可持续的激励等等。

除了名师,名师工作室的成员也影响着工作室的学习氛围。因为工作室成员对专业学习有共同的追求,所以工作室的学习文化通过大家的共同努力被塑造。正如 Hong 所说,"如果你在这个群体中懈怠,你会因为其他人如此努力而觉得丢脸!"(Hong,访谈 2)。一些教师(Hong, Hui, Jing, Meng 等人)将名师工作室中的氛围描述为"相互感染"。努力和勤奋的氛围弥漫了整个工作室,这也促进了教师的持续学习。在学校环境中,一些行政推动的学习小组可能会阻碍教师的深度

---

① Yuan, R., & Burns, A. Teacher identity development through action research: A Chinese experience [J]. Teachers and Teaching, 2017, 23(6):729-749.

② Bronkhorst, L. H., & Akkerman, S. F. At the boundary of school: Continuity and discontinuity in learning across contexts [J]. Educational Research Review, 2016, 19:18-35.

③ Walker, D., & Nocon, H. Boundary-crossing competence: Theoretical considerations and educational design [J]. Mind, Culture, and Activity, 2007, 14(3):178-195.

学习。① 相比之下，名师工作室由一群有相似专业追求的人组成，并且"名师和教师相对平等，名师更像是我们的批判性朋友"（Feng, Bai, 访谈1）。名师工作室的氛围被大多数参与者描述为"令人愉快的、自主的和自愿的"，但也是"专业的和开放的"。

正如Tsui和Wong所观察到的，在中国文化中，教师在参与实际课堂教学相关的讨论时，学习效果最好，并能够将讨论与自己的经验联系起来。② 名师工作室的活动和研究项目都是围绕实际问题组织的。有同样困惑或经历的人可以交流他们的经验，并能从他们的同伴那得到反馈。此外，当讨论是由名师工作室中水平较高的成员组织时，他们学习效果最佳。这表明教师参与者不仅被名师领导和推动，而且也被工作室中更有经验的同伴领导和推动。

五、研究启示：利用边界促进跨界，助推教师持续学习

本实证研究呈现了多位参加了3年名师工作室教师的跨界学习机制。名师工作室是一种在中国本土发展起来的，独有的教师专业发展项目，是一种校外的、稳定、可持续的学习环境，为在职教师的持续学习提供合适、灵活、友好的学习资源。本研究的意义有以下几方面：

在理论意义方面，本研究阐明了如何考虑情境和文化要素来理解多个实践共同体的教师学习。在过去的20年里，许多国家为建立专业学习共同体付出了大量的努力，③其中一个原因可能是由于英美环境中教师的"个人主义"文化。④ 教师在共同体中一起学习或合作被视为成功的教师专业发展项目的一个特征。⑤ 在集

---

① Zhang, X., & Wong, J. L. N. How do teachers learn together? A study of school-based teacher learning in China from the perspective of organisational learning [J]. Teachers and Teaching, 2018, 24(2):119 - 134.

② Tsui A B M, Wong J L N. In search of a third space: Teacher development in China [M]//Chan, C. K., & Rao, N. Revisiting the Chinese learner: Changing contexts, changing education. Dordrecht: Springer Netherlands, 2009:281 - 311.

③ Darling-Hammond, L., Wei, R. C., Andree, A., et al. Professional learning in the learning profession [J]. Washington, DC: National Staff Development Council, 2009:12.

④ Lortie, D. C. Schoolteacher: A sociological study [M]. Chicago, IL: University of Chicago Press, 2020.

⑤ Hill H C, Beisiegel M, Jacob R. Professional development research: Consensus, crossroads, and challenges [J]. Educational Researcher, 2013,42(9):476 - 487.

体主义文化中,例如中国,教师习惯参与学校的集体活动(例如集体备课、公开课)。① 尽管中国的学校具有集体结构,但一些研究表明,由于缺乏专业领导和表面上的和谐,学科教研组中的教师学习是低效的。② 表面上的和谐是指每个人都试图友善地给对方留面子的情况,④并且批评性的对话很少在同伴之间发生。③ 在我们的研究中,一些老师说明了他们离开学校学习的原因,"同一所学校的老师可能或多或少是同质的,所以我想向校外比我更优秀的教师学习"(Chen, Lin, Jing, Hong,访谈2)。考虑到这些文化和情境因素,我们认为学校可以投入更多的精力来促进集体活动中的真实学习,而不是仅仅是对集体结构的设计。④名师工作室由专业教师领导,吸引来自不同情境但专业追求相似的异质教师,为教师提供了持续的在合作、协调、反思和转化中学习的机会。我们认同奥弗和佩达的观点,教师的学习取决于"不同情境系统间的互动与平衡"。④ 本研究描述了两个不同情境系统,名师工作室和学校的细节,并提供了如何平衡这两个系统,以促进教师的持续学习的案例。

本研究对教师和学校领导具有启发意义。首先,对于需要专业提升的教师来说,一个人在像自己的学科组或者教研组这样有限的共同体中获得专业知识已经不够了。⑤ 让成员参与其他学习共同体并且在多个平行的学习系统中移动是横向获得专业知识的一种方法。⑥ 这对于那些在同一所学校待了很长一段时间、非常熟悉学生、同事和学校氛围的有经验的教师来说尤为重要。让这些教师参与到一

---

① Zheng, X., Yin, H., Liu Y, et al. Effects of leadership practices on professional learning communities: The mediating role of trust in colleagues [J]. Asia Pacific Education Review, 2016, 17:521 - 532.

② Zhang, X., & Wong, J. L. N. How do teachers learn together? A study of school-based teacher learning in China from the perspective of organisational learning [J]. Teachers and Teaching, 2018, 24(2):119 - 134.

③ Borko, H. Professional development and teacher learning: Mapping the terrain [J]. Educational Researcher, 2004, 33(8):3 - 15.

④ Opfer, V. D., & Pedder, D. Conceptualizing teacher professional learning [J]. Review of Educational Research, 2011, 81(3):376 - 407.

⑤ Tsui, A. B. M., & Law, D. Y. K. Learning as boundary-crossing in school-university partnership [J]. Teaching and Teacher Rducation, 2007, 23(8):1289 - 1301.

⑥ Wenger, E. Communities of practice: Learning, meaning, and identity [M]. Cambrdige, MA: Cambridge university press, 1998.

个校外学习的环境中,可能会带来不同的见解和积极的改变。

此外,学校领导要警惕同质和表面的和谐文化。"同质"指的是"同事之间彼此熟悉,我很少再能从他们那里学到新东西"的情况(Hui,访谈1)。新鲜的血液应该被注入到学校这样的氛围中。正如这项研究所示,让其他人(通常是外部专家)进入或让内部人士到校外可能是一种有效的方式。建议学校领导对外部资源更加开放,对教师的外部专业学习进行支持。建议学校领导努力为教师们建立一个开放和信任的环境,并激励位于不同共同体的教师进行有深度的和有批判性的对话。

在当前不断变化的环境下,教师被视为整体的学习者。[1] 教师学习发生在一个复杂的系统中,涉及多个共同体,如学校、校外工作坊和其他教师专业发展项目。[2] 共同体有自己的历史、规则和结构,这些都构成了共同体的社会文化差异或文化边界。[3] 当教师跨越这些共同体时,他们可能会遇到不同的边界和学习机会。个人、人际和制度性因素在促进教师持续地跨界学习方面都发挥了关键作用[⑦]。

学习空间的结构设计应该利于来自不同情境教师之间的连续互动。教师的动机和目标是他们持续学习的前提。名师和同伴作为社会他人,促进了教师在边界区域的反思和转化。教师的学习是动态的,是由诸多因素相互作用所塑造结果。教师应关注他们所处学习共同体的情境特殊性,以使自己在个人(如专业需求)、学习结构(如教师之间的合作)和共同体之间的互动中保持平衡。

① Korthagen, F. Inconvenient truths about teacher learning: Towards professional development 3.0 [J]. Teachers and teaching, 2017, 23(4):387 - 405.

② Russ, R.S., Sherin, B.L., & Sherin, M.G. What constitutes teacher learning [J]. Handbook of research on teaching, 2016:391 - 438.

③ Gorodetsky, M., & Barak, J. The educational-cultural edge: A participative learning environment for co-emergence of personal and institutional growth [J]. Teaching and Teacher Education, 2008, 24(7):1907 - 1918.

结语：
教师学习与专业发展的国际视野与本土体系

一、两位普通中小学教师的学习与专业发展图景

我们不妨设想一下这样两位教师，我们暂且称他们为 C 老师和 M 老师，他们的学习与专业发展在我国教师教育体系中会经历怎么样的成长图景。当他们考取教师资格证，顺利入职中小学，成为一名正式的中国教师，他们会经历什么呢？

C 和 M 进入了两所不同的学校。紧接着，他们都会经历一系列学校或区里安排的新教师培训，因为这是必须要有的；当然，两位老师在这个培训中的感受和收获都是不同的，因为培训的内容、专家的水平以及区域培训的管理水平都大相径庭。经历了入职教师培训，他们即将进入教学这个真实的"战场"：在 1—3 年内，他们都被视为"新老师"，经历着休伯曼所谓的"生存期"，能否站稳讲台、在学校立足，就成了一个基本的问题。入职培训的课程虽然丰富，他们也具备了一定的教育教学知识，如大学时期或备考教师资格证时期学习的各种教育学、心理学、学科教育学的知识。但真的成为了老师，他们面临的挑战就是多样的：如何管理好学生的纪律？如何在学生面前建立威严？如何与学生建立起好的关系？学生来告状怎么办？学生上课注意力不集中怎么办？怎么和家长打交道？在教室这个真实的场景中，他们学到的书本知识似乎总是不够用。

这时候，学校一般会为新老师配备一位"师傅"，有的学校非常重视师徒结对，甚至会组织仪式感很强的拜师仪式。相比入职培训，师傅对徒弟的指导是更长期的，也是更具体、更全方位的，用我们的研究中一位老师的话说，师傅如"月嫂"般管他"吃喝拉撒睡"：既包括教学、纪律管理这样的基本生存技能，也要教他如何在学校里做人做事，如何与领导、同事、家长相处。师傅对新手教师的影响，不仅仅

是教学技能方面,更有人格、价值观方面的;我访谈过的许多教师都说,师傅对他们的影响是终身的。

除了教学师傅,教师们都会被"自然而然"地安排进入教研组和年级组,自此开始作为专业工作者的集体生活。他们和教研组的老师,一起集体备课、一起参加研讨。一般来说,新老师会被教研组的同事们听评课,被"评"课并不好受,因为很多人都会指出他们的问题。当然,学校教研组的氛围,在不同学科、不同的学校差别很大的,有的教研组,氛围比较和谐,"一团和气";有的教研组,相互之间的批评比较深刻,像以前的听评课一样,"好的不说,只挑刺"。教研组不同于师傅,师傅一般带徒弟1—3年,这种正式的师徒关系就结束了,而教研组和年级组,基本上是伴随教师整个职业生涯的。

当C和M老师站稳了讲台,对教材、学生、学校都有了一定的积累和了解,也完全融入、习惯了教研组和年级组的集体活动,完成了从新手到核心成员的身份转变。这时,他们大概度过了职业生涯发展的初期。根据生涯发展阶段理论,这个周期需要3—6年的时间,这刚好是教一轮完整的小学或两轮中学①的时间。此时的教师具备了比较扎实的教学技能,初步形成了自己的教学风格,按照一些老师的说法,就是"能够站稳讲台了"。这时候,他们来到了专业成长的"岔路口",一些老师称之为专业发展的"七年之痒":当一个老师对教材、学生、学校、考试都熟悉的时候,感到"同事们的水平都差不多"的时候,下一步往哪里走呢?

两位老师有了不同的选择和行动,C老师会觉得,第一轮的教学有很多"遗憾",自己第二轮教学应该尝试更多的想法,想要寻找各种机会去向更高水平的人学习;M老师呢,他没有那么高的追求:"反正学校就给我这么多钱,把工作做完了就可以了吧……"这样两类老师,专业发展会呈现出不同的路径。这种不同的行动背后,可能与两位老师的个人特质,以及过去几年的专业生活环境相关。

在接下来的专业成长中,两位老师都会经历各种各样的公开课、教学和科研比赛。C老师更容易在校级竞赛中脱颖而出,他慢慢地被推上更高级别的赛课,参加更高水平的培训,和更高水准的老师,如教研员、区级名师互动。这样一级一级

① 一些访谈的老师告诉笔者,在中学,一般新老师从高一教到高二,特别突出的可以直接教高三,但对于大多数老师而言,会从高二教回高一,再到第二轮,才会教高三。对于中学老师来说,教过毕业班、应对过中高考,才算是合格的中学老师。

的比赛是需要层层筛选的，比如在参加区级比赛的时候，C老师背后会有学校的磨课团队不断帮助他完善他的教学设计和教学流程。但作为教研组中水平较高的老师，C老师总觉得教研组的同事很难给予更高水平的引领。这时候，他或许可以求助区级教研员的指导，抑或者，他可以直接申请参加高水平名师的工作室。名师工作室有区级的、市级的甚至是省级的，级别越高，名师的水平也越高，申请的难度也越大。这样的制度设计，使得C老师可以直接"跳级"，以一名普通老师的身份，直接申请参加某市级名师工作室甚至是省级名师工作室。对于C老师而言，只要他愿意不断地学习，主动进步，在我国的教师专业发展结构中，他总是有机会参与更高水平的学习项目，跟着更高水平的老师学习。

M老师，也无法完全"躺平"，他还是喜欢教学的，只是没有那么大的"雄心"。学校的工作必须得完成，制度性的集体学习、培训还是需要参加。公开课作为自己教学水平的最高展示，每学期还是得认真准备，以免"丢脸"。M老师有时候会反感频次比较高的集体学习活动，他觉得那是"浪费"他的时间。在学校和区域的研修活动，M老师没法和C老师那样，有那么多展露的机会。但是，为了职称晋升，他还是需要做很多事情，比如上好公开课，申请一个课题，争取发表一些成果。课题如果立项了，那么他需要找一些老师进行合作，作为课题组成员来完成这个课题。随着教学经验逐渐丰富，教学之外的尝试，虽然有些是被动的，但在这个过程中，M老师也学到了一些新东西。

随着教学经验的不断积累，教师可以申请荣誉称号，比如骨干教师、学科带头人、名师等。每一种头衔都有区、市、省的级别，有了不同的头衔，他们会获得不同类型的培训机会。不管是荣誉制度，还是赛课制度，看起来都像一个金字塔，教师需要靠自己的努力和成绩一级一级地往上走。对于一所学校来说，像C这样优秀的老师可以参加一级一级的赛事，甚至参加到国家级的教学比赛，获得国家级的一些奖项或荣誉；而大部分像M这样的老师，他们无法像C那样展头露脸，只能陪跑。但是陪跑，也是个学习的过程。比如，陪着学校某位老师参加高水平的赛课，M老师也需要参加教研组组织的集体研讨的活动，或许在这个"陪跑"的过程中，M老师也有意或无意地获得一些有用的信息。

C老师的经验越来越丰富，头衔也越来越多；能力越大，责任越大，很大概率，他也会承担更多的责任，比如，在学校被提拔成中层骨干或者是副校长，在区域层面,他也可以申请成立名师工作室,有自己的一群校外的徒弟,与志同道合的青年教师们共同发展。而M老师,逐渐成为了一名经验丰富的教师,他也会成为新老师的教学师傅,把自己的知识、经验传授给自己的徒弟,教他们如何在学校"吃喝拉撒睡"……

我们试图用图11.1来呈现两位老师的学习与专业成长图景。横轴是时间,在新手的1—6年里,两位老师的发展差别不会太大,需要参与的活动都很相似;经过六年左右的在职培育,他们度过了"生存期",成为了合格的教师。在大约6—7年的时候,教师的专业发展呈现出两种路向。纵轴上是专长的成长,这里既包括教学的常规性专长和适应性专长,也包括教师成为一个团队的领导之后,发展起来的团队(领导)专长;在纵向层面,教师的职称、荣誉获得的级别和数量都会不断增长。在这样的成长中,C老师承担了更多的荣誉,也承担了更多的责任;而M老师,有些时候虽然是被动,但由于外部条件的(如教研制度、职称制度)的影响,他们的教学需要保证在一定的水准之上。

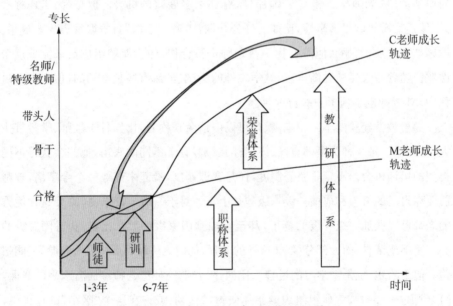

图11.1　我国中小学教师成长图景

本以为,这样的专业成长路径和体验并不稀奇,比如参加集体活动对于中国老师来说,似乎是"自然而然、习以为常"。突然有一个机会,C老师有机会到国外进修,参观国外的学校,他突然意识到:原来,并不是所有的国家的教师都是这样。他到了某个西方国家,他会看到完全不同的图景:教师们并没有那么多的集体活动,学校也很少要求教师们必须参加集体活动,老师可以比较自由地确定自己的教学步调和教学风格,甚至可以自己选择教材,学校对于教师的专业自主比较信任。这既会让 C 老师有点羡慕,因为没有那么多自上而下的、行政安排的"不得不做"的事情;教师的专业自主被充分激活,那些有很高潜能的教师可以教出很优秀甚至拔尖的孩子。但另一方面,这也会让 C 老师感到一些担忧:如果完全放任教师自由,仰仗教师的自觉性,会不会有些老师的教学质量低下,而学校整体的质量难以保障呢? 反观中国的情况,中国的学校、地区可以这样大规模地放任教师的教学,完全依靠教师的自主自觉吗? 如果如此,会怎样呢? C 老师无从而知。

这次的国际比较之旅,有了一双"他者"之眼,让 C 老师对中国的教师发展体系有了更丰富的认识:原来我们集体性的、制度性的结构和安排,其实有着自己的优势;甚至那些看起来强制性安排的专业学习和发展活动,都是为了保障教学的基本质量。反思自己的专业成长历程,他也意识到自己作为优秀教师能够在这个结构中,不断地成长,然后运用自己的能力和影响力,起到关键的引领和示范作用。只是"不识庐山真面目,只缘身在此山中"! 与此同时,C 老师也看到这样一种相对统一的制度和结构可能的缺陷,尤其是跟一些发达国家相比,如何满足教师个性化的发展与成长,确实是一个值得改进的问题。

二、中国教师学习与专业发展:一种特色体系的构建

行文至此,我们试图通过 C 和 M 老师的成长途径,结合本书中提到的理论和实证研究,尝试对中国教师学习和专业发展的体系做出一个理论层面的建构和阐释。

(一) 成为一名教师,就是进入了一个复杂体系

中国教师学习与专业发展体系最直观的特点是有多层多样的教师学习与专业发展活动。学校层面的学习与专业发展活动包括校本培训、集体备课、听评课、公开课、师徒制等。教师会直接进入学科教研组,这是学校组织的基本单位,教研组、年级组对教师有着最直接、最持久的影响。对新手教师而言,他们会被配备一

位专业师傅,师徒制亦是教师学习与专业发展的重要形式。校本层面的教师学习与专业发展,对教师而言,影响是最持久也是最根本的,起到了为教师教学质量、身份、情感等方面奠基的作用。

区县是我国教育管理体制的重要单位。截至 2020 年底,我国有县级行政区 2844 个,县域面积约占全国面积的 93％,县域人口占全国人口的 74％。县域是两千多年来中国基层最为完整的行政建制,并且具有成熟的组织形态,县域是国家意志的最基础落实者,更是承上启下者。[①] 区县承担着 1300 多万基础教育教师队伍建设的重任,区县级的学习与发展活动也与教师的成长密切相关。从本文的实证研究来看,区县级层面的教师学习与专业发展活动包括区级培训、区级教研活动(如区级公开课)、区级赛课以及其他以区级名义开展的面向区域教师的活动。相应地,市级、省级层面的教师培训、研修活动级别越来越高,获得组织的水平、频率,都与当地政府的经济发展水平、对教育的重视程度等密切相关;而研训活动的级别越高,能够获得这些研训机会的教师的数量也逐级递减。同样的,省市级组织的教学竞赛、科研评比活动,面向更大范围的学校和教师开放,获奖名额和获奖机会也逐级递减。在国家(教育部)层面,以"中小学教师国家级培训计划"(简称"国培计划")为例[②],除了在各省市选拔骨干教师以外,"国培计划"的西部农村骨干教师和班主任的培训项目从政策上重点支持中西部农村教师培训[③],使得许多农村教师可以直接参与到高水平、高规格的国家级培训。

整体性、层次性是一个体系的基本特征;这一体系是由相互作用和依存的若干组成部分合成的具有特定功能的有机整体,而这个体系本身又是它所从属的更大系统的组成部分。[④] 我国教师的学习与专业发展体系就体现出这样的整体性和层次性的特点。体系本身是在一定目标任务驱使下人为设计产生的,它以实现目

① 王敬尧,黄祥祥.县域治理:中国之治的"接点"存在[J].行政论坛,2022,29(04):81—90.
② 2010 年起,我国开始全面实施"国培计划",以农村教师为重点,通过示范性项目、中西部项目、幼师国培共三大类项目,采取骨干教师脱产研修、集中培训和远程培训相结合等方式大规模培训教师,十年来共培训教师 1500 多万人次。参考:董奇."国培计划":示范引领中国教师发展[J].中国教育学刊,2020,(09):4—8.
③ 朱旭东.论"国培计划"的价值[J].教师教育研究,2010,22(06):3—8＋25.
④ 肖正德.系统论视域下教师教育学科体系之特质与构架[J].教育研究,2014,35(07):101—108.

标作为最大的驱动力。① 这个系统的核心目标,一是保障大部分的教师都能够获得合格以上水平的专长,这是"底线"思路;二是通过顶层的推动或榜样教师的示范引领,推动教育改革,推动新的教育理念的落地,这是"引领"思路。我国教师学习与专业发展体系最大限度地、分层级地促进和提升教师队伍的整体质量。从国家到校本五个层级上,都有相应的丰富的教师学习与发展的活动,具有不同的功能和范围。

(二) 体系是动态调试的,受到微观、中观和宏观因素的综合影响

首先,这一体系的运作受到政策、研究与实践的综合影响。

从本书的多项实证研究中我们可以看到,我国的教师研究与教育实践深受教师国家政策和制度的影响。不同时期政策的出台,既是考虑到我国经济社会在不同时期对教育发展提出的要求;在更宏观的层面,国际形势亦会对这个系统的政策、研究和实践都产生影响。例如我国在 21 世纪初推动的全国性基础教育课程改革,其理念就受到国际教育改革的影响。在政策制定并实施之后,政策制定者亦需要根据微观层面实践的反馈,调整中观层面的结构,改进相应的政策。相应的制度,如在职教师的职称制度、教师绩效管理制度、教师荣誉制度和教师评价制度等,都影响着复杂的实践。政策和制度层面来看,教师教育具有国家事业的属性②,这是国家的事业和政府的责任,教师教育体系必须有强有力的政策与制度保障。③

其次,这一系统是动态调试的。例如,我国的教师培养体系,从封闭的师范教育体系向开放的教师教育体系的转变。这一转变的社会经济背景,即我国社会主义市场经济的发展和教育体制改革,社会资源更多需要依靠竞争的方式去配置,师范教育体系稳定性与竞争性的矛盾日益突出;此外,社会发展对高规格、高素质教师的需求日益增多,所以"十五"期间提出了促进教师教育结构的办学层次由"三级"向"二级"适时过渡,也提出有条件的地区适时地由"旧三级"向"新三级"(专科、本科、研究生)单个层次的教师教育过渡,这是在合适的时间做了合适

---

① 周作宇. 大学治理的伦理基础:从善治到至善[J]. 高等教育研究,2021(8):1—19.

② 赵英,朱旭东. 论高质量教师教育体系建构[J]. 中国高教研究,2021(10):52—57.

③ 李瑾瑜. 我国教师教育体系重构的应然逻辑与实践路向——专访中国高等教育学会副会长管培俊[J]. 教师发展研究,2019,3(04):1—17.

的事。① 再如,我国基础教育教研体系,由过去的省、市、区(县)三级教研转为"国家—省—市—县—学校(乡镇)"五级教研制度,明确了国家层面的教研指导机构,加强了面向农村的教学指导力量,从而形成了适应新时期教育高质量发展所需的教研工作体系。② 这些政策和制度的调整,都是在不同时期我国经济社会发展对教育提出的不同要求做出的调整。这个体系的动态发展,逐渐成为在我国本土发展起来的特色教师学习与专业发展体系。

(三)自上而下行政推动与自下而上实践探索的结合

作为一个体系,我们还需要厘清的一个问题,即这个体系的结构问题。从以上的分析我们看到,我国教师的学习与专业发展体系,具有严密层级和自上而下的结构特点。以教师培训来说,校本层面的研训涉及面最广,到了国家层面,所涉及的教师数量必然就较少了。这很容易让我们联想到金字塔结构(如下图所示)。在我国的教师学习与专业发展体系中,许多的结构设计,比如职称制度、荣誉制度、政府主导的培训、赛课等制度,确实是这样的金字塔结构,级别越高,所要求的

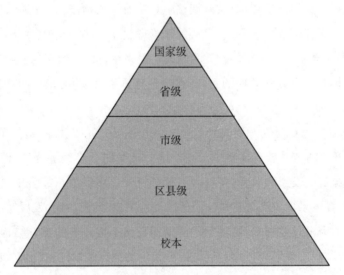

国家级

省级

市级

区县级

校本

图 11.2　中小学教师研训层级体系与规模

---

① 李瑾瑜. 我国教师教育体系重构的应然逻辑与实践路向——专访中国高等教育学会副会长管培俊[J]. 教师发展研究,2019,3(04):1—17.
② 王艳玲,胡惠闵. 从三级到五级:我国基础教育教研制度建设的进展与问题[J]. 全球教育展望,2020,49(12):66—77.

条件越高,能涉及到的教师数量越来越少。如果是从数量上来看,这一体系确实呈现金字塔结构。事实上,许多的国际学者也常以这样的金字塔结构来阐释中国的组织(包括中国的学校、企业)结构,强调集权化的体制下,以强有力的行政方式推进改革的实施。这是典型的二元论思维对中式教育体系的简化与标签化①。

但需要指出的是,金字塔的层级结构只是故事的一面。如果完全是集权化的、自上而下的结构,依靠行政的强力推进的话,这无论在理论层面还是实践层面,都有很多难以解释的问题。首先,从理论上来说,许多研究已经指出,再完美的顶层政策设计,无论推行过程多么强硬、稳定、一致,在实施过程中都会因为人和实践的复杂性而出现各种各样的问题。② 纵观 21 世纪以来各国的教育政策设计都非常相似,如突出学生的主体地位、强调终身学习等,但各国的政策在推动中,总会产生千差万别的效果。③ 这样行政推动以及层级体制在全世界许多国家并不少见,而却很少国家在如此大规模的教育改革中取得较好的改革实效。其次,如果是这样一个严密的层级体系,我们很难解释实践中的许多现象,比如教育部直接在一些区县设立改革实验区④,许多学校的教研活动,也可以"跳"过区级乃至市级的层级限制,直接与省级的教研机构、教研员对接等等。第三,如果我们认识到实践之复杂性,我们就会认识到,再完美的政策设计、再强力的行政力量的推动,都难以保证政策的实效;在本世纪课改之初,我国教师研究中出现那么多的不愿意改变和消极情绪,甚至有抵抗、拒绝改变的教师(如本书第七章所指),就是一种政策实施的实践困境。那么,我国教师学习与发展的体系,到底是一种怎样的

---

① 与此相对应的,西方学者强调学校体系的民主理念及对自下而上的结构,给中国教学贴上的"教师中心"的标签与西方教学"学生中心"的标签,但这样的简单标签却往往带来很多"悖论",如从 PISA 结果来看,中国及东亚社会的教学方式效果更好。详细可参考:张红霞,吕林海. 如何走出"中国学习者悖论"——中西方教育哲学的双重价值及其统合[J]. 探索与争鸣,2015(10):87—93;张华峰,史静寰. 走出"中国学习者悖论"——中国大学生主体性学习解释框架的构建[J]. 中国高教研究,2018(12):31—38.

② Desimone L. How can comprehensive school reform models be successfully implemented? [J]. Review of Educational Research, 2002,72(3):433 – 479.

③ Hoing, M. New directions in education policy implementation: Confronting complexity [M]. State University of New York Press, 2006.

④ 例如,教育部课程教材研究所在全国多地设立课程改革实验区:https://www.ncct.edu.cn/curriculum_reform.html♯curriculum_reform3. 教育部建立基础教育综合改革实验区,http://www.moe.gov.cn/jyb_xwfb/gzdt_gzdt/s5987/202110/t20211018_573209.html。

结构呢?

从政策来说,中国的教育政策,尤其是中央的教育政策对于各级(省、市、区、校)的影响是巨大的。好的政策设计和行政推动,只是一个体系运作成功的一步。

为了解释中国顶层的政策设计与推动的巨大影响力,借鉴赵汀阳教授在论证"中国"这一概念的发展时,笔者认为"漩涡"这一概念有较强的解释力。在探讨中国的形成问题上,从理论上说,能够确保形成大规模的政治与文化存在的根本原因只能是某种难以拒绝的吸引力,以中原为核心的"天下逐鹿"博弈游戏,而维持这个连续博弈游戏的动力结构是一个有着强大向心力的"漩涡模式":众多相关者抵抗不住漩涡的利益诱惑而前仆后继"主动"加入游戏成为中国之主的竞争,也有许多相关者连带被动地卷入到游戏之中,博弈漩涡的规模逐步扩大,向心力的力度也随之增强,终于达到稳定而形成了一个由中国漩涡所定义的广域中国。① 早期中国的四方万民为了争夺最大物质利益和最大精神资源的博弈活动,形成了以中原为核心的"漩涡"动力模式,漩涡一旦形成,就具有无法拒绝的向心力和自身强化的力量,从而使得大多数参与者既难以脱身也不愿意脱身。②

笔者认为,这一"漩涡"的比喻,比较能够概括我国教师专业发展体系的政策和行政推动的方式。在第三章中,我们看到,我国的教师研究受到政策的很大影响,政策可谓是教师研究的"风向标";我国政策的发布是集体智慧和决策的体现,它一经发布,则会形成一定的漩涡效应,卷动着各级各类的教育部门和机构参与到这一政策实施中来;与漩涡离得越近,对于政策的回应往往需要更及时,比如在教育部发布一个政策文件时,省级层面要做出及时的落实和部署,省级层面也会要求市、区(县)层面进一步落实。但层级越往下,在行政层面的影响效力会逐渐降低。落实在广袤的学校场域中时,出现的情况差异就非常大。学校对于国家政策的敏感性及反应,会因为学校的发展阶段、规模、历史、资源等等的影响而不同,有的是紧跟政策,有的是巧妙地回避或忽视政策,有的实践探索可能走在政策前面,正如在第七章中教师所提及的,"新课改的很多理念我们很早就在做了"。学校实践的复杂和丰富性,部分学校有较强的能动性,学校、区域自身主动地探索与

① 赵汀阳.惠此中国:作为一个神性概念的中国[M].北京:中信出版社,2016:43.
② 赵汀阳.惠此中国:作为一个神性概念的中国[M].北京:中信出版社,2016:15.

实践,会形成自下而上的小漩涡效应,当二者契合,就容易与自上而下的行政推动形成一股合力,成为典型、样板。仅有自上而下的行政推动,很难解释中国基础教育丰富的实践;真实的故事是,行政自上而下的推动结合基层学校自下而上的实践探索,二者的碰撞与结合,甚至创生出新的实践形态。例如,地方性的名师工作室早期就是由一些区县自主探索发展起来的,如今已经成为各级政府推动教育均衡发展的一种重要工具和手段,而政府为名师工作室的"正名",也让名师跨校引领教师发展,变得"名正言顺"。① 这体现了行政自上而下与学校自下而上的实践探索在某些节点或问题上的合力。有学者在分析我国的课程改革中指出,我国基础教育课程改革的推动力,主要是自上而下的行政推动与自下而上的学校变革性实践,是"外生"与"内生"两股力量共同作用的结果。② 在改革的推进过程中,通过政策创新试点,激发课程改革的创造力与活力,一些地方政府与学校发挥了非常积极主动的作用。学校扮演了重要的课程改革的先行者角色,政府行政管理部门一般扮演的是"把关者"和"倡导者"的角色。中央只为地方政府和学校提出模糊的课程目标,基层政府尤其是学校拥有更高的课程改革的合法性与活动空间。这其实反映出,改革是一个非线性、不稳定的动态复杂过程。行政的自上而下推动与学校自下而上实践探索相结合,是我国教师学习和专业发展体系结构的重要特征。

(四) 制度结构纵向层级与横向扁平的结合

为保障政策的推进,一系列制度和结构发挥着重要作用,影响着不同层级的教师和学校。教师学习与专业发展的结构设计确实有纵向层级的一面,如培训制度、职称制度、荣誉制度等,从能够获得更高级别的培训和荣誉的数量来看,这种层级呈现出金字塔的结构,越往上数量越少。层级的制度设计如职称制度、荣誉制度等,是促进教师不断发展的外在动力。职称制度与教师的薪酬直接相关,关乎教师的基本利益,可谓是马斯洛的"生存需要"的问题;而荣誉制度,更多的是对教师专业和贡献的认可,是满足教师精神层面和自我实现的要求的设计。纵向层级制的制度设计在中国这样一个大规模且相对集中管理的国家来说至关重要。

---

① Zheng X, Zhang J, Wang W. Teacher learning as boundary crossing: A case study of Master Teacher Studios in China [J]. Teachers and Teaching: Theory and Practice, 2019, 25(7):837-854.
② 廖辉. 基础教育课程改革:中国经验与治理逻辑[J]. 中国教育学刊,2021,(08):61—66.

此外,我们也可以看到,与纵向层级制度结构同时存在的,还有一种横向扁平的制度结构。例如名师工作室,可以让教师能够直接从普通教师跨过区级的层级限制,成为市级名师工作室的学员,直接向更高水平的教师学习。再如我国的"国培"政策,也是从国家层面直接向乡村骨干教师倾斜,"越"过了层层筛选。试想一下,如果一个普通的乡村教师,要通过层层筛选,在区县级、市级、省级层面依靠"优秀"脱颖而出的话,那可想而知,他们能接触到的国家级培训的几率有多低。而我国在不同时期,为了达成教师队伍的质量的整体均衡提高,进而设计相应的制度、安排资源,结合了纵向层级与横向扁平的制度结构,超越了单一层级制的问题,惠及了更多的教师,尤其是处于行政层级底层的教师。[1] 这是纵向的层级制与横向的扁平式的结合,既是我国庞大教师队伍整体发展的需要,也体现着我国教育体制从管理到治理的观念变化。

这样的制度结构,对于教师学习与发展有何影响? 对于普通教师来说,他们的学习有时候是主动的,有时候也是被动发展的。一方面,对于那些愿意学习、主动探索,为了更好地教好学生的老师来说,他们的能动性可以得到充分发挥,并且能够在这个结构中找到学习的对象和申请更高级别的发展项目。对于一个中国老师来说,只要有学习和进步的动力,他总是有学无止境的上升空间的。另一方面,一系列的职称、绩效制度,关乎到老师们的"生存需要",而集体性的教师学习结构和制度,也促使他们的教学能够基本达标,不拖后腿。在一些新的教育改革启动之时,他们也会受各种外部环境的影响,而让自己投身新的教育理念的实施之中。这样的制度设计,既能够在一定程度上激发创新,鼓励先进和引领,同时也期冀达到底部提升的保底作用;二者结合,以实现整体质量提高的目标。

(五) 尊重教师的主体性,发挥关键教师的示范引领作用

在阐释了这一体系的制度、结构的特征之后,这一体系还有一个不容忽视的因素,即这个体系中的关键教师,亦可称之为"关键少数"。我们既看到 C 老师这样的榜样教师,随着自身的不断成长,会得到更多的头衔和荣誉,随之而来是更多的责任,他们或成为区域的学科带头人,或成立不同层级的工作室,影响和带动更

---

[1] 朱旭东. 论"国培计划"的价值重估——以构建区县教师教育新体系为目标[J]. 云南师范大学学报(哲学社会科学版),2019,51(03):93—99.

多教师的专业成长。更高的荣誉和头衔,在中国的语境之中,是与更大的责任相辅相成的。在本书的多项研究中,我们看到了校长、名师、教研员、专家这些关键少数发挥的重要作用。

体系的有效运作和推动依赖对于关键人物和关键项目的实施。我国的教师队伍数量庞大、分布广泛、发展不均衡,如何通过体系、制度结构的设计,保障整体水平的提高,这是一个难题。从我们的实证研究中,我们看到,层级结构中,尽管层级、水平越高的教师越少,但依靠他们发挥关键作用。以培训为例,有学者指出,"我们依靠培训,但不依赖培训。试图通过教师培训解决教师的所有问题,这既不现实,也不可能。毕竟,目前的教师培训大量的是短期集中培训,其学习时间短,培训任务重,培训内容对教师需要解决的问题难以实现面面俱到,同时又要规避走马观花的风险,那么培训尤其需要聚焦带有普遍性和典型性的关键问题"[1]。发挥关键少数教师的示范、引领和辐射作用,是我国教师学习与专业发展体系的重要特征。

关键少数教师的示范引领和辐射,突出我国教师对专业发展的取向,教师的学习既是个人的,也是群体的。这一体系充分尊重一线教师的自主探索,也允许教师在课程改革中出现的一系列消极的做法;依靠教师群体和制度的力量,不断地将教师卷入到新的课程理念之中。如 C 老师在国外所见,教师自主有很大的迷惑性,在西方教师教育研究中,非常强调教师个人的自主,但这种自主如果超过了一定的限度,从教师队伍的整体发展而言,反而会出现许多问题。西方教师教育的发展也经历了这样的阶段,从 20 世纪 60—80 年代强调教师的专业自主,到 80 年代以来强调教师的专业协作,适度地去"个人化"、实施国家共同课程标准,成为整体提升教师质量的一种趋势。[2]

尊重教师的主体性,同时有效运用教师的集体性文化和相关制度,促进教学质量的整体提升,是我国教师学习与专业发展体系的另一特征。在这个体系中,那些有成长动力的教师,他们在这个系统中有无限的成长空间。但对于 M 老师这样的普通教师,他们不积极、主动地投入到新的改革和课程理念之中是被允许的。

---

① 张华,王亚军,洪弋力."国培计划"的理念诉求与培训追求[J]. 教师教育研究,2013,25(04):26—31.
② Hargreaves A. Teacher collaboration: 30 years of research on its nature, forms, limitations and effects [J]. Teachers and Teaching, 2019,25(5):603‑621.

但这个体系有一系列的制度和措施,将越来越多的教师"卷入"到新的课程改革理念之中。我们可以理解,为什么在一些实证研究中,有些教师对集体性的合作和制度表示出不满? 一方面,这可能是由于学校教研活动自身的低效、形式、僵化、浅表直接导致;另一方面,从一个系统的考量来看,通过制度化的集体学习、研训,追求的是整体质量的提升,保障大多数教师"不掉队"。但这种制度化的、统一的专业发展方式缺乏多样性,较少能够兼顾到教师的个性需求。

(六) 历史与文化是我国教师体系形成与发展的底色

教师学习与专业发展体系既受到我国历史和文化潜移默化的影响。从历史发展的角度来看,我国尊师重教、重视教育、重视考试的历史传统,都对我国的教育和教师教育体系产生了极其深远的影响。[①] 从短期历史发展来看,以教研体系的发展为例,70余年的集体教研制度的不断发展,既吸收了国外教育教学的理论和制度(如苏联、西方)的经验,也结合自身的经济社会发展特点,在不断地变化,以适应本国教师学习和发展的需求。

文化是一个复杂的概念。尽管本书第四章试图从国家文化的层面梳理清楚专业学习共同体的中西异同,但这只是文化的一个维度。国家文化维度,如我国的集体主义、高权力距离文化等都在分析我国的教师学习与专业发展体系中时常浮现,尤其是当需要与西方情境进行对比时,这些文化带来的影响就愈加凸显。此外,在本书的实证研究中,教师习惯于在群体中学习与进步,这与西方式的个人为本不同,中国文化传统是以群、社为本的。[②] 我们也看到,普通教师受到"见贤思齐""三人行必有我师"的影响,总是希望"向更优秀的人学习";而当他们逐渐成长,他们自己也会成为名师、教研员,承担起领导的职责与义务,在更大范围内发挥自己的影响力。越是具有影响力的教师,越需要以"君子"的德行标准严格要求自己,这样的教师才有可能持续地影响其他人。

前文所提,我国教师学习与专业发展体系的运作结合了自上而下的行政推动和自下而上的学校探索,纵向层级和横向扁平的制度结构,优秀教师的示范引领和基层教师主动学习结合,最终达成体系的引领和保底的目标。这一系统充

---

① 程介明. 上海的 PISA 测试全球第一到底说明了什么[J]. 探索与争鸣,2014(1):74—77.
② 叶澜. 回归突破:"生命·实践"教育学论纲[M]. 上海:华东师范大学出版社,2015:247.

分观照了中国哲学传统中的整体、融合和动态特征。叶澜教授指出，以儒家为主体、儒释道并存的思想格局呈现的价值取向、基本的思维方式及其存在方式构成的中国哲学传统，蕴含着丰富的教育精神与智慧。中国哲学传统注重综合思维，面对事物，它着力于整体与关系的认识[1]，而非肢解整体。我国教师学习与专业发展体系充分体现出了观照整体的特点，既把教师体系作为教育体系乃至更大国家体系的一部分，在体系的内部，政策、制度、结构的设计也主要是为了达成整体的发展，努力"不让一个教师掉队"。[2] 其次是互通互化的关系思维，考虑事物间相互关系。[3] 正如在各个层级之中，层级虽然有行政上的上下级关系，但在实践中以及部分的制度设计中，不同层级之间是相互依存的关系。第三是时势运转的思维方式，即关注转化过程中条件变化与关节点的存在。[4] 前文已有所论述，对于我国教师教育体系的调整、关键政策的调整、乡村教师的政策和制度的调整，都体现了对关键项目及关键时机的关注。历史文化是一个宏大的议题，本书无法深入讨论；如何基于历史与文化梳理我国教师教育体系的形成与发展，建构我国教师教育的学术体系和话语体系，是未来我国教师教育研究的重要发展方向。[5]

(七) 为国际教师教育体系构建提供参考与借鉴

从国际视野来看，中国的教师发展体系是中国学生高效能表现的关键因素，而我国的教师发展体系亦是教师教育体系的一个成功典范；它不仅解决了我国本土的教师队伍发展问题，也能够回应国际上关于建立高效能教师教育体系的中国经验，为其他国家和地区提供参考和借鉴。

通过国际的"他者"的视角，一方面，可以让我们更好地看清楚中国自身的体系，在比较中发现自身的优势，看到中国教师学习与专业发展的体系构建能够解决国际共通问题，深化我们的自信。2009 年以来，中国突然在 PISA 这样的测试中

---

[1] 叶澜. 中国哲学传统中的教育精神与智慧[J]. 教育研究,2018,39(06):4—7 + 23.

[2] 朱旭东. 论"国培计划"的价值重估——以构建区县教师教育新体系为目标[J]. 云南师范大学学报(哲学社会科学版),2019,51(03):93—99.

[3] 叶澜. 中国哲学传统中的教育精神与智慧[J]. 教育研究,2018,39(06):4—7 + 23.

[4] 叶澜. 中国哲学传统中的教育精神与智慧[J]. 教育研究,2018,39(06):4—7 + 23.

[5] 郑鑫,刘源,尹弘飚. 文化与情境是如何影响教师学习的? ——以中国教师学习共同体研究为例[J]. 华东师范大学学报(教育科学版),2022,40(10):29—41.

成为高效能体系的代表,长期向西方学习的我们突然成为了很多西方国家学习的榜样,正如《超越上海》一书中所提到的:"我们怎么突然成了我们偶像的偶像了,西方发达国家怎么天天在唠叨如何学习我们的教育了。"①当我们用国际比较的视野,我们才知道,我们习以为常的、制度化的、强调教师集体学习、研讨的方式,其实是高效能教师教育体系的典型特征。② 深度挖掘中式教师学习与专业发展体系,我们会发现,这是我国尊师重道、见贤思齐等历史文化传统,亦是我们之所以在教育方面取得领先的原因。通过客观、理性与科学的比较,加深了我们对于自身教育文化的自信。

另一方面,通过比较而自省,可以帮助我们看到自身实践的不足,从而不断改善自身的不足。本书常引用霍夫斯泰德的观点,文化比较的目的不是为了说明"孰优孰劣",而是帮助我们……能更好地与他人沟通,也更好地审视自己、改善与提升自己。正如我们颇引以为傲的中式教研组,是一种高效的专业学习共同体。借鉴 PLC 的理论,我们又会反观到,长期的制度化合作与集体活动可能会带来的消极问题。这促使我们反思,怎样的集体合作才真的有益于教师的发展? 我们通过一系列的实证研究,提出在新时期的集体教研活动不能只关注合作的频率、教研活动的"量",更需要注重合作活动的深度和"质"。

中国教师学习和专业发展的体系有着独特的中国特色,这种特色是我国教育在文化、制度、经济社会发展过程中融合发展的结果,它对于国际教师教育体系的建设具有启发作用。但它并不是十全十美,正如在新手教师的叙事中我们看到,很多新建学校,其在职教师的学习制度形式化、僵化现象其实普遍存在。在我国建设高质量的教师教育体系的新时期,想做到以高质量的教师学习与发展体系建设与治理,满足人民群众对于教育的高要求,需要我们以更大的勇气、更科学的态度和更全面的视野,直面这些问题。

至此,我们试图用下图来表示中国教师学习与发展的体系:

---

① 马克·塔克. 超越上海[M]. 柯政 译. 华东师范大学出版社,2013:215.

② Darling-Hammond, L. Teacher education around the world: What can we learn from international practice? [J]. European Journal of Teacher Education, 2017,40(3):291 - 309; Darling-Hammond, L., Hyler, M.E., & Gardner, M. Effective teacher professional development [J]. Palo Alto, CA: Learning Policy Institute, 2017:v - vii.

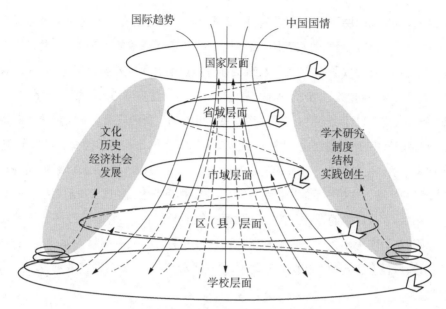

图 11.3　中国教师学习与专业发展的"漩涡"体系

我们关于这个体系的特点的基本观点是：

首先，这是一个系统的、有层级和开放的体系，是一个动态发展的体系。系统性和层级性前文论述已较为丰富。关于开放性，正如学者指出，在过去一个世纪里，中国教师教育模式混合着法国模式传统，受到苏联模式的影响，又吸收了美国模式的特征，这种模式以其开放性、适应性、灵活性及多样包容性，善于从其他系统中获得经验，同时又兼具儒家实用主义。① 这一系统是与时俱进的，充分观照体系的内、外部因素，观照我国教师队伍发展的现实，进行政策、制度、结构的调整。

其次，这个体系受到复杂的影响。在宏观层面，这个体系受到历史文化、国际趋势和经济社会发展的影响；在中观层面，这个体系也受到学术研究、相关制度（如教研制度、职称制度、荣誉制度等）、结构（如集体教研的结构）的影响。在微观层面，实践的探索是体系运作的支撑和动力，亦是检验和反馈政策、制度、研究的重要标准。

第三，这一体系的制度结构，是自上而下的行政推动与自下而上的学校实践

---

① 李军，田小红，陈佩佩等.教师教育的中国模式——引领全球改革的经验与启示[J].复旦教育论坛，2017，15（02）：13—19.

的结合,也是纵向层级制度结构和横向扁平制度结构的结合。不同的层级与层级之间存在着一种旋涡式的相互影响、相互依存和相互调整的动态关系,国家层面的政策、制度有着较强的"漩涡"效应,贯穿式地影响省市区校各个层级;而在复杂实践层面,学校和地区并非简单地实施政策,它们也在政策的"漩涡"影响下,自发地探索,在政策和行政推动下进行变革,并有可能创生新的实践。纵向层级化的制度,包括职称制度、教研制度、荣誉制度都贯穿各个层级,影响着教师的学习与发展。横向扁平的制度结构在一些关键项目和问题上,可以突破严密的层级限制,实现跨越层级的互动。这些体系的结构制度特征,主要是为了达成整体发展的目标。

第四,这一体系的设计是为了达成两个核心目标:一是着眼于教师队伍的整体质量,努力实现不让一个教师掉队,这是"底线"思维;二是通过政策、制度和结构的设计,结合实践的主动探索和创生,依托关键少数,实现引领性发展,这是"引领"思维。

第五,中国教师学习与发展体系的发展充分借鉴、融合了诸多国家教育改革与发展的经验,近十余年来成为国际上高质量教师教育体系的代表。中国建设教师学习与专业发展体系的经验,回应了一个国家如何建设高质量的教师队伍、保障教育质量这一共通难题。当然,这一体系的形成有其独特的历史、文化、政治和情境因素,这种特色对于其他国家,尤其是文化差异较大的国家,其可复制、迁移之处,仍然值得深入地研究。我们欣喜地看到,中国教师学习与专业发展体系中的一些做法,如中式教研、课例研究,已经被许多国家和地区参考和借鉴,如我国与英国的中英数学教师交流项目[①]、美国田纳西州借鉴我国的教研模式[②]等,取得了一定的国际认可度,有望成为我国教师教育国际话语体系建设的一个突破点。此外,我们始终要秉持"国际视野"看中国教育,借鉴"他者"视角,深度反思我国教师学习与专业发展体系仍然存在的问题,如本书中所提到的部分学校、区域研训制度不完善、形式化,教研活动的制度化、僵化对教师的消极作用等,都需要我们直面这些问题,不断改进本土实践,完善教师教育体系,持续提升教育质量及教师的幸福感。

---

① 张民选,朱福建,黄兴丰 等.如何讲好中国教育故事:需要研探的命题——以中英数学教师交流项目为例[J].教育发展研究,2021,41(12):1—10.

② 黄忠敬.教育学的中国话语建构:分析视角与可能路径[J].基础教育,2021,18(01):22—24.

附　录

附件1：专业学习共同体量表（PLCS）

请根据您所在学校的实际情况,并对下列描述的各项内容的认同程度进行选择,在吻合您的想法的态度下的空白打"√"。所有题项均无对错之分,只需要您根据您的感受或经历选出合适的答案。	非常不同意	比较不同意	不确定	比较同意	非常同意
1. 我们学校的老师们对学校教育的核心任务有着共通的认识和价值观					
2. 我们学校有着清晰的发展目标					
3. 学校管理者和教师和对于如何管理学生有着共同的认识					
4. 我的同事会给我提供一些关于教材使用方面的建议					
5. 我的同事会就我的教学技能提出有用的建议					
6. 在我们学校教师之间的教学合作活动很多					
7. 我会尽量地使自己的教学进度与其他老师同步					
8. 我经常与同事一起参加集体教研活动					
9. 提高学生的高级能力(如推理能力、问题解决能力、批判性思考能力)是教学的重要的目标					
10. 我们学校的教师都关注学生学习的有效性					
11. 我们学校的教师都真诚地希望促进学生学习					
12. 学校大多数老师都认同,学生学习是学校教育的核心					
13. 我的同事会关心并询问我班学生的成绩					
14. 我经常去听其他老师的课,并会与授课老师进行教学讨论					

请根据您所在学校的实际情况,并对下列描述的各项内容的认同程度进行选择,在吻合您的想法的态度下的空白打"√"。所有题项均无对错之分,只需要您根据您的感受或经历选出合适的答案。	非常不同意	比较不同意	不确定	比较同意	非常同意
15. 我的同事经常来听我的课					
16. 在听课后,我经常收到一些很有意义的教学反馈和建议					
17. 我会和其他老师讨论个别学生的学习问题,并思考怎么帮助他们					
18. 我会和其他老师就小组(如学科组)的教学实践问题进行讨论					

附件 2:教师的效能感量表

在下列描述中,"①—⑥"分别代表各情境中您认为自己能够达到的程度,依次递增,①表示完全不能,⑥表示完全可以。请根据您个人的情况进行选择,并在相应的选项中选"√"。	不能①	很少②	较少③	一点④	比较能够⑤	完全可以⑥
1. 您在多大程度上能使用不同的教学评价策略?						
2. 当学生困惑不解时,您在多大程度上能提供另外的解释或例子?						
3. 您在多大程度上能为学生提出好的问题?						
4. 您在多大程度上能在课堂中实施另类的教学策略(如探究教学)?						
5. 您在多大程度上能够控制学生在课堂中的干扰行为?						
6. 您在多大程度上能够让学生遵守课堂秩序?						
7. 您在多大程度上能够让吵闹的学生安静下来?						
8. 您在多大程度上能够让学生建立起课堂管理常规?						
9. 您在多大程度上能让学生相信他们能做好功课?						
10. 您在多大程度上能让自己的学生重视学习?						
11. 您在多大程度上能激励那些对功课不感兴趣的学生?						
12. 您在多大程度上能协助家长,令他们的孩子在学校有良好表现?						

请根据您所在学校的校长对您的支持情况,在吻合您的想法的态度下的空白打"√"。所有题项均无对错之分,只需要您根据您的感受或经历选出合适的答案。	非常不同意	比较不同意	不确定	比较同意	非常同意
1. 校长明确提出了学校的发展目标					
2. 校长不断完善学校中长期发展规划					
3. 校长明确提出了教学的短期(如每学年或每学期)的发展目标					
4. 校长对教师有较高的期待和要求					
5. 当校长很支持教师进行教学改进					
6. 校长起到了模范带头作用					
7. 校长对教师体现出关心和信任					
8. 校长重视教师的专业持续发展					
9. 校长很重视教师的留用和招募					
10. 校长鼓励教师之间进行合作					
11. 校长积极推进学校和家庭之间的合作					
12. 校长不断完善学校教育教学的评价制度					
13. 校长能够合理地分配资源					
14. 校长重视与其他学校之间的合作					
15. 校长努力改善学校的工作环境					
16. 校长为我的教学改进提供必要的资源或技术支持					
17. 校长会经常听我的课					
18. 校长在听课后会和我讨论教学中的优点和缺点					
19. 校长努力保证教师的教学环境不受到外部的干扰					
20. 校长在评价教师和教学时能够运用合理的证据					
21. 校长能够有效地传达区域教育部门的教学相关政策信息					

请根据您的实际情况,并对下列描述的各项内容的认同程度进行选择,在吻合您的想法的态度下的空白打"√"。所有题项均无对错之分,只需要您根据您的感受或经历选出合适的答案。	非常不同意	比较不同意	不确定	比较同意	非常同意
1. 从许多方面来看,教师这份职业接近我的理想					
2. 作为教师,我的现状很好	1	2	3	4	5
3. 我对教师这份职业感到满意	1	2	3	4	5
4. 迄今为止,我已经收获了对教师而言很重要的东西	1	2	3	4	5
5. 如果再给我一次选择机会,我还会选择做教师	1	2	3	4	5

您根据您的个人感受,根据您所在的学校情况选择对如下描述的态度,选项中"老师们""学生们"的有关描述请您把您所在学校的教师或学生作为整体进行考虑。	非常不同意	不同意	有点不同意	有点同意	同意	非常同意
1. 老师之间能够相互关照	1	2	3	4	5	6
2. 老师们认为校长是个正直的人	1	2	3	4	5	6
3. 即使在一些困难问题面前,老师们可以相互依靠	1	2	3	4	5	6
4. 校长对老师非常关心	1	2	3	4	5	6
5. 教师可以依靠校长	1	2	3	4	5	6
6. 老师们相互之间能够坦诚地交流	1	2	3	4	5	6
7. 如果我的校长承诺做某事,他/她就会贯彻执行	1	2	3	4	5	6
8. 学校的老师们可以胜任他们的工作	1	2	3	4	5	6
9. 老师们都很正直	1	2	3	4	5	6
10. 校长是个有能力的人	1	2	3	4	5	6

参考文献

中文部分

［1］［澳］约翰·洛克伦. 专家型教师做什么［M］. 李琼, 张弘治 译. 上海: 华东师范大学出版社, 2012.

［2］［丹］克努兹·伊列雷斯. 我们如何学习: 全视角学习理论［M］. 孙玫璐 译. 北京: 教育科学出版社, 2010.

［3］［荷］霍夫斯泰德 等. 文化与组织: 心理软件的力量(第二版)［M］. 李原, 孙健 译. 北京: 中国人民大学出版社, 2010.

［4］［美］安迪·哈格里夫斯. 知识社会中的教学［M］. 上海: 华东师范大学出版社, 2007.

［5］［美］布鲁纳. 教育的文化: 文化心理学的观点［M］. 台北: 台北远流出版公司, 2001.

［6］［美］李瑾. 文化溯源: 东方与西方的学习理念［M］. 上海: 华东师范大学出版社, 2015.

［7］［美］罗伯特·K. 殷. 案例研究: 设计与方法［M］. 重庆: 重庆大学出版社, 2004.

［8］［美］欧文·戈夫曼. 日常生活中自我呈现［M］. 北京: 北京大学出版社, 2008.

［9］［美］舒尔曼. 实践智慧: 论教学、学习与学会教学［M］. 王艳玲, 等译. 上海: 华东师范大学出版社, 2014.

［10］［葡］安东尼奥·达马西奥. 笛卡尔的错误［M］. 毛彩凤译. 北京: 教育科学出版社, 2007.

［11］［英］阿尔玛·哈里斯. 分布式领导: 不同的视角［M］. 冯大鸣译. 上海: 上海教育出版社, 2012.

［12］蔡永红, 申晓月. 教师的教学专长——研究缘起, 争议与整合［J］. 北京师范大学学报(社会科学版), 2014(2): 15 - 23.

［13］操太圣, 卢乃桂. 抗拒与合作: 课程改革情境下的教师改变［J］. 课程·教材·教法, 2003(1): 71 - 75.

［14］操太圣, 乔雪峰. 理想与现实: 教研组作为专业学习社群的批判反思［J］. 全球教育展望, 2013, 42(12): 51 - 59.

［15］操太圣. 基于信任的学习者社群建设——对我国学校管理模式的初步思考［J］. 教育发展研究, 2008(Z4): 37 - 41.

［16］曾荣光. 教学专业与教师专业化: 一个社会学的阐释［J］. 教育学报(香港), 1984(1): 23 - 41.

［17］曾荣光. 教育政策行动: 解释与分析框架［J］. 北京大学教育评论, 2014, 12(1): 68 - 89.

［18］曾荣光. 理解教育政策的意义——质性取向在政策研究中的定位［J］. 北京大学教育评论, 2011, 9(1): 152 - 180+192.

［19］曾荣光. 香港教育政策分析: 社会学的视域［M］. 香港: 三联书店有限公司, 1998.

［20］曾文婕, 柳熙. 获得·参与·知识创造——论人类学习的三大隐喻［J］. 教育研究, 2013, 34(7): 88 - 97.

[21] 曾艳,卢乃桂.教师领导如何发生? 近十年"教师领导"研究述评[J].教育科学,2012,28(1):88-93.

[22] 陈丽,吕蕾.胜任度较高、幸福感不强:北京市高中校长发展现状调研印象[J].中小学管理,2012(7):35-39.

[23] 陈向明,王志明.义务教育阶段教师培训调查:现状、问题与建议[J].开放教育研究,2013,19(4):11-19.

[24] 陈向明,张玉荣.教师专业发展和学习为何要走向"校本"[J].清华大学教育研究,2014,35(1):36-43.

[25] 陈向明.从教师"专业发展"到教师"专业学习"[J].教育发展研究,2013,33(8):1-7.

[26] 陈向明.优秀教师在教学中的思维和行动特征探究[J].教育研究,2014,35(5):128-138.

[27] 陈向明.质的研究方法与社会科学研究[M].北京:教育科学出版社,2000.

[28] 陈峥,卢乃桂.正式与非正式的教师领导对教师专业发展的影响[J].教师教育研究,2010,22(1):12-16.

[29] 程介明.上海的PISA测试全球第一到底说明了什么[J].探索与争鸣,2014,35(1):36-43.

[30] 程介明.教研:中国教育的宝藏[J].华东师范大学学报(教育科学版),2021,39(05):1-11.

[31] 丛立新.沉默的权威:中国基础教育教研组织[M].北京:北京师范大学出版社,2011.

[32] 丛立新.教研组织的"一枝独秀"及其"职能转变"[J].教育学报,2011,7(3):47-55.

[33] 丛立新.中国基础教育三级教研组织研究[J].教育科学研究,2011(9):5-27.

[34] 丛立新.讲授法的合理与合法[J].教育研究,2008,(7):64-72.

[35] 崔允漷,柯政.学校本位教师专业发展[M].上海:华东师范大学出版社,2013.

[36] 崔允漷,王少非.教师专业发展即专业实践的改善[J].教育研究,2014,35(9):77-82.

[37] 崔允漷,王中男.学习如何发生:情境学习理论的诠释[J].教育科学研究,2012(7):28-32.

[38] 崔允漷.关于我国当前中小学教师专业发展活动的调查研究[J].全球教育展望,2011,40(9):25-31.

[39] 单志艳.走向中国特色教师专业学习共同体的教研组变革[J].教育研究,2014,35(10):86-90.

[40] 丁道勇.教师反思的水平模型及其应用[J].教育发展研究,2012,32(22):31-35.

[41] 丁钢,李梅 等.中国教育研究的国际影响力探究[M].上海:华东师范大学出版社,2022.

[42] 丁钢.中国教育文化的阐释[M].北京:教育科学出版社,2021.

[43] 丁钢,侯怀银,谭维智等.教育学的中国话语体系建构:问题与路径[J].基础教育,2021,18(01):13-39.

[44] 窦桂梅.听窦桂梅老师评课[M].上海:华东师范大学出版社,2011.

[45] 方明生,李筱雨.百年回望:布鲁纳对皮亚杰与维果茨基的评价——《赞颂分歧:皮亚杰与维果茨基》解读[J].全球教育展望,2014,43(10):11-20+37.

[46] 房林玉,郝德永.新课程实施中教师角色的重建[J].黑龙江高教研究,2006(3):98-

100.

[47] 费孝通. 反思·对话·文化自觉[J]. 北京大学学报(哲学社会科学版),1997(03):15 - 22＋158.

[48] 冯大鸣. 分布式领导之中国意义[J]. 教育发展研究,2012,32(12):31 - 35.

[49] 冯大鸣. 美、英、澳教育领导理论十年(1993—2002)进展述要[J]. 教育研究,2004(3):72 - 78.

[50] 冯大鸣. 西方教学领导研究的再度兴盛及逻辑转向[J]. 教育研究,2012,33(3):135 - 139.

[51] 高原. 冷静对待"PISA 二连冠"—基于新自由主义视角的思考[J]. 外国中小学教育,2014(4):9 - 14.

[52] 顾泠沅. 寻找中间地带——国际教育改革的大趋势[M]. 上海:上海教育出版社,2003.

[53] 顾明远. 论苏联教育理论对中国教育的影响[J]. 北京师范大学学报:社会科学版,2004(1):5 - 13.

[54] 顾明远. 中国教育的文化基础[M]. 太原:山西教育出版社,2018.

[55] 顾明远. 中国教育路在何方[M]. 北京:人民教育出版社,2016.

[56] 郭华. 名师是怎样成长起来的——从对五位名师质的研究中谈起[J]. 中国教育学刊,2008(8):31 - 34.

[57] 郭华. 新课改与"穿新鞋走老路"[J]. 课程·教材·教法,2010,30(1):3 - 11.

[58] 郭华. 落实学生发展核心素养突显学生主体地位——2022 年版义务教育课程标准解读[J]. 四川师范大学学报(社会科学版),2022,49(04):107 - 115.

[59] 郭华. 带领学生进入历史:"两次倒转"教学机制的理论意义[J]. 北京大学教育评论,2016,14(02):8 - 26.

[60] 韩爽,于伟. 我国名师工作室研究的回顾与省思[J]. 东北师大学报(哲学社会科学版),2014(5):196 - 200.

[61] 胡定荣. 薄弱学校的教学改进—大学与中学的合作研究[M]. 北京:教育科学出版社,2013.

[62] 胡定荣. 教师的教学反思为何不见效——以一位中学教师的教学反思经历为例[J]. 教育科学研究,2013(1):74 - 77＋80.

[63] 胡定荣. 影响优秀教师成长的因素——对特级教师人生经历的样本分析[J]. 教师教育研究,2006(4):65 - 70.

[64] 胡惠闵,王建军编著. 教师专业发展[M]. 上海:华东师范大学出版社,2014.

[65] 胡惠闵. 教师专业发展背景下的学校教研活动[J]. 全球教育展望,2006,35(3):52 - 56.

[66] 胡惠闵. 走向学校本位的教师专业发展:问题与思路[J]. 开放教育研究,2007(3):51 - 55.

[67] 胡艳,高志雄. 当前北京市中学教研组长素质状况及其影响因素研究[J]. 教师教育研究,2012,24(6):73 - 80.

[68] 胡艳. 我国中学教研组性质的实证研究——以北京市城区中学为例[J]. 教育学报,2012,8(6):78 - 89.

[69] 胡艳. 新中国 17 年中小学教研组的职能与性质初探[J]. 教师教育研究,2011,23(6):

50 - 55.

[70] 胡艳. 专业学习共同体视角下的教研组建设——以北京市某区中学教研组为例[J]. 教育研究,2013,34(10):37 - 43.

[71] 华东师范大学学报编辑部. 加强教育实证研究,提高教育科研水平——"第二届全国教育实证研究专题论坛"及"全国教育实证研究联席会议"成果览要[J]. 华东师范大学学报(教育科学版),2017,35(3):18 - 36.

[72] 黄光国,等. 人情与面子:中国人的权力游戏[M]. 北京:中国人民大学出版社,2010.

[73] 黄毅英,张侨平. "华人(数学)学习者现象":回顾,反思与前瞻[J]. 全球教育展望,2013,42(5):14 - 25.

[74] 霍秉坤,叶慧虹. 香港课程改革十年回顾:脉络视角的评析[J]. 课程研究,2010,5(1):1 - 37.

[75] 纪德奎. 新课改十年:争鸣与反思——兼论新课改如何穿新鞋走出老路[J]. 课程·教材·教法,2011,31(3):18 - 24.

[76] 蒋园园. 分布式领导概念辨析及对学校组织改善的作用[J]. 教育科学,2009,24(6):11 - 15.

[77] 康晓伟. 西方教师赋权增能研究的内涵及其发展探究[J]. 比较教育研究,2010,32(12):86 - 90.

[78] 柯政. 教育科学知识的积累进步——兼谈美国教育实证研究战略[J]. 华东师范大学学报(教育科学版),2017,35(3):37 - 46.

[79] 柯政. 学校本位教师专业发展的立论基础[J]. 全球教育展望,2011,40(9):37 - 43.

[80] 李莉春. 教师在行动中反思的层次与能力[J]. 北京大学教育评论,2008,21(1):92 - 105+190.

[81] 李茂森. 从"角色"到"自我"——教育变革中教师改变的困境与出路[J]. 教育发展研究,2009(22):56 - 59.

[82] 李希贵. 学校转型:北京十一学校创新育人模式的探索[M]. 北京:教育科学出版社,2014.

[83] 李子建,尹弘飚. 课堂环境对香港学生自主学习的影响——兼论"教师中心"与"学生中心"之辨[J]. 北京大学教育评论,2010,8(1):70 - 82.

[84] 梁漱溟. 东西文化及其哲学[M]. 北京:商务印书馆,2010.

[85] 刘义兵,郑志辉. 促进教师改变的思维范式转向[J]. 中国教育学刊,2009(7):59 - 62.

[86] 卢晖临,李雪. 如何走出个案——从个案研究到扩展个案研究[J]. 中国社会科学,2007(1):118 - 130+207 - 208.

[87] 卢乃桂,何碧愉. 能动者行动的意义——探析学校发展能量的提升历程[J]. 教育学报(香港),2010,38(1):1 - 31.

[88] 卢乃桂,王丽佳. 教育改革背景下的教师专业性与教师责任[J]. 教师教育研究,2013,25(1):1 - 5.

[89] 卢乃桂,叶菊艳. 英、法教师专业化历程的解读及其启示[J]. 比较教育研究,2010,32(2):64 - 68.

[90] 卢乃桂,张佳伟. 院校协作下学校改进原因与功能探析[J]. 中国教育学刊,2009(1):34 - 37.

［91］卢乃桂,钟亚妮.教师专业发展理论基础的探讨[J].教育研究,2007(3):17-22.

［92］卢乃桂.能动的思索—香港学校改进协作模式的再造与更新[J].教育发展研究,2007(24):1-9.

［93］马立平.小学数学的掌握和教学(20周年纪念版)[M].上海:华东师范大学出版社,2011.

［94］漆涛,胡惠闵.基础教育教研职能变迁70年的回顾与反思——兼论教学研究的概念演化[J].课程·教材·教法,2019,39(09):79-87.

［95］全国中小学教师专业发展状况调查项目组.中国中小学教师专业发展状况调查与政策分析报告[J].教育研究,2011,32(3):3-12.

［96］沈伟.教研员作为边界工作者:意涵与能力建构[J].教育发展研究,2013,33(10):64-68.

［97］宋萑.说课与教师知识建构[J].课程·教材·教法,2012,32(4):120-124.

［98］唐丽芳,马云鹏.新课程实施情况调查:问题与障碍[J].教育理论与实践,2002(7):52-55.

［99］王富伟.个案研究的意义和限度[J].社会学研究,2012,27(5):161-183.

［100］王富伟.质性研究的推论策略:概括与推广[J].北京大学教育评论,2015,13(1):40-55.

［101］王宁.代表性还是典型性?——个案的属性与个案研究方法的逻辑基础[J].社会学研究,2002(5):123-125.

［102］王晓芳,黄丽锷.中小学教师科研活动中的管理主义——基于对相关官方文件与若干结题报告的分析[J].北京大学教育评论,2015,13(1):108-128.

［103］王晓芳.从组织实体到跨界安排:理解大学与学校伙伴关系的两种路径及其综合[J].教育学报,2014,10(6):118-126.

［104］王晓芳.什么样的"共同体"可以称作教师专业学习共同体——对教师专业学习共同体理论的审视与反思[J].教师教育研究,2014,26(4):16-22.

［105］王晓莉,卢乃桂.期望中的教师专业性:政策文本分析的视角[J].教育发展研究,2009,29(2):55-58.

［106］王艳玲,胡惠闵.从三级到五级:我国基础教育教研制度建设的进展与问题[J].全球教育展望,2020,49(12):66-77.

［107］王艳玲,胡惠闵.基础教育教研工作转型:理念倡导与实践创新[J].全球教育展望,2019,48(12):31-41.

［108］王艳玲,胡惠闵.我国教研机构的类型与职能:基于全国抽样调查的分析[J].教育发展研究,2020,40(Z2):23-31.

［109］温忠麟,叶宝娟.中介效应分析:方法和模型发展[J].心理科学进展,2014,22(5):731-745.

［110］吴康宁.改革·综合·教育领域——简析教育领域综合改革之要义[J].教育研究,2014,35(1):41-46.

［111］吴康宁.教育改革的"中国问题"[M].南京:南京师范大学出版社,2015.

［112］吴康宁.政府部门超强控制:制约教育改革深入推进的一个要害性问题[J].南京师大学报(社会科学版),2012(5):6-11.

[113] 吴康宁.政府官员的角色:学校改革中的一个"中国问题"[J].教育研究与实验,2012
(4):1-6.

[114] 吴康宁.制约中国教育改革的特殊场域[J].教育研究,2008(12):16-20.

[115] 吴康宁.中国教育改革为什么会这么难[J].华东师范大学学报(教育科学版),2010,
28(4):10-19.

[116] 吴晓蓉.论教师在课程实施中的角色问题[J].教育探索,2002(8):19-20.

[117] 夏雪梅.教师课程实施程度的评估:一种整合架构[J].教育发展研究,2009(22):19-
24.

[118] 夏雪梅.四十年来西方教师课程实施程度研究的回顾与评论[J].全球教育展望,
2010,39(1):21-26.

[119] 夏雪梅.我们为什么要检测教师的课程实施程度——兼谈"了解教师教学水平"的不
足[J].当代教育科学,2010(2):3-5.

[120] 徐碧美.追求卓越:教师专业发展案例研究[M].北京:人民教育出版社,2003.

[121] 徐斌艳.名师培养基地专业特征研究——基于教师实践共同体的视角[J].教育发展
研究,2010,30(24):56-60.

[122] 杨莉娟,项纯,李铁安.我国教师适应新一轮课程改革现状的调查研究[J].课程·教
材·教法,2012,32(2):32-40.

[123] 杨小微.近五年我国基础教育改革及其研究的进展报告[J].基础教育,2011,8(3):
5-20.

[124] 杨中芳,彭泗清.中国人人际信任的概念化:一个人际关系的观点[J].社会学研究,
1999(2):3-23.

[125] 叶菊艳.叙述在教师身份研究中的运用——方法论上的考量[J].北京大学教育评论,
2013,11(1):83-94.

[126] 叶澜.回归突破:"生命·实践"教育学论纲[M].上海:华东师范大学出版社,2015.

[127] 叶澜.基础教育改革与中国基础教育学理论重建研究[M].北京:经济科学出版
社,2009.

[128] 叶澜.中国教育学发展世纪问题的审视[J].教育研究,2004,25(7):3-17.

[129] 叶澜.中国哲学传统中的教育精神与智慧[J].教育研究,2018,39(06):4-7+23.

[130] 衣俊卿.文化哲学十五讲(第二版)[M].北京:北京大学出版社.

[131] 尹弘飚,靳玉乐,李子建.信任与赋权文化在课程改革中的作用[J].首都师范大学学
报:社会科学版,2009(1):125-132.

[132] 尹弘飚,李子建.课程实施与教师心理变化[J].全球教育展望,2006,35(10):20-25.

[133] 尹弘飚,李子建.论课程改革中的教师改变[J].教育研究,2007(3):23-29.

[134] 尹弘飚,郑鑫.课程实施中的教师改变:困境与对策[J].教师教育学报,2014,1(01):
62-68.

[135] 尹弘飚.教育实证研究的一般路径:以教师情绪劳动研究为例[J].华东师范大学学报
(教育科学版),2017,35(3):47-56.

[136] 尹弘飚.全球化时代的中国课程改革[J].高等教育研究,2011,32(3):69-75.

[137] 尹弘飚.重建课程变革联盟中的信任[J].教育发展研究,2008(8):18-21.

[138] 于波.高中数学模块课程实施的阻抗研究——基于十省市的调查[J].课程·教材·

教法,2013,33(2):40-43.

[139] 于泽元.课程变革中的学校领导课程[M].北京:人民出版社,2014.

[140] 袁贵仁.推动教师教育创新 构建教师教育新体系[J].中国高等教育,2004(12):3-4.

[141] 袁振国.从"师范教育"向"教师教育"的转变[J].中国高等教育,2004(5):29-31.

[142] 袁振国.实证研究是教育学走向科学的必要途径[J].华东师范大学学报(教育科学版),2017,35(3):4-17.

[143] 翟学伟.人情、面子与权力的再生产[M].北京:北京大学出版社,2015.

[144] 翟学伟.信任的本质及其文化[J].社会,2014,34(1):1-26.

[145] 张华.论教师发展的本质与价值取向[J].教育发展研究,2014,33(22):16-24.

[146] 张佳,彭新强.中国大陆教师专业学习社群的内涵与发展——基于对上海市中小学的调查研究[J].教师教育研究,2014,26(3):61-68.

[147] 张立昌,南纪稳."走出个案":含义、逻辑和策略[J].教育研究,2015,36(12):99-104.

[148] 张民选.自信与自省:从PISA看上海基础教育发展[J].上海教育,2013,35(1):1.

[149] 张倩,李子建,宋萑.论当代西方教师教育研究话语的迁移与转向[J].比较教育研究,2014,36(4):64-69.

[150] 张晓峰.分布式领导:缘起、概念与实施[J].比较教育研究,2011,33(9):44-49.

[151] 张晓蕾.教师如何一起学习?——探究中国大陆课程改革背景下学校教研组(TRGs)的教师学习[D].香港:香港中文大学,2014.

[152] 张晓蕾.什么样的教师学习是有效的?——对西方学界三种教师学习理论及实践的思考[J].比较教育研究,2016,38(09):92-98.

[153] 张晓蕾,黄丽锷.纵横交错:教师学习与专业发展的三种理论视野[J].全球教育展望,2014,43(04):59-67.

[154] 赵德成,宋洪鹏,苏瑞红.义务教育学校校长教学领导力胜任特征模型的构建[J].教育研究,2014,35(8):85-92.

[155] 赵明仁,周钧,朱旭东.北京市中小学教师参与专业发展活动现状与需求的调查研究[J].教师教育研究,2009,21(1):62-67.

[156] 赵萍,杨泽宇.以教师研究促进教师改变的路径研究——对X市某教师专业发展项目的个案研究[J].教师教育研究,2015,27(6):79-86.

[157] 赵汀阳.第一哲学的支点[M].上海:生活·读书·新知三联书店,2013.

[158] 赵汀阳.惠此中国:作为一个神性概念的中国[M].北京:中信出版社,2016.

[159] 赵汀阳.论可能生活:一种关于幸福和公正的理论[M].北京:中国人民大学出版社,2010.

[160] 郑东辉.学校本位教师专业发展的内涵解读[J].教育发展研究,2011,33(18):57-62.

[161] 郑鑫,沈爱祥,尹弘飚.教师需要怎样的专业学习共同体?——基于教师教学满意度和教学效能感的调查[J].全球教育展望,2018,47(12):77-88.

[162] 郑鑫,尹弘飚,王晓.跨越教师学习的边界[J].教育发展研究,2015,35(10):59-65.

[163] 郑鑫,尹弘飚.美国教育研究协会教师与教学研究的百年脉络[J].外国教育研究,

2019,46(01):38 - 50.

[164] 郑鑫,张佳.中西方教师专业学习共同体的差异:跨文化比较的视角[J].外国教育研究,2015,42(08):83 - 94.

[165] 钟启泉,王艳玲.从"师范教育"走向"教师教育"[J].全球教育展望,2012,41(6):22 - 24.

[166] 钟启泉.教师研修:新格局与新挑战[J].教育发展研究,2013,33(12):20 - 25.

[167] 钟启泉.教学实践模式与教师的实践思维[J].教育研究,2012,33(10):108 - 114.

[168] 钟亚妮,卢乃桂.香港学校改进的个案分析:教师改变,从"心"开始[J].中小学管理,2011(11):45 - 47.

[169] 周钧,张正慈.从对经验的理性反思到基于核心品质的反思——评科萨根反思观的转变[J].比较教育研究,2017,39(11):63 - 69.

[170] 周坤亮.何为有效的教师专业发展——基于十四份"有效的教师专业发展的特征列表"的分析[J].教师教育研究,2014,26(1):39 - 46.

[171] 周文叶,崔允漷.何为教师之专业:教师专业标准比较的视角[J].全球教育展望,2012,41(4):31 - 37.

[172] 周正,温恒福.教师参与课程发展:调查与反思[J].课程·教材·教法,2009,29(8):73 - 78.

[173] 朱旭东,裴淼等.教师学习模式研究:中国的经验[M].北京:北京师范大学出版社,2017.

[174] 朱旭东,宋萑.论教师培训的核心要素[J].教师教育研究,2013,25(3):1 - 8.

[175] 朱旭东,宋萑.中国教师荣誉制度研究[M].北京:北京师范大学出版社,2013.

[176] 朱旭东.论教师专业发展的理论模型建构[J].教育研究,2014,35(6):81 - 90.

英文部分

[1] Akkerman, S. F., & Bakker, A. Boundary crossing and boundary objects [J]. Review of Educational Research, 2011,81(2),132 - 169.

[2] Akkerman, S., & Bruining, T. Multilevel boundary crossing in a professional development school partnership [J]. Journal of the Learning Sciences, 2016,25(2):240 - 284.

[3] Anderson, J. R. The Architecture of cognition [M]. Cambridge, MA: Harvard University Press, 1983.

[4] Anderson, J. R., Greeno, J. G., Reder, L. M., & Simon, H. A. Perspectives on learning, thinking, and activity [J]. Educational Researcher, 2000,29(4):11 - 13.

[5] Anderson, J. R., Reder, L. M., & Simon, H. A. Rejoinder: Situative versus cognitive perspectives: Form versus substance [J]. Educational Researcher, 1997, 26(1):18 - 21.

[6] Anderson, J. R., Reder, L. M., & Simon, H. A. Situated learning and education [J]. Educational Researcher, 1996,25(4):5 - 11.

[7] Archer, M. Structure, agency and the internal conversation [M]. Cambridge, UK: Cambridge University Press, 2003.

[8] Argyris, C. , & Schön, D. A. Organizational learning ii: Theory, method, and practice [M]. New York, NY: Addison-Wesley, 1996.

[9] Ashforth, B. E. , & Humphrey, R. H. Emotional labor in service roles: The influence of identity [J]. Academy of Management Review, 1993,18(1):88 – 115.

[10] Avalos, B. Teacher professional development in Teaching and Teacher Education over ten years [J]. Teaching and Teacher Education, 2011,27(1):10 – 20.

[11] Ball, D. L. , & Forzani, F. M. Building a common core for learning to teach: Connecting professional learning to practice [J]. American Educator, 2009,35(2):17 – 21.

[12] Ball, D. L. , & Forzani, F. M. The work of teaching and the challenge for teacher education [J]. Journal of Teacher Education, 2009,60(5):497 – 511.

[13] Bandura, A. Self-efficacy: The exercise of control [M]. New York: Freeman, 1997.

[14] Barab, S. A. , & Duffy, T. From practice fields to communities of practice [M]//D. Jonassen & S. Land. Theoretical foundations of learning environments. New Jersey: Lawrence Erlbaum Association Inc, 2000:25 – 56.

[15] Bass, B. M. Leadership and performance beyond expectations [M]. New York: Free Press, 1985.

[16] Bereiter, C. Education and mind in the knowledge age [M]. Mahwah, NJ: Lawrence Erlbaum Associates, 2002.

[17] Berkovich, I. , & Eyal, O. Educational leaders and emotions: An international review of empirical evidence 1992 – 2012 [J]. Review of Educational Research, 2015,85(1): 129 – 167.

[18] Berkovich, I. , & Eyal, O. Emotional reframing as a mediator of the relationships between transformational school leadership and teachers' motivation and commitment [J]. Journal of Educational Administration, 2017,55(5):450 – 468.

[19] Berliner, D. C. In pursuit of the expert pedagogue [J]. Educational Researcher, 1986, 15(7):5 – 13.

[20] Blasé, J. & Blasé, J. Principals' instructional leadership and teacher development: Teachers' perspectives [J]. Educational Administration Quarterly, 1999,35(3),349 – 378.

[21] Blasé, J. Handbook of instructional leadership: How successful principals promote teaching and learning [M]. Thousand Oaks, CA: Corwin Press, 2004.

[22] Bolam, R. , McMahon. A. , Stoll. L. , Thomas. S. & Wallace. M. Creating and sustaining professional learning communities. Report, General Teaching Council for England [M]. Department for Education and Skills, UK, 2005.

[23] Borko, H. Professional development and teacher learning: Mapping the terrain [J]. Educational Researcher, 2004,33(8):3 – 15.

[24] Borko, H. , Liston, D. , & Whitcomb, J. A. Genres of empirical research in teacher education [J]. Journal of Teacher Education, 2007,58(1):3 – 11.

[25] Bruner, J. S. The process of education. Cambridge [M]. MA: Harvard University

Press, 1960.

[26] Bryk, A. & Schneider, B. Trust in schools: A core resource for improvement [M]. Russell Sage Foundation, 2002.

[27] Bryk, A. S. & Schneider, B. Trust in schools: A core resource for school reform [J]. Educational Leadership, 2003,60(6):40 – 45.

[28] Bryk, A. S. 2014 AERA distinguished lecture: Accelerating how we learn to improve [J]. Educational Researcher, 2015,44(9):467 – 477.

[29] Bryk, A. S., Sebring, P. B. & Allensworth, E. Organizing schools for improvement: Lessons from Chicago [M]. Chicago, IL: University of Chicago Press, 2010.

[30] Camburn, E. M., Spillane, J. P., & Sebastian, J. Assessing the utility of a daily log for measuring principal leadership practice [J]. Educational Administration Quarterly, 2010,46(5):707 – 737.

[31] Cerit, Y. Trust and extra effort implementing curriculum reform: The mediating effects of collaboration [J]. The Asia-Pacific Education Researcher, 2013,22(3):247 – 255.

[32] Chan, C. K., & Rao, N. (Eds.). Revisiting the Chinese learner: Changing contexts, changing education [M]. Hong Kong: University of Hong Kong and Springer, 2010.

[33] Chang, H. C., Holt, G. R. More than relationship: Chinese interaction and the principle of kuan-his [J]. Communication Quarterly, 1991,39(3):251 – 271.

[34] Cheng, K. M. Pedagogy: East and west, then and now [J]. Journal of Curriculum Studies, 2011,43(5):591 – 599.

[35] Chi, M. T. H. Theoretical perspectives, methodological approaches and trends in the study of expertise [M]//Li, Y. & Kaiser, G. Expertise in mathematics instruction. London, UK: Springer, 2011:17 – 39.

[36] Clarke, D., & Hollingsworth, H. Elaborating a model of teacher professional growth [J]. Teaching and Teacher Education, 2002,18(8):947 – 967.

[37] Cochran-Smith, M. & Lytle, S. L. Inquiry as stance: Practitioner research for the next generation [M]. New York, NY: Teachers College Press, 2009.

[38] Cochran-Smith, M. Teaching and teacher education: Absence and presence in AERA presidential addresses [J]. Educational Researcher, 2016,45(2):92 – 99.

[39] Cochran-Smith, M. The new teacher education in the United States: Directions forward [J]. Teachers and Teaching: Theory and Practice, 2008,14(4):271 – 282.

[40] Cochran-Smith, M. The new teacher education: For better or for worse? [J]. Educational Researcher, 2005,34(7):3 – 17.

[41] Cochran-Smith, M., Feiman-Nemser, S. & McIntyre, D. Handbook of research on teacher education: Enduring questions in changing contexts [M]. 3rd ed. Routledge, 2008.

[42] Cole, M. Cross-cultural research in the sociohistorical tradition [J]. Human Development, 1988,31:137 – 157.

[43] Cole, M. Cultural psychology: A once and future discipline [M]. Cambridge, MA: Harvard University Press, 1996.

[44] Cole, M. Socio-cultural-historical psychology: Some general remarks and aproposal for a new kind of cultural-genetic methodology [M]//Wertsch, J. V., Río, P. del, & Alvarez, A. Sociocultural studies of mind. New York: Cambridge University Press, 1995.

[45] Coleman, J., Campbell, E., Hobson, C., McPartland, J., Mood, A., Weinfeld, F., & York, R. Equality of educational opportunity [M]. Washington, DC: Government Printing Office, 1966.

[46] Connelly, F. M., Clandinin, D. J., & He, M. F. Teachers' personal practical knowledge on the professional knowledge landscape [J]. Teaching and Teacher Education, 1997,13(7):665-674.

[47] Creswell, J. W. Qualitative inquiry and research design [M]. Thousand Oaks, CA: Sage Publications, 2007.

[48] Cuban, L. Education researchers, AERA presidents, and reforming the practice of schooling, 1916-2016 [J]. Educational Researcher, 2016,45(2):134-141.

[49] Cuban, L. Why so many structural changes in schools and so little reform in teaching practice? [J]. Journal of Educational Administration, 2013,51(2):109-125.

[50] Dall'Alba, G. & Sandberg, J. Unveiling professional development: A critical review of stage models [J]. Review of Educational Research, 2006,76(3):383-412.

[51] Daly, A. J. Rigid response in an age of accountability the potential of leadership and trust [J]. Educational Administration Quarterly, 2009,45(2):168-216.

[52] Damasio, A. Descartes' error: Emotion, reason and the human brain [M]. New York: Random House, 1994.

[53] Daniels, H. Vygotsky and research [M]. New York: Routledge, 2008.

[54] Daniels, H., Cole, M., & Wertsch, J. V. (Eds.). The Cambridge companion to Vygotsky [M]. Cambridge, MA: Cambridge University Press, 2007.

[55] Darling-Hammond, L. Research on teaching and teacher education and its influences on policy and practice [J]. Educational Researcher, 2016,45(2):83-91.

[56] Darling-Hammond, L. Teacher education around the world: What can we learn from international practice? [J]. European Journal of Teacher Education, 2017,40(3):291-309.

[57] Darling-Hammond, L. The right to learn and the advancement of teaching: Research, policy, and practice for democratic education [J]. Educational Researcher, 1996, 25(6):5-17.

[58] Darling-Hammond, L., & Hyler, M. E. Preparing educators for the time of COVID … and beyond [J]. European Journal of Teacher Education, 2020, 43(4):457-465.

[59] Darling-Hammond, L., & Lieberman, A. Teacher education around the world: Changing policies and practices [M]. New York, NY: Routledge, 2012.

[60] Darling-Hammond, L., Burns, D., Campbell, C., et al. Empowered educators:

How high-performing systems shape teaching quality around the world [M]. John Wiley & Sons, 2017.

[61] Darling-Hammond, L., Wei, R. C. Andree, A., et al. Professional learning in the learning profession [R]. Washington, DC: National Staff Development Council, 2009.

[62] Day, C. & Sammons, P. Successful leadership: A review of the international literature [M]. Nottingham, UK: The University of Nottingham, 2013.

[63] Day, C. Developing teachers: The challenges of lifelong learning [M]. London: Falmer Press, 1999.

[64] Day, C., & Lee, J. New understandings of teacher's work: Emotions and educational change [M]. Dordrecht: Springer, 2011.

[65] Day, C., & Smethem, L. The effects of reform: Have teachers really lost their sense of professionalism? [J]. Journal of Educational Change, 2009, 10(2):141 – 157.

[66] Day, C., Sammons, P., Hopkins, D., Leithwood, K. & Kington, A. Research into the impact of school leadership on pupil outcomes: Policy and research contexts [J]. School Leadership and Management, 2008, 28(1), 5 – 25.

[67] Day, C., Sammons, P., Leithwood, K., Hopkins, D., Gu, Q., Brown, E. & Ahtaridou, E. School leadership and student outcomes: Building and sustaining success [M]. Maidenhead: Open University Press, 2011.

[68] Day, C., Sammons, P., Leithwood, K., Hopkins, D., Gu, Q., Brown, E., & Ahtaridou, E. School leadership and student outcomes: Building and sustaining success [M]. Maidenhead: Open University Press, 2011.

[69] Delandshere, G., & Petrosky, A. Political rationales and ideological stances of the standards-based reform of teacher education in the US [J]. Teaching and Teacher Education, 2004, 20(1), 1 – 15.

[70] Denzin, N. K., & Lincoln, Y. S. The Sage handbook of qualitative research [M]. 3rd ed. Thonsand Oaks, CA: Sage, 2005.

[71] Desimone, L. M. Improving impact studies of teachers' professional development: Toward better conceptualizations and measures [J]. Educational Researcher, 2009, 38 (3):181 – 199.

[72] Dewey, J. How we think: A restatement of the relation of reflective thinking to the educative process [M]. Boston: Heath, 1933.

[73] Diefendorff, J. M., Croyle, M. H., & Gosserand, R. H. The dimensionality and antecedents of emotional labor strategies [J]. Journal of Vocational Behavior, 2005, 66 (2), 339 – 357.

[74] Dirks, K. T., & Ferrin, D. L. Trust in leadership: meta-analytic findings and implications for research and practice [J]. Journal of Applied Psychology, 2002, 87 (4):611 – 628.

[75] Dreyfus, H. L., & Dreyfus, S. E. Mind over machine: The power of human intuition and expertise in the era of the computer [M]. New York: Free Press, 1986.

[76] DuFour, R., & DuFour, R. Learning by doing: A handbook for professional learning

communities at work [M]. Bloomington, IN: Solution Tree Press, 2010.

[77] DuFour, R., & Fullan, M. Cultures built to last: Systemic PLCs at work [M]. Bloomington, IN: Solution Tree Press, 2013.

[78] Ellis, V., Edwards, A., & Smagorinsky, P. (Eds.). Cultural-historical perspectives on teacher education and development: Learning teaching [M]. New York: Routledge, 2010.

[79] Elmore, R. F. School reform from the inside out: Policy, practice, and performance [M]. Cambridge, MA: Harvard Education Press, 2004.

[80] Engeström, Y. Activity theory and individual and social transformation [M]//Y. Engestrom, R. Miettinen, & R.-L. Punanmaki. Perspectives on activity theory. Cambridge: Cambridge University Press, 1999.

[81] Engeström, Y. Expansive learning at work: Toward an activity theoretical reconceptualization [J]. Journal of Education and Work, 2001,14(1),133-156.

[82] Engeström, Y. Innovative learning in work teams: Analyzing cycles of knowledge creation in practice [M]//Y. Engeström, R. Miettinen, & R.-L. Punamäki. Perspectives on activity theory. Cambridge, UK: Cambridge University Press, 1999.

[83] Engeström, Y. Learning by expanding [M]. 2nd ed. Cambridge, UK: Cambridge University Press, 2014.

[84] Engeström, Y. Learning by expanding: An activity-theoretical approach to developmental research [M]. Helsinki, Finland: Orienta-Konsultit, 1987.

[85] Engeström, Y. New forms of learning in co-configuration work [J]. Journal of Workplace Learning, 2004,16(1/2),11-21.

[86] Engeström, Y., & Sannino, A. Studies of expensive learning: Foundations, findings and future challenges [J]. Educational Research Review, 2010,5(1),1-24.

[87] Engeström, Y., & Sannino, A. Whatever happened to process theories of learning? [J]. Learning, Culture and Social Interaction, 2012,1(1),45-56.

[88] Fackler, S., & Malmberg, L. E. Teachers' self-efficacy in 14 OECD countries: Teacher, student group, school and leadership effects [J]. Teaching and Teacher Education, 2016,56:185-195.

[89] Feiman-Nemser, S. Teachers as learners [M]. Cambridge, MA: Harvard Education Press, 2012.

[90] Forzani, F. M. Understanding "core practices" and "practice-based" teacher education: Learning from the past [J]. Journal of Teacher Education, 2014,65(4),357-368.

[91] Fullan, M. The new meaning of educational change [M]. 4th ed. New York: Teachers College Press, 2007.

[92] Gage, N. L. Handbook of research on teaching [M]. Chicago: Rand McNally, 1963.

[93] Gao, S., & Wang, J. Teaching transformation under centralized curriculum and teacher learning community: Two Chinese chemistry teachers' experiences in developing inquiry-based instruction [J]. Teaching and Teacher Education, 2014,44: 1-11.

[94] Gao, X., Barkhuizen, G., & Chow, A. 'Nowadays, teachers are relatively obedient': Understanding primary school English teachers' conceptions of and drives for research in China [J]. Language Teaching Research, 2011,15(1),61 – 81.

[95] Garet, M. S., Porter, A. C., & Desimone, L., et al. What makes professional development effective? Results from a national sample of teachers [J]. American Educational Research Journal, 2001,38(4):915 – 945.

[96] Giddens, A. New rules of sociological method: A positive critique of interpretative sociologies [M]. Stanford University Press, 1993.

[97] Giddens, A. Runaway world: How globalisation is reshaping our lives [M]. 2nd ed. London: Profile, 2002.

[98] Giles, C., & Hargreaves, A. The sustainability of innovative schools as learning organizations and professional learning communities during standardized reform [J]. Educational Administration Quarterly, 2006,42(1):124 – 156.

[99] Gitomer, D., & Bell, C. (Eds.). Handbook of research on teaching (5th ed.) [M]. Washington, DC: AERA, 2016.

[100] Goddard, R. D. Collective efficacy: A neglected construct in the study of schools and student achievement [J]. Journal of Educational Psychology, 2001,93(3):467 – 476.

[101] Goddard, R. D., Tschannen-Moran, M., & Hoy, W. K. A multilevel examination of the distribution and effects of teacher trust in students and parents in urban elementary schools [J]. The Elementary School Journal, 2001:3 – 17.

[102] Goddard, R., Goddard, Y., Sook Kim, E., & Miller, R. A theoretical and empirical analysis of the roles of instructional leadership, teacher collaboration, and collective efficacy beliefs in support of student learning [J]. American Journal of Education, 2015,121(4):501 – 530.

[103] Grossman, P., & McDonald, M. Back to the Future: Directions for Research in Teaching and Teacher Education [J]. American Educational Research Journal, 2008: 184 – 205.

[104] Guskey, T. R. Professional development and teacher change [J]. Teachers and Teaching: Theory and Practice, 2002,8(3),381 – 391.

[105] Guskey, T. R., & Yoon, K. S. What works in professional development [J]. Phi Delta Kappan, 2009,90(7),495 – 500.

[106] Habermas, J. Knowledge and human interests [M]. Boston: Bacon press, 1978.

[107] Hallinger, P. Bringing context out of the shadows of leadership [J]. Educational Management Administration & Leadership, 2018,46(1):5 – 24.

[108] Hallinger, P. Leadership for learning: Lessons from 40 years of empirical research [J]. Journal of Educational Administration, 2011,49(2):125 – 142.

[109] Hallinger, P. Leading educational change: Reflections on the practice of instructional and transformational leadership [J]. Cambridge Journal of Education, 2003, 33(3): 329 – 352.

[110] Hallinger, P., & Heck, R. H. Exploring the principal's contribution to school

effectiveness: 1980 – 1995 [J]. School Effectiveness and School Improvement, 1998, 9(2):157 – 191.

[111] Hallinger, P., & Heck, R. H. Reassessing the principal's role in school effectiveness: A review of empirical research. 1980 – 1995 [J]. Educational Administration Quarterly, 1996,32(1):5 – 44.

[112] Hallinger, P., & Murphy J. Assessing the instructional management behavior of principals [J]. The Elementary School Journal, 1985:217 – 247.

[113] Han, X., & Paine, L. Teaching mathematics as deliberate practice through public lessons [J]. The Elementary School Journal, 2010,110(4),519 – 541.

[114] Hargreaves, A. Emotional geographies of teaching [J]. Teachers College Record, 2001,103(6):1056 – 1080.

[115] Hargreaves, A. Mixed emotions: Teachers' perceptions of their interactions with students [J]. Teaching and Teacher Education, 2000,16(8):811 – 826.

[116] Hargreaves, A. Sustainable professional learning communities [M]//Stoll, L. & Louis, K. Professional learning communities: Divergence, depth and dilemmas [M]. London: Open University, 2007:181 – 195.

[117] Hargreaves, A. Teacher collaboration: 30 years of research on its nature, forms, limitations and effects [J]. Teachers and Teaching, 2019,25(5):603 – 621.

[118] Hargreaves, A. Presentism, individualism, and conservatism: The legacy of Dan Lortie's Schoolteacher: A sociological study [J]. Curriculum Inquiry, 2010,40(1): 143 – 154.

[119] Hargreaves, A. Teaching in the knowledge society: Education in the age of insecurity [M]. New York: Teachers College Press, 2003.

[120] Hargreaves, A. The new professionalism: The synthesis of professional and institutional development [J]. Teaching and Teacher Education, 1994,10(4),423 – 438.

[121] Hargreaves, A., & Dawe, R. Paths of professional development: Contrived collegiality, collaborative culture, and the case of peer coaching [J]. Teaching and Teacher Education, 1990,6(3),227 – 241.

[122] Hargreaves, A., & Fullan, M. G. Understanding teacher development [M]. New York: Teachers College Press, 1992.

[123] Hargreaves, A., & Fullan, M. Professional capital: Transforming teaching in every school [M]. New York, NY: Teachers College Press, 2012.

[124] Harris, A. Distributed leadership: Implications for the role of the principal [J]. Journal of Management Development, 2012,31(1):7 – 17.

[125] Harris, A. Distributed school leadership: Developing tomorrow's leaders [M]. London: Routledge, 2008.

[126] Hatano, G., & Oura, Y. Commentary: Reconceptualizing school learning using insight from expertise research [J]. Educational Researcher, 2003,32(8),26 – 29.

[127] Hattie, J. Visible learning: A synthesis of over 800 meta-analyses relating to

achievement [M]. New York: Routledge, 2009.

[128] Hayes, A. F. Beyond Baron and Kenny: Statistical mediation analysis in the new millennium [J]. Communication Monographs, 2009,76(4):408 – 420.

[129] Helsing, D. Style of knowing regarding uncertainties [J]. Curriculum Inquiry, 2007, 37(1),33 – 70.

[130] Hiebert, J., & Morris, A. K. Teaching, rather than teachers, as a path toward improving classroom instruction [J]. Journal of Teacher Education, 2012,63(2):92 – 102.

[131] Hiebert, J., Gallimore, R., & Stigler, J. W. A knowledge base for the teaching profession: What would it look like and how can we get one? [J]. Educational Researcher, 2002,31(5):3 – 15.

[132] Hill, H. C., Beisiegel, M., & Jacob, R. Professional development research: Consensus, crossroads, and challenges [J]. Educational researcher, 2013, 42(9): 476 – 487.

[133] Hochschild, A. R. The managed heart: Commercialization of human feeling [M]. Berkeley: University of California Press, 1983.

[134] Hoftede, G., Hofstede, G. J., & Minkov, M. Cultures and organizations: Software of the mind [M]. 3rd ed. New York: McGraw-Hill, 2010.

[135] Hord, S. M., & Sommers, W. A. Leading professional learning communities: Voices from research and practice [M]. Thousand Oaks, CA: Corwin Press, 2008.

[136] Hoy, W. K., & Miskel, C. G. Educational administration: Theory, research, and practice [M]. 7th ed. New York, NY: McGraw-Hill, 2005.

[137] Hoyle, E. Professionality, professionalism and control in teaching [J]. London Educational Review, 1974(3):13 – 19.

[138] Hoyle, E., & John, P. D. Professional knowledge and professional practice [M]. London: Cassell, 1995.

[139] Hu, L. T., & Bentler, P. M. Cutoff criteria for fit indexes in covariance structure analysis: Conventional criteria versus new alternatives [J]. Structural Equation Modeling, 1999,6(1):1 – 55.

[140] Hutchins, E. Cognition in the wild [M]. Cambridge, MA: MIT press, 1995.

[141] Illeris, K. A comprehensive understanding of human learning. In K. Illeris (Ed.), Contemporary theories of learning [M]. New York, NY: Routledge, 2009.

[142] Illeris, K. How we learn: Learning and non-learning in school and beyond [M]. New York: Routledge, 2007.

[143] Jarvis, P., & Parker, S. (Eds.). Human learning: A holistic approach [M]. New York: Routledge, 2005.

[144] Jensen, B., Sonnemann, J., Roberts-Hull, K., et al. Beyond PD: Teacher professional learning in high-performing systems. Teacher quality systems in top performing countries [J]. Washington, DC: National Center on Education and the Economy, 2016.

[145] Kagan, D. M. Professional growth among preservice and beginning teachers [J]. Review of Educational Research, 1992,62(2),129 – 169.

[146] Kennedy, M. M. How does professional development improve teaching? [J]. Review of Educational Research, 2016,86(4):945 – 980.

[147] Klassen, R. M., & Tze, V. M. Teachers' self-efficacy, personality, and teaching effectiveness: A meta-analysis [J]. Educational Research Review, 2014(12):59 – 76.

[148] Korthagen, F. Inconvenient truths about teacher learning: Towards professional development 3.0 [J]. Teachers and Teaching, 2017,23(4):387 – 405.

[149] Korthagen, F., Loughran, J., & Russell, T. Developing fundamental principles for teacher education programs and practices [J]. Teaching and Teacher Education, 2006.22(8),1020 – 1041.

[150] Lagemann, E. C. An elusive science: The troubling history of education research [M]. Chicago, IL: University of Chicago Press, 2000.

[151] Lakshmanan, A., Heath, B. P., Perlmutter, A., & Elder, M. The impact of science content and professional learning communities on science teaching efficacy and standards-based instruction [J]. Journal of Research in Science Teaching 2011, 48 (5):534 – 551.

[152] Lave, J., & Wenger, E. Situated learning: Legitimate peripheral participation [M]. Cambridge, MA: Cambridge university press, 1991.

[153] Lee, C. D. Examining conceptions of how people learn over the decades through AERA presidential addresses: Diversity and equity as persistent conundrums [J]. Educational Researcher, 2016,45(2):73 – 82.

[154] Lee, J. C., Zhang, Z., & Yin, H. A multilevel analysis of the impact of a professional learning community, faculty trust in colleagues and collective efficacy on teacher commitment to students [J]. Teaching and Teacher Education, 2011,27(5): 820 – 830.

[155] Leithwood, K. A., & Montgomery, D. J. The role of the elementary school principal in program improvement [J]. Review of Educational Research, 1982, 52 (3): 309 – 339.

[156] Leithwood, K. Leadership for school restructuring [J]. Educational Administration Quarterly, 1994,30(4):498 – 518.

[157] Leithwood, K., & Jantzi, D. A review of transformational school leadership research 1996 – 2005 [J]. Leadership and Policy in Schools, 2005,4(3):177 – 199.

[158] Leithwood, K., Aitken, R., & Jantzi, D. Making schools smarter: Leading with evidence [M]. 3rd ed. Corwin Press, 2006.

[159] Leithwood, K., Harris, A., & Hopkins, D. Seven strong claims about successful school leadership [J]. School Leadership and Management, 2008,28(1):27 – 42.

[160] Leithwood, K., Harris, A., & Hopkins, D. Seven strong claims about successful school leadership revisited [J]. School Leadership & Management, 2020,40(1):5 – 22.

[161] Leithwood, K., Patten, S., & Jantzi, D. Testing a conception of how school leadership influences student learning [J]. Educational Administration Quarterly, 2010,46(5):671 - 706.

[162] Leithwood, K., Sun, J., & Pollock, K. How school leaders contribute to student success: The four paths framework [M]. New York: Springer, 2017.

[163] Leont'ev, A. N. Activity, consciousness and personality [M]. Englewood Cliffs, NJ: Prentice Hall, 1978.

[164] Leont'ev, A. N. Problems of the development of the mind [M]. Moscow: Progress, 1981.

[165] Li, Y., & Kaiser, G. Expertise in mathematics instruction: Advancing research and practice from an international perspective [M]. New York, NY: Springer, 2011.

[166] Lieberman, A., & Mace, D. P. Making practice public: Teacher learning in the 21st century [J]. Journal of Teacher Education, 2010,61(1 - 2),77 - 88.

[167] Lieberman, A., & Miller, L. (Eds.). Teachers in professional communities: Improving teaching and learning [M]. New York: Teachers College Press, 2008.

[168] Lincoln, Y. S., & Guba, E. G. Naturalistic inquiry [M]. Thonsand Oaks, CA: Sage, 1985.

[169] Little, J. Inside teacher community: Representations of classroom practice [J]. Teachers College Record, 2003,105(6):913 - 945.

[170] Little, J. W. Locating learning in teachers' communities of practice: Opening up problems of analysis in records of everyday work [J]. Teaching and Teacher Education, 2002,18(8),917 - 946.

[171] Lomos, C., Hofman, R. H., & Bosker, R. J. Professional communities and student achievement-a meta-analysis [J]. School Effectiveness and School Improvement, 2011,22(2):121 - 148.

[172] Lomos, C., Hofman, R. H., & Bosker, R. J. The relationship between departments as professional communities and student achievement in secondary schools [J]. Teaching and Teacher Education, 2011,27(4):722 - 731.

[173] Lortie, D. C. Schoolteacher: A sociological study of teaching [M]. Chicago: University of Chicago Press, 1975.

[174] Louis, K. S. Trust and improvement in schools [J]. Journal of Educational Change, 2007,8(1):1 - 24.

[175] Louis, K. S., & Marks, H. M. Does professional community affect the classroom? Teachers' work and student experiences in restructuring schools [J]. American Journal of Education, 1998,106(4):532 - 575.

[176] Louis, K. S., Marks, H. M., & Kruse, S. Teachers' professional community in restructuring schools [J]. American Educational Research Journal, 1996,33(4):757 - 798.

[177] Louis, K., Dretzke, B., & Wahlstrom, K. How does leadership affect student achievement? Results from a national US survey [J]. School Effectiveness and School

Improvement, 2010,21(3):315 – 336.

[178] Luria, A. R. Cognitive development: Its cultural and social foundations [M]. Cambridge, MA: Harvard University Press, 1976.

[179] Ma, L. Knowing and teaching elementary mathematics: teachers' understanding of fundamental mathematics in China and the United States [M]. New York, NY: Routledge, 2010.

[180] MacBeath, J., & Dempster, N. Connecting leadership and learning: Principles for practice [M]. London, UK: Routledge, 2009.

[181] Margolis, J. What will keep today's teachers teaching? Looking for a hook as a new career cycle emerges [J]. Teachers College Record, 2008,110(1),160 – 194.

[182] McAllister, D. J. Affect-and cognition-based trust as foundations for interpersonal cooperation in organizations [J]. Academy of Management Journal, 1995,38(1):24 – 59.

[183] McLaughlin, M. W., & Talbert, J. E. Building school-based teacher learning communities: Professional strategies to improve student achievement [M]. New York: Teachers College Press, 2006.

[184] Merriam, S. B. Qualitative research: A guide to design and interpretation [M]. San Francisco, CA: Jossey-Bass, 2009.

[185] Miles, M. B., & Huberman, A. M. Qualitative data analysis: An expanded sourcebook [M]. 2nd ed. Thonsand Oaks, CA: Sage, 1994.

[186] Mullen, C. A., & Hutinger, J. L. The principal's role in fostering collaborative learning communities through faculty study group development [J]. Theory into Practice, 2008,47(4):276 – 285.

[187] Murphy, P. K., & Knight, S. L. Exploring a Century of Advancements in the Science of Learning [J]. Review of Research in Education, 2016,40(1):402 – 456.

[188] Nasir, N. S. & Hand, V. M. Exploring sociocultural perspectives on race, culture, and learning [J]. Review of Educational Research, 2006,76(4),449 – 475.

[189] National Academies of Sciences, Engineering, and Medicine. How people learn II: Learners, contexts, and cultures [M]. Washington, DC: National Academies Press, 2018.

[190] Neumerski, C. M. Rethinking instructional leadership, a review: What do we know about principal, teacher, and coach instructional leadership, and where should we go from here? [J]. Educational Administration Quarterly, 2013,49(2):310 – 347.

[191] Noffeke. S. E. Revisiting the professional, personal, and political dimensions of action research [M]//Noffke, S. E., & Somekh, B. The Sage handbook of educational action research. London, UK: Sage, 2009:6 – 23.

[192] Nonaka, I., & Takeuchi, H. The knowledge-creating company: How Japanese companies create the dynamics of innovation [M]. New York: Oxford University Press, 1995.

[193] Oakes, J. Public scholarship: Education research for a diverse democracy [J].

Educational Researcher, 2018,47(2).91 – 104.

[194] OECD. Effective teacher policies: Insights from PISA. Paris: OECD Publishing, 2018.

[195] OECD. PISA 2018 Results. Paris: OECD Publishing, 2018.

[196] OECD. TALIS 2013: Conceptual framework [M]. Paris: OECD Publishing, 2014.

[197] OECD. TALIS 2018 results (Volume I): Teachers and school leaders as lifelong learners. Paris: OECD Publishing, 2019.

[198] Opfer, V. D., & Pedder, D. Conceptualizing teacher professional learning [J]. Review of Educational Research, 2011,81(3):376 – 407.

[199] Paine, L. & Ma, L. Teachers working together: A dialogue on organizational and cultural perspectives of Chinese teachers [J]. International Journal of Educational Research, 1993,19(8):675 – 697.

[200] Paine, L., & Fang, Y. Reform as hybrid model of teaching and teacher development in China [J]. International Journal of Educational Research, 2006,45(4):279 – 289.

[201] Paine, L. The teacher as virtuoso: A Chinese model for teaching [J]. Teachers College Record, 1990,92(1),49 – 81.

[202] Parsons, T. The structure of social action [M]. New York: Free Press Collier-Macmillan, 1962.

[203] Patton, M. Q. Qualitative research and evaluation methods [M]. 3rd ed. Thonsand Oaks, CA: Sage, 2002.

[204] Penuel, W.R., Fishman, B.J., Cheng, B.H., & Sabelli, N. Organizing research and development at the intersection of learning, implementation, and design [J]. Educational Researcher, 2011,40(7),331 – 337.

[205] Penuel, W.R., Fishman, B.J., Yamaguchi, R., & Gallagher, L.P. What makes professional development effective? Strategies that foster curriculum implementation [J]. American Educational Research Journal, 2007,44,921 – 958.

[206] Piaget, J. How children form mathematical concepts [J]. Scientific American, 1953, 189,74 – 79.

[207] Polanyi, M. The tacit dimension [M]. London: Routledge, 1966.

[208] Price, H. E. Principal-teacher interactions: How affective relationships shape principal and teacher attitudes [J]. Educational Administration Quarterly, 2012,48 (1):39 – 85.

[209] Printy, S. M., Marks, H. M., & Bowers A J. Integrated leadership: How principals and teachers share transformational and instructional influence [J]. Journal of School Leadership, 2009,19(5):504 – 532.

[210] Putnam, R.T., & Borko, H. What do new views of knowledge and thinking have to say about research on teacher learning? [J]. Educational Researcher, 2000,29(1):4 – 15.

[211] Qian, H., Walker, A., & Li, X. The west wind vs the east wind: Instructional leadership model in China [J]. Journal of Educational Administration, 2017,55(2): 186 – 206.

[212] Qian, H., Walker, A., & Yang, X. Building and leading a learning culture among teachers: A case study of a Shanghai primary school [J]. Educational Management Administration & Leadership, 2017,45(1):101-122.

[213] Qiao, X., Yu, S., & Zhang, L. A review of research on professional learning communities in mainland China (2006-2015): Key findings and emerging themes [J]. Educational Management Administration & Leadership, 2018,46(5),713-728.

[214] Richardson, V. (Ed.). Handbook of Research on Teaching [M]. 4th ed. Washington, DC: American Educational Research Association, 2001.

[215] Robinson, V. M. J., Lloyd, C. A., & Rowe, K. J. The impact of leadership on student outcomes: An analysis of the differential effects of leadership types [J]. Educational Administration Quarterly, 2008,44(5):635-674.

[216] Rogoff, B. Apprenticeship in thinking: Cognitive development in social context [M]. New York: Oxford University Press, 1990.

[217] Ross, J. A., Hogaboam-Gray, A., & Gray, P. Prior student achievement, collaborative school processes, and collective teacher efficacy [J]. Leadership and Policy in Schools, 2004,3(3):163-188.

[218] Roth, W. M., & Lee, Y. J. "Vygotsky's neglected legacy": Cultural-historical activity theory [J]. Review of Educational Research, 2007,77(2),186-232.

[219] Saldaña. J. The coding manual for qualitative researchers [M]. 2nd ed. London: Sage, 2013.

[220] Sargent, T. C. Professional learning communities and the diffusion of pedagogical innovation in the Chinese education system [J]. Comparative Education Review, 2015,59(1):102-132.

[221] Sargent, T. C., & Hannum, E. Doing more with less teacher professional learning communities in resource-constrained primary schools in rural china [J]. Journal of Teacher Education, 2009,60(3):258-276.

[222] Sawyer, K. The Cambridge handbook of the learning sciences [M]. Cambridge, UK: Cambridge University Press, 2006.

[223] Schleicher, A. Insights and interpretations TALIS 2018 teaching and learning international survey. Paris: OECD Publishing, 2020.

[224] Schneider, B. Conserving a Legacy: Presidential Leaders in Education Research [J]. Educational Researcher, 2016,45(2):173-179.

[225] Schön, D. A. The reflective practitioner: How professionals think in action [M]. Aldershot, UK: Arena, 1983.

[226] Senge, P. The fifth discipline: The art and practice of the learning organization [M]. New York: Doubleday, 1990.

[227] Sfard, A. On two metaphors for learning and the dangers of choosing just one [J]. Educational Researcher, 1998,27(2),4-13.

[228] Shulman, L. S. & Shulman, J. H. How and what teachers learn: A shifting perspective [J]. Journal of Curriculum Studies, 2004,36(2),257-271.

[229] Shulman, L. S. Those who understand: Knowledge growth in teaching [J]. Educational Researcher, 1986,15(2):4 – 14.

[230] Skinner, B. F. About behaviorism [M]. Random House LLC, 1974.

[231] Solomon, R. C. & Flores, F. Building trust: In business, politics, relationships, and life [M]. Oxford University Press, 2001.

[232] Spillane, J. P. & Diamond, J. B. Distributed leadership in practice [M]. New York: Teachers College, 2007.

[233] Spillane, J. P. Distributed leadership [M]. San Francisco, CA: Jossey-Bass. 2006.

[234] Spring, J. Research on globalization and education [J]. Review of Educational Research, 2008,78(2),330 – 363.

[235] Stake, R. E. Qualitative case studies [M]//Denzin, N. K., & Lincoln, Y. S. The Sage handbook of qualitative research. 3rd ed. Thonsand Oaks, CA: Sage, 2005:443 – 466.

[236] Stoll, L. & Louis, K. Professional learning communities: Divergence, depth and dilemmas [M]. Maidenhead: Open University Press, 2007.

[237] Stoll, L., Bolam, R., McMahon, A., Wallace, M., & Thomas, S. Professional learning communities: A review of the literature [J]. Journal of Educational Change, 2006,7,221 – 258.

[238] Strahan, D. Promoting a collaborative professional culture in three elementary schools that have beaten the odds [J]. The Elementary School Journal, 2003, 104 (2):127 – 146.

[239] Travers, R. Second handbook of research on teaching [M]. Chicago: Rand McNally, 1973.

[240] Tschannen-Moran, M. & Barr, M. Fostering student learning: The relationship of collective teacher efficacy and student achievement [J]. Leadership and Policy in Schools, 2004,3(3):189 – 209.

[241] Tschannen-Moran, M. & Hoy, A. W. Teacher efficacy: Capturing an elusive construct [J]. Teaching and Teacher Education, 2001,17(7):783 – 805.

[242] Tschannen-Moran, M. & Hoy, A. W. The differential antecedents of self-efficacy beliefs of novice and experienced teachers [J]. Teaching and Teacher Education, 2007,23(6):944 – 956.

[243] Tschannen-Moran, M. & Hoy, W. K. A multidisciplinary analysis of the nature, meaning, and measurement of trust [J]. Review of Educational Research, 2000, 70 (4):547 – 593.

[244] Tschannen-Moran, M. Hoy, A. W. & Hoy, W. K. Teacher efficacy: Its meaning and measure [J]. Review of Educational Research, 1998,68(2):202 – 248.

[245] Tschannen-Moran, M. Trust matters: Leadership for successful schools [M]. San Francisco, CA: Josey-Bass, 2004.

[246] Tschannen-Moran, M., & Hoy, A. W. Teacher efficacy: Capturing an elusive construct [J]. Teaching and Teacher Education, 2001,17(7),783 – 805.

[247] Tsui, B. M. Distinctive qualities of expert teachers [J]. Teachers and teaching: Theory and Practice, 2009,15(4),421-439.

[248] Tsui, B. M., & Law, D. Y. K. Learning as boundary-crossing in school-university partnership [J]. Teaching and Teacher Education, 2007,23(8),1289-1301.

[249] Tsui, B. M., & Wong, J. L. N. In search of a third space: Teacher development in China [M]//Chan, C. K. K., & Rao, N. Revisiting The Chinese Learner: Changing Contexts, Changing Education. Springer, 2010:281-311.

[250] Tucker, M. S. Surpassing Shanghai: An agenda for American education built on the world's leading systems [M]. Cambridge, MA: Harvard Education Press, 2011.

[251] Uitto, M., Jokikokko, K., & Estola, E. Virtual special issue on teachers and emotions in Teaching and Teacher Education (TATE) in 1985-2014 [J]. Teaching and Teacher Education, 2015,50,124-135.

[252] Vanblaere, B. & Devos, G. Exploring the link between experienced teachers' learning outcomes and individual and professional learning community characteristics [J]. School Effectiveness and School Improvement, 2016,27(2):1-23.

[253] Vanblaere, B. & Devos, G. Relating school leadership to perceived professional learning community characteristics: A multilevel analysis [J]. Teaching and Teacher Education 2016,57(5):26-38.

[254] Vanderstraeten, R., Vandermoere, F. & Hermans, M. Scholarly communication in AERA journals, 1931 to 2014 [J]. Review of Research in Education, 2016,40(1): 38-61.

[255] Vangrieken, K., Meredith, C., Packer, T. & Kyndt, E. Teacher communities as a context for professional development: A systematic review [J]. Teaching and Teacher Education, 2017,61:47-59.

[256] Vescio, V., Ross, D. & Adams, A. A review of research on the impact of professional learning communities on teaching practice and student learning [J]. Teaching and Teacher Education, 2008,24(1):80-91.

[257] Vygotsky, L. S. Mind in society: The development of higher psychological processes [M]. Cambridge, MA: Harvard University Press, 1978.

[258] Wahlstrom, K. L. & Louis, K. S. How teachers experience principal leadership: The roles of professional community, trust, efficacy, and shared responsibility [J]. Educational Administration Quarterly, 2008,44(4):458-495.

[259] Walker, A., & Qian, H. Y. Deciphering Chinese school leadership: Conceptualizations, context and complexities [M]. London: Routledge, 2018.

[260] Walker. A. & Qian, H. Review of research on school principal leadership in China, 1998-2013: Continuity and change [J]. Journal of Educational Administration, 2015,53(4):467-491.

[261] Wang, T. Contrived collegiality versus genuine collegiality: Demystifying professional learning communities in Chinese schools [J]. Compare, 2015,45(6):908-930.

[262] Wang, T. School leadership and professional learning community: Case study of two

senior high schools in Northeast China [J]. Asia Pacific Journal of Education, 2016, 36(2):202 - 216.

[263] Weber, E. Globalization. "glocal" development, and teachers' work: A research agenda [J]. Review of Educational Research, 2007,77(3),279 - 309.

[264] Webster-Wright, A. Reframing professional development through understanding authentic professional learning [J]. Review of Educational Research, 2009,79(2): 702 - 739.

[265] Wenger, E. Communities of practice and social learning systems [J]. Organization, 2000,7(2):225 - 246.

[266] Wenger, E. Communities of practice: Learning, meaning, and identity [M]. Cambridge, UK: Cambridge University Press, 1998.

[267] Wertsch, J. V. Vygotsky and the social formation of mind [M]. Cambridge, MA: Harvard University Press, 1985.

[268] Wittrock, M. C. (Ed.). Handbook of Research on Teaching [M]. 3rd ed. NewYork: Macmillan, 1986.

[269] Wong, J. L. How does writing for publication help professional development of teachers? A case study in China [J]. Journal of Education for Teaching, 2014,40(1), 78 - 93.

[270] Wong, J. L. N. Searching for good practice in teaching: A comparison of two subject-based professional learning communities in a secondary school in Shanghai [J]. Compare, 2010,40(5),623 - 639.

[271] Wong, L. N. Changing roles and shifting authority of principals in China: A mixed role of manager and clan leader [J]. Education and Society, 2003,21(2),37 - 54.

[272] Yamagata-Lynch, L. C. Activity systems analysis methods: Understanding complex learning environments [M]. New York, NY: Springer, 2010.

[273] Yin, H. B. Societal culture and teachers' responses to curriculum reform: Experiences from China [J]. Asia Pacific Education Review, 2013,14(3):391 - 401.

[274] Yin, H., Lee, J.C.K. & Jin, Y. Teacher receptivity to curriculum reform and the need for trust: An exploratory study from Southwest China [J]. The Asia-Pacific Education Researcher, 2011,20(1):35 - 47.

[275] Yin, H., Lee, J. C. K., & Wang, W. Dilemmas of leading national curriculum reform in a global era A Chinese perspective [J]. Educational Management Administration & Leadership, 2014,42(2),293 - 311.

[276] Yin, H., & Zheng, X. Facilitating professional learning communities in China: Do leadership practices and faculty trust matter? [J]. Teaching and Teacher Education, 2018,76:140 - 150.

[277] Yin, R. K. Case study research: Design and methods [M]. 4th ed. Thonsand Oaks, CA: Sage, 2009.

[278] Yoon, K. S., Duncan, T., Lee, S. W. Y., Scarloss, B., & Shapley, K. L. Reviewing the evidence on how teacher professional development affects student

achievement [M]. Washington, DC: National Center for Educational Evaluation and Regional Assistance, 2007.

[279] York-Barr, J., & Duke, K. What do we know about teacher leadership? Findings from two decades of scholarship [J]. Review of Educational Research, 2004,74(3), 255 – 316.

[280] Zee, M. & Koomen, H. M. Teacher self-efficacy and its effects on classroom processes, student academic adjustment, and teacher well-being: A synthesis of 40 years of research [J]. Review of Educational Research, 2016,86(4):981 – 1015.

[281] Zeichner, K. A research agenda for teacher education [M]//Cochran-Smith, M., & Zeichner, K. M. Studying teacher education: The report of the AERA panel on research and teacher education. Mahwah, NJ: Lawrence Erlbaum Associates Publishers, 2005:737 – 759.

[282] Zeichner, K. M. & Cochran-Smith, M. Studying teacher education: The report of the AERA panel on research and teacher education [J]. Lawrence Erlbaum Associates, 2005.

[283] Zhang, J. & Pang, N. S. K. Exploring the characteristics of professional learning communities in China: A mixed-method study [J]. The Asia-Pacific Education Researcher, 2016,25(1):11 – 21.

[284] Zhang, J., Yuan, R. & Yu, S. What impedes the development of professional learning communities in China? Perceptions from leaders and frontline teachers in three schools in Shanghai [J]. Educational Management Administration & Leadership, 2017,45(2):219 – 237.

[285] Zhang, X., & Wong, J. L. N. How do teachers learn together? A study of school-based teacher learning in China from the perspective of organisational learning [J]. Teachers and Teaching: Theory and Practice, 2018,24(2):119 – 134.

[286] Zheng, X., & Ye, J. Teacher leadership for professional development in a networked learning community: A Chinese case study [J/OL]. Educational Management Administration & Leadership, 2022:17411432221121224.

[287] Zheng, X., Yin, H., & Liu, Y. Are professional learning communities beneficial for teachers? A multilevel analysis of teacher self-efficacy and commitment in China [J]. School Effectiveness and School Improvement, 2021,32(2):197 – 217.

[288] Zheng, X., Yin, H., & Wang, X. "Doing authentic research" with artifacts to facilitate teacher learning across multiple communities [J]. Teaching and Teacher Education, 2021,105:103394.

[289] Zheng, X., Zhang, J., & Wang, W. Teacher learning as boundary crossing: a case study of Master Teacher Studios in China [J]. Teachers and Teaching, 2019,25(7): 837 – 854.

[290] Zheng, X., Yin, H., Liu, Y., & Ke, Z. Effects of leadership practices on professional learning communities: The mediating role of trust in colleagues [J]. Asia Pacific Education Review, 2016,17(3),521 – 532.

后记

在回答"中国教师学习与专业发展体系何以持续高效"这一问题上，我期望这本书能够做到理论与实践结合，将自己过去十余年关于教师的观察、研究与思考呈现出来。在理论层面，本书尝试以"地图概览"（Map the terrain）的方式，呈现教师研究的领域、发展脉络、相关概念。本书基于实证证据，结合我国文化与情境的特点，初步建构了关于中国教师学习与专业发展体系的"漩涡"模式，呈现其复杂性、层次性与多样性，区别于以往对中国教师教育体系自上而下、等级分明的简单化概括。在实践层面，这本书包含了很多教师的故事，有新手教师被推着往前走的故事，有"课改理念并不新，我一直就是这么做"的教师变革的故事，有对教学生涯进行回顾反思的故事，有面对"抬头不见低头见的同事"的烦恼的故事，也有一些教师不喜欢参加教研活动的故事……我希望，这些故事能够引起一线中小学老师的共鸣。本书最后一章，呈现了 C 和 M 两类老师的专业成长图景，是基于理论研究，联系实际情境的一次尝试，一线老师读来若能有一种"哦！原来当老师是这样""原来我是在这样一个体系里"的顿悟，我就心满意足了！

这本书虽然是我个人署名，但它是在多个共同体的支持与帮助下完成的！首先要感谢我的学术共同体的导师、前辈、同僚和学生们。北京师范大学的胡定荣教授，他带我入学术之门，手把手地教我如何跟中小学老师访谈和交往，时刻提醒我要关注并走进实践，从实践中汲取智慧。香港中文大学尹弘飚教授，他教会我用广阔的国际视野看待丰富的本土实践，给我埋下了以文化与情境自觉研究中国教育的种子，提醒我始终保持"博文"的学习态度及谦虚谨慎负责的研究态度。我从事学术研究以来的同学和同事们，都给过我很多的帮助。西南大学教育学部给我提供了相对轻松和自由的研究环境，让我可以做自己喜欢的研究和自认为有价值的事情。我自己的研究团队，罗莹、蒋晨曦、周秀、付佳蒙、刘晨露等同学在书稿编校过程中付出了大量的时间和精力。感谢华东师范大学崔允漷教授的指点和帮助，感谢华东师范大学出版社编辑团队，他们的专业、细致，让本书得以高效、顺利出版！

其次要感谢的,是以中小学教师、教研员为主的实践者共同体团队。过去十余年,我有机会与全国各地的教师、校长、教研员深入交流,他们或是我研究的对象,或是我亲密的朋友。每次和中小学老师访谈、聊天,他们总会无私地把自己教育生涯的故事和智慧分享给我。他们的故事不仅只是我的研究资料,更让我感受到他们的人格魅力和教育品性。这些交往经历始终提醒我,要以"教师立场"做教师研究。正如本书反复强调的,教师是完整、丰富的人,他们并非教学机器,也非圣人。比他们教育教学故事更精彩的,是他们丰富的人生经历和智慧。套用一位教研员朋友的话:我对"人"的兴趣,始终大于对教师这个特定角色的兴趣。在写完这本书的时候,我把最后一章送给我的两位教师朋友进行审读,请她们提意见,希望能引起她们的"共鸣"。她们说,挺喜欢这部分的叙事风格。我也希望,有更多的老师会喜欢这样的呈现方式。

最后,感谢我的家人一直以来的支持、包容和理解!本书付梓之时,家中幼子不满三岁,我深感,照料年幼的孩子既是体力劳动,又是脑力和情绪劳动。这三年,我的爱人及父母把孩子和家里都照料得很好,让我无后顾之忧地投入工作之中,让我每天还能够保证一定时间进行阅读、写作和研究,保持比较专注的节奏。我深知,这是一件很奢侈的事情!

郑 鑫

2023 年 8 月 20 日